大夏书系 | 语文之道

小学语文任务群教学

梁昌辉　编著

华东师范大学出版社
·上海·

图书在版编目（CIP）数据

小学语文任务群教学 / 梁昌辉编著 .
—上海：华东师范大学出版社，2024
ISBN 978-7-5760-5058-5

Ⅰ.①小… Ⅱ.①梁… Ⅲ.①小学语文课—教学研究 Ⅳ.① G623.202

中国国家版本馆 CIP 数据核字（2024）第 108548 号

大夏书系 ｜ 语文之道

小学语文任务群教学

编　　著	梁昌辉
策划编辑	林茶居
责任编辑	万丽丽
责任校对	杨　坤
装帧设计	吴元瑛

出版发行	华东师范大学出版社
社　　址	上海市中山北路 3663 号　邮编 200062
网　　址	www.ecnupress.com.cn
电　　话	021-60821666　行政传真 021-62572105
客服电话	021-62865537
邮购电话	021-62869887
地　　址	上海市中山北路 3663 号华东师范大学校内先锋路口
网　　店	http://hdsdcbs.tmall.com/

印 刷 者	北京密兴印刷有限公司
开　　本	700×1000　16 开
印　　张	18
字　　数	276 千字
版　　次	2024 年 7 月第一版
印　　次	2024 年 7 月第一次
印　　数	5 100
书　　号	ISBN 978-7-5760-5058-5
定　　价	69.80 元

出 版 人　　王　焰

（如发现本版图书有印订质量问题，请寄回本社市场部调换或电话 021-62865537 联系）

序

服务于任务群教学的实践与研究

当下以核心素养教育为本的课程改革是一场理念驱动的教育变革。很多新理念、新概念、新的教学方式，让一线教师应接不暇，甚至一些专家学者都颇感不适，"语文学习任务群"就是其中之一。

虽然很多人对这个新概念还存有争议，但目前"语文学习任务群"既然已经提出，作为国家法定课标规定的语文课程内容组织形式，并且要在教材编写和教学中予以落实，那么，对广大一线教师来说，就是一个不得不面对、不得不搞清、不得不探索并实践的课题。

《义务教育语文课程标准（2022年版）》（下简称"2022年版语文课标"）用六个学习任务群作为课程内容的组织和呈现方式，这对语文教育课程改革来说是一个创举。之所以提出这样一种课程内容组织方式，是因为过去碎片化的课程内容呈现方式、机械僵化的技能训练不利于新型人才培养，不适用于当今社会所需要的基于真实情境的、统整式的、复杂的生活实践。任务群有利于将零散的内容、分散的技能结构化，进而形成一种接近于真实生活状态的学习形态，是指向核心素养教育的可行的教学形态。

对于习惯于单篇教学的教师来说，任务群教学着实是一个新事物，不会教、不知道教什么，是他们苦恼和迷惑的现实问题。本书《小学语文任务群教学》，就是由特级教师、正高级教师梁昌辉老师和他的团队成员为解决这一棘手问题而编写的。

针对"2022年版语文课标"提出的学习任务群教学理念，梁昌辉老师以极大的学术勇气和可贵的探索精神，带领团队从理性探讨、案例设计、名家点评三个维度，对六大学习任务群进行了深入的理论辨析与实践探索。理念落地是本书的目标追求；立足一线教学，解决任务群教学的核心问题是本书的基本定位。

具体说来，本书在结构安排上与注重实践的一线老师们的阅读需要是相适应的。全书共七个部分，第一部分为《绪论 "立言"与"立人"共生的小学语文任务群教学》，以育人逻辑统整学科逻辑、生活逻辑和心理逻辑，阐述面对社会发展的复杂性，小学语文教学如何摆脱忽东忽西、教学逻辑单一、割裂的积习，更好地建构和实施素养立意下新教学的问题。

第二部分至第七部分，亦即第一编至第六编，按照"2022年版语文课标"中的六大任务群逐一展开。理性探讨板块，从内涵价值、编排特点、设计要领三方面进行整体阐释，提出设计的关键要义，以引领老师们在观念以及实践层面深入理解和把握学习任务群。

每一任务群的案例设计板块，均涵盖低、中、高三个学段，类型上单篇与单元兼有，基于教材与自主创新并用。梁老师很有学术敏感性，在《普通高中语文课程标准（2017年版）》颁布后，便带领团队对其进行深入学习，开始了对任务群的研究和探索，尝试在小学语文教学中设计相应的学习任务，改革和创新语文教学，积累了一定的经验。同时，书中呈现的案例，大部分都是经过课堂教学的实践检验，修订后再纳入本书中的。案例中涉及的问题，提供有"要点"；对于学生学习活动的组织与展开，则以"提示"来对教与学加以指引。

此书还设有名家点评板块，提供了反思与审辩视角，有益于一线语文教师深刻理解和深入把握学习任务群的内涵，设计和实施学习任务群教学。这些名家，包括特级教师、正高级教师、福建省小学语文教研员黄国才，特级教师、北京亦庄实验小学教师李竹平，教育学博士、苏州大学文学院副教授、硕士生导师管贤强，特级教师、正高级教师、江苏省无锡市梁溪区教师发展中心副主任、课程教学改革研究所所长魏星，《普通高中语文课程标准（2017年版）》修订组成员、"2022年版语文课标"修订组核心成员、北京师范大学文学院研究员、博士生导师吴欣歆，"2022年版语文课标"修订评价组成员、西南大学教师教育学院副教授任明满等，可以说是一个视角多元、学理明晰的强大的专家指导阵容。

梁昌辉老师是一位勤耕不辍的语文教师，一位愿意带领团队一起成长的导师。他著述颇丰，教学成果丰硕，曾荣获第六届全国教育科学优秀成果奖三等奖、江苏省教学成果奖一等奖、第五届江苏省教育科学优秀成果奖一等奖。这是一位典型的专家型教师，有思想、善实践，能引领带动一批教师积极开展教学改革，难能可贵。

学习任务群教学是当前语文教学的难点、焦点问题。梁老师知难而进，带领一批教师积极攻关，摸索任务群教学落地实践之路，我对他们的探索勇气、行动力和协作能力，十分敬佩。

梁老师予我信任，嘱我作序。尽管事务繁忙，但出于兴趣和一个语文人的道义、责任，仍觉得有必要学习了解一番，并向各位读者简要介绍。这是一本可以为任务群教学提供案例示范的有价值的参考书，对迷惘于不知如何进行任务群教学的老师，会起到很好的指引、借鉴作用。

2023 年 5 月 6 日

（荣维东，西南大学教师教育学院教授、博士生导师，教师发展研究院副院长，语文教育研究所所长，西南基础教育研究中心文科所所长。教育部 2022 义务教育课程标准修订组核心成员，2023 义务教育《语文》统编教材修编组核心成员。中国高等教育学会理事，语文教育专业委员会常务理事、监事长。中国写作学会中小学写作教学专业委员会副会长、学术委员会副主任。中国语文报刊协会中小学写作教学专业委员会学术委员会主任，兼副会长。）

目录

1 绪论 "立言"与"立人"共生的小学语文任务群教学

第一编
"语言文字积累与梳理"任务群的理解与教学

13 守正出新，务本筑基
——"语言文字积累与梳理"任务群的基本内涵与设计要义 / 梁昌辉

24 在识记中发现，在发现中丰盈
——一年级上册识字9《日月明》创意教学 / 刘艳红

31 在比较中梳理，在运用中转化
——三年级下册《火烧云》创意教学 / 薛法根

38 在梳理和运用中触摸童心
——五年级下册《祖父的园子》创意教学 / 姚惠萍

45 "语言文字积累与梳理"任务群的教学设计与实施要义
——以《日月明》《火烧云》《祖父的园子》为例 / 黄国才

第二编
"实用性阅读与交流"任务群的理解与教学

55 　切于实用，益于生活
　　　——"实用性阅读与交流"任务群的教学要义 / 梁昌辉

66 　从课堂到生活，在交际中学会交际
　　　——二年级下册《注意说话的语气》创意教学 / 季　勇

73 　创设关联情境，解决生活问题
　　　——《我的"长生果"》创意教学 / 梁昌辉

82 　用科学的思维：读明白，写明白
　　　——五年级上册第五单元创意教学 / 张　瑛

91 　"实用性阅读与交流"任务群的教学理解与实践智慧 / 李竹平

第三编
"文学阅读与创意表达"任务群的理解与教学

99 以美育美
——"文学阅读与创意表达"任务群内涵解读与设计要义 / 梁昌辉

110 角色代入:品味诗歌情韵,提升言语品质
——二年级下册《祖先的摇篮》创意教学 / 蔡 燕

118 当好人遇上坏人
——"讲不完的民间故事"创意教学 / 蔡海峰

127 在视角转换的讲述中培育儿童的叙事力
——三年级下册《剃头大师》创意教学 / 钱军伟

136 "文学阅读与创意表达"任务群的教学要点与实施要义 / 管贤强

第四编
"思辨性阅读与表达"任务群的理解与教学

145 培养理性的读者和表达者
——"思辨性阅读与表达"任务群内涵解读与设计要义 / 梁昌辉

155 在思维的迭代中成长
——年级上册《大还是小》创意教学 / 孙秀君

163 有理有据说"态度",合情合理看"长短"
——《鹿角和鹿腿》创意教学 / 曹红燕

171 思辨爱的真谛,把握成长航向
——五年级上册《"精彩极了"和"糟糕透了"》创意教学 / 朱嫣然

177 "思辨性阅读与表达"任务群教学案例评析
——让思辨过程可见,促思辨学习发生 / 魏 星 李 新

第五编
"整本书阅读"任务群的理解与教学

185 培养终身阅读者和积极分享者
　　——"整本书阅读"任务群内涵解读与设计要义 / 梁昌辉

194 读读"儿童"故事,播下"愿望"种子
　　——二年级下册"快乐读书吧"创意教学 / 蔡海峰

203 探寻英雄成长的密码
　　——《小英雄雨来》"整本书阅读"创意教学 / 梁昌辉

215 从顽皮男孩到小英雄
　　——《汤姆·索亚历险记》"整本书阅读"创意教学 / 李子裕

224 "整本书阅读"任务群教学案例评析
　　——情境设置与工具支持 / 吴欣歆　韩再彬

第六编
"跨学科学习"任务群的理解与教学

231   "跨学科学习":建设更美好的语文生活 / 季 勇

243   变形记
        ——二年级"跨学科学习"创意教学 / 杨 菁

252   一朵花的故事
        ——中年级"跨学科学习"创意教学 / 吴怡焜

261   一河通古今,一脉传千年
        ——五年级"跨学科学习"创意教学 / 何雪丹

270   "三重"统整:"跨学科学习"任务群设计的基本策略 / 任明满

绪 论

"立言"与"立人"共生的小学语文任务群教学

■ 梁昌辉

数字技术迭代，生态危机，经济发展的挑战与转型，社会生活方式的深刻变革及其产生的深远影响，人的发展需要的多样性等，使得教学无论在其内部还是外部都面临着巨大的"复杂性"。21世纪前后世界各国普遍掀起的教学改革大潮，正是在此背景下开启的。

面对复杂性与不确定性的时代挑战，语文教学迫切需要寻求新的动力与路径。语文教学变革非常重要的部分，是突破与生活割裂的以客观知识点为中心的学习内容与以僵化无趣的听记为主的学习方式的限制。语文教学要走向生活，走向未来，走向儿童。

一、超越单纯的学科逻辑

学科是关于自然、社会、思维等领域中的某一对象的认识，是由概念、范畴、原理等按照逻辑关系建立起来的体系，概念的抽象化与结构化水平往往成为学科发展水平的标志。学科逻辑要求在学科内部概念前后一致，概念之间层级关系清楚，同时，与其他学科保持比较清晰的界限。学科逻辑是学科发展的重要动力，也使得学科得以保持清晰的边界和严谨的结构。

只是，在语文教学中，存在过度强调、过度依赖学科逻辑的问题，其弊端也逐渐显现，语文学习窄化为对语文知识点的学习，甚至是知识点的记忆，语文疏离了鲜活的现实生活和儿童心灵。"双基"时代的"字词句段语修逻文"语文教学八字主张，就是其中的典型做法。它的危害在于过于追求知识的体系化，以至于使得知识点凌驾于人本身而成了唯一的目的，所谓掌握"基础知识"就成了蛀空生活基础、掏空儿童主体性的纯知识点记忆。因此，怀特海说："语言的学习……分析语言的成分和结构不是培养……能力的良好途径。"[1]对于那种习惯于知识点记忆，以为那就是所谓基础扎实的论调，皮亚杰早就揭示了其中的弊端："考试很要命地混入了记忆力的问题，这种记忆基本上和人们在生活中加以利用的记忆没有关系，它只涉及一种人为的、暂时的知识积累，即一种心理上的假象。"[2]

语文教学需要超越单纯的学科逻辑，而知识论的发展为这种超越提供了新的认知和实践视角。与传统的客观主义知识观相比，认知心理学家、哲学家们越来越多地发现并承认知识的主观性、个体性。比如"医生"这个概念，在不同地域、不同年纪的人的心智中会呈现出不同的形象：在城市生活的孩子的心理图式中可能是一身白大褂、温柔可亲的女医生形象，在广袤的西部生活的人们心中可能是骑马的乡村医生形象，而在七八十岁的老人心中则大约是须眉皆白的长衫老者形象。发现并认可知识的主观性、个体性的本质，是对"人"的再发现，即没有学习主体的心灵经历、意义建构，任何学科知识都仅仅是一堆符号，无法成为主体认识和发现世界的凭借，也无助于主体的自我建构。而显性知识可以符号化，因而备受关注。

哲学家迈克尔·波兰尼等人区分了显性知识与缄默知识。显性知识是"言明的知识"，能够用文字、图表或数字符号来表述；而缄默知识指尚未被言语或其他形式表述的知识，一般很难进行明确表达与逻辑说明，是"尚未言明的""难以言传的"知识。重视学科逻辑的教学必然只关注显性知识，因为它可以"言明"，可以表述，也适合传递。而缄默知识是人的知识储备的主体，且在人类认知世界的实践中发挥着巨大的支撑作用。结合心理学

---

[1] 阿尔弗雷德·诺思·怀特海.教育的目的[M].赵晓晴，张鑫毅，译.上海：上海人民出版社，2018：75.
[2] 让·皮亚杰.教育科学与儿童心理学[M].杜一雄，钱心婷，译.北京：教育科学出版社，2018：103.

家瓦格纳关于缄默知识的结构模型（分为内容、情景、取向三个维度），我们发现，具体工作任务既是缄默知识的内容主体，本身也是知识学习与运用的背景和动力，同时关系到问题解决方案的取向。"所有知识要么是缄默的，要么根源于缄默之中。"[1]这个研究发现对我们的教学一贯重视知识表达的清晰化带来了强大的冲击，告诉我们不仅要允许孩子"可意会不可言传"，更要看到意会的价值，不强求一定要说出来、要清楚地说出来，那样只会加剧认知困境，也会徒增学习的无趣。

教育部 2001 年 6 月颁布的《基础教育课程改革纲要（试行）》在"基础教育课程改革的具体目标"中连用了几个"改变"，如"改变课程过于注重知识传授的倾向""改变课程结构过于强调学科本位""改变课程内容'难、繁、偏、旧'和过于注重书本知识的现状"，可见改革决心之大。承继这一目标，"2022 年版语文课标"提出构建语文学习任务群的课程理念，要求"以生活为基础，以语文实践活动为主线，以学习主题为引领，以学习任务为载体，整合学习内容、情境、方法和资源等要素"来设计语文学习任务群，是在广泛吸收新知识论的基础上所作出的创新安排。通过学习任务，为学生提供更多的探索时空，让学生经历发现知识的过程，在任务实现的过程中建立知识的意义，包括知识的信仰价值、行动价值和心灵建构价值等。这对抽象能力还比较欠缺又处于发展敏感期的儿童来说，是十分重要和关键的，因为儿童亟须大量鲜活的感性材料和感性经验来为概念性理解、做事素养的培育，提供基本的物质基础与支撑。当然，对感性材料和感性经验的需求是与认知与实践终身相伴的。

二、回归真实的生活逻辑

教育应是基于生活、在生活中、为了生活的。但事情往往会"因为走得太远而忘记了为什么出发"。为了更好地把人类经验传递给下一代，需要对个别的具体的经验进行选择和抽象，构建为课程，供下一代学习。但是课

---

[1] 迈克尔·波兰尼. 缄默的认识 [M] // 瞿葆奎. 教育学文集·智育. 北京：人民教育出版社，1993：137.

程的有限性，呈现形式的符号化，使得课程经验的抽象程度很高。而在教学现场，教师讲解，学生坐听，还有对纸笔测试的过度依赖，使教育简化为知识教学，教学缩减为知识点识记。这一切都使得作为教育之"源"和教育之"的"的生活被"忘记"，被弃置了。

失去了真实生活的语文教学，不仅没有了情境的支撑，也使学习没有了意义感，这使得学生看不到语文学习与自己生活的关联，感受不到语文与真实世界的联系。我们的母语学习，更离不开真实生活，因为汉语与汉语表达背后的思维方式是"象思维"[①]，汉字经过符号化仍然保留着视觉象形性根基，举象以尽意，言、象、意的统一是中国的表达传统。"象"的本质是与现实世界、现实生活有直接的、紧密的联系，语文应成为学生心灵图景与真实生活图景之间的桥梁，这样的语文学习才能向内丰富学生的主体精神，向外认知和创造崭新的美好生活，实现"立言"与"立人"的统一。

语文学习向生活逻辑回归就必须重视情境问题。情境之于知识，犹如汤之于盐。张华教授说："任何学科知识，只有被转化为学习者的'情境实在'（生活情境），它对学习者才是有意义的，也才有可能帮助学习者提出问题、生成探究主题。否则学科知识就可能沦为抽象的、'封闭性实在'，学习者只能储存而不能探究。"[②]这段阐释揭示了情境与学科知识、与学生学习之间的深层联系，只有将知识还原于情境中，以情境化的形式呈现出来，增加知识的趣味性，学生才会在探究欲望的驱使下主动地学习和思考。芬兰教育家科丝婷·罗卡认为"情境才是王道"，她说："教育的核心问题之一就是把知识从学术情境转移到现实的生活场景中。如果教育工作者不能激发学生运用已经掌握的知识或者在一个有意义的情境中进行实践，那么他们在课本上学到的知识可能就会一直处于惰性和无用的状态。"[③] "2022年版语文课标"的"课程理念"部分共五项，第四项即为"增强课程实施的情境性和实践性，促进学习方式变革"，要求"创设丰富多样的学习情境"，具体可分为日常生活、文学体验和跨学科学习三类语言运用情境，以之来促进学生自主、

---

① 王树人.中国哲学与文化之根——"象"与"象思维"引论[J].河北学刊，2007（5）：23.
② 张华.研究性学习[M].上海：华东师范大学出版社，2008：110.
③ 科丝婷·罗卡.现象式学习[M].葛昀，译.北京：中信出版集团，2021：31.

合作、探究学习。

《基础教育课程改革纲要（试行）》要求"加强课程内容与学生生活以及现代社会和科技发展的联系"。对于语文课程来说，向生活逻辑回归要让学生用语文做事情，用语文来解决真实生活中的问题和自身发展的真实需要，就是要进行学科实践。《义务教育课程方案（2022年版）》指出："注重'做中学'，引导学生参与学科探究活动，经历发现问题、解决问题、建构知识、运用知识的过程，体会学科思想方法。加强知识学习与学生经验、现实生活、社会实践之间的联系，注重真实情境的创设，增强学生认识真实世界、解决真实问题的能力。"也就是说，语文课程培养的核心素养是在语文的学科实践中建构起来和表现出来的，学科实践是学科逻辑与生活逻辑的统一，是核心素养培育的关键。

语文的学科实践就是言语实践，这是我们基于对语言学研究新成果、心理学理论的学习、运用，根据汉语特性、母语学习的特点，遵循学生身心发展规律所提出来的语文教与学的方式。"言语实践型"语文教学的两大核心理念是：（1）让语文学习成为儿童的一种生活；（2）语文，为了儿童更好生活与生长。"让语文学习成为儿童的一种生活"，就是要设计和实施"言语实践任务，让书面符号还原为生动的生活场景，成为学生可以在其中徜徉、创造、描画的语文画卷"[1]。"语文，为了儿童更好生活与生长"，强调的"正是在实践中，人成为他自己。作为语文实践的言语实践任务，应该回归生活逻辑，引导学生学会用语文的方式解决生活问题，用语文的方法促进自身的生长"[2]。正如苏霍姆林斯基所说："我不能想象，不到故乡各地旅行游览，不观察自然景色，不用词语抒发感情，怎能去讲授语言。"[3]

三、联结儿童的心理逻辑

"给人一碗水，你得有一桶水。"这是一句流传甚广的话，但它很明显忽

---

[1] 梁昌辉.言语实践：语文素养与儿童精神生长的双向建构[J].人民教育，2021（18）：60.
[2] 同[1]：61.
[3] 苏霍姆林斯基.帕夫雷什中学[M].北京：教育科学出版社，1983：19.

视了主体的能动作用,因为如果人家不张嘴,"强灌"是不行的。学习,就其根本而言,是发生在心灵深处的心智行为。没有儿童内在心理的积极调动与参与,学习就不会真正发生。哲学家怀特海说,我们运用思想观念,要"把它和构成我们生活的各种感知、情感、希望、欲望以及调节不同思想的精神活动联系起来"[1],强调的正是学习与人的心理之间的密切关联。心理学家马扎诺建构了一个行为模型[2],很好地揭示了学习发生的心理逻辑(见下图)。

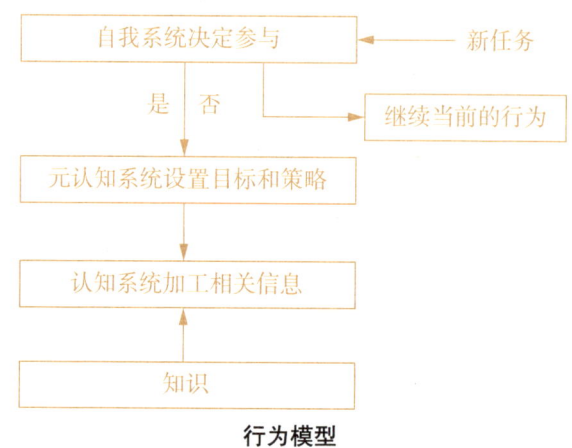

行为模型

马扎诺在布鲁姆教育分类的基础上建立了新的教育目标分类,它包含四个组成要素,即自我系统、元认知系统、认知系统和知识。自我系统、元认知系统、认知系统都属于心理系统。借助这个模型,我们可以直观地看到,学习不止于知识领域。不符合学生的心理逻辑,不能有效地启动学生的心理系统,学习就不会发生。马扎诺又将自我系统分为四种类型:(1)重要性检查;(2)效能检查;(3)情绪反应检查;(4)动机检查。[3]它们决定着学习者是否愿意参加任务,也决定着投入精力的多少。心理系统的启动与运行情况,既涉及学习的发生问题,也关系到价值的生成与学习品质的磨砺。

---

[1] 阿尔弗雷德·诺思·怀特海.教育的目的[M].赵晓晴,张鑫毅,译.上海:上海人民出版社,2018:4.
[2] 罗伯特·J.马扎诺.教育目标的新分类学(第2版)[M].吴有昌,等译.北京:教育科学出版社,2012:11.
[3] 同②:49.

心理系统为学习提供了强大的内部动能，外部影响也必须通过它才能发挥作用。就连记忆也离不开心理动能的支撑，因此，认知神经科学家斯坦尼斯拉斯·迪昂说："对知识的渴望程度决定了记忆的强度。"①缺乏对知识的热情，记忆的效益也会下降。那如何造就一个有利于心理系统启动的环境与氛围呢？"2022年版语文课标"指出，"义务教育语文课程结构遵循学生身心发展规律"来设计语文学习任务群，而学习任务是对学习内容、情境、方法和资源等要素的整合，因而能够激发学生的好奇心和参与欲，有利于学生心理资源的调动。

遵循学生的心理逻辑，对教学来说就是要适应学生心理发展的节律。按照学段，"语言文字积累与梳理"等六大学习任务群和"识字与写字"等四类语文实践活动都设置了不同层级的要求，体现了连贯性和适应性。具体学习任务的设计和学习活动的展开，还需要进一步细化。如统编版小学语文教材对"复述"这一学习策略的安排，二年级要求根据提示讲故事，三年级则是详细复述，四年级为简要复述，五年级安排的是创造性复述。了解情节的发展、故事的顺序，甚至地点、人物等，对低年级学生有信息认知上的困难，有言语转换的挑战，还有面向他人表达时可能存在的担忧、慌张，因而需要在具体操作上给予更多的扶持，如词句、图片、表格等对故事的提示。随着学生言语心理能力水平的增长，教学所给予的提示逐步减少，任务要求渐次提高。这样的设计与安排就充分体现了对学生心理发展特点的尊重和适应。

思维是复杂的心智操作过程，反映心理逻辑的内在水平。杜威说："如果我们要激发学生的思维，而不是单纯学一些文字，学校任何科目的教学法应该尽可能不是学院式的。要懂得经验或经验的情境的意义，我们必须想到校外出现的情境，想到日常生活中使人对活动感兴趣和从事活动的那些作业。……它们给学生一些事情去做，不是给他们一些东西去学；而做事又是属于这样的性质，要求进行思维或者有意识地注意事物的联系，结果他们自

---

① 斯坦尼斯拉斯·迪昂. 精准学习[M]. 周加仙，等译. 杭州：浙江教育出版社，2023：195.

然地学到了东西。"①语文学习任务的本质就是用语文"做事",做事情是对儿童心理的顺应,有利于调动儿童的思维,特别是分析、评价、创造等高阶思维的运用。

心理逻辑要求语文学习任务要有挑战性,要与学生的心灵生活和现实生活紧密关联起来,激发学生的好奇心、想象力和求知欲,以全部精神来解决问题、完成任务。"言语实践型"语文教学主张的"情境性的言语实践任务,能让儿童深度卷入,集聚心力投入其中,付出汗水、心血、焦虑甚至痛苦,也收获成功、兴奋、激动和张扬,从而在心灵深处建立与语言的血肉联系,建构对自身与世界的认识和判断"②。经历这样的挑战性学习任务,学生收获的言语经验、心理体验以及对世界的认知才是深刻的,也才是"深度学习"。

四、统整于人的成长逻辑

教以育人,学以成人。2010年7月,国务院发布《国家中长期教育改革和发展规划纲要(2010—2020年)》,在"工作方针"中明确"把育人为本作为教育工作的根本要求。……以学生为主体,以教师为主导,充分发挥学生的主动性,把促进学生成长成才作为学校一切工作的出发点和落脚点"。2022年10月16日,习近平总书记在中国共产党第二十次全国代表大会上的报告中指出:"教育是国之大计、党之大计。培养什么人、怎样培养人、为谁培养人是教育的根本问题。育人的根本在于立德。"这是从教育方针、教育目标的高度,指明人的成长的根本逻辑。语文课程目标从1.0版的"双基"(基础知识、基本技能)到2.0版的"三维"(知识与技能、过程与方法、情感态度与价值观),再到3.0版的核心素养(文化自信、语言运用、思维能力和审美创造),对知识、技能的功能定位更加准确,不再把知识、技能直接作为课程目标,而是把它们作为学生探索世界和建构自我的工具;立德树人的目标,则以核心素养的目标设定,得到了彰显和突出。

---

① 约翰·杜威.民主主义与教育[M].王承绪,译.北京:人民教育出版社,1990:169.
② 梁昌辉.言语实践:语文素养与儿童精神生长的双向建构[J].人民教育,2021(18):60.

着眼成长，摈除功利。"教育必须使学生了解周围世界及其内在才能，以便让他们成为有成就的个人和积极并富有同情心的公民。"[①] 把促进学生成长成才作为教育的旨归，就必须摈弃功利主义和短期主义。2015年，联合国教科文组织在《反思教育：向"全球共同利益"的理念转变？》的报告中重申人文主义教育方法，指出"仅凭教育不能解决所有发展问题，但着眼全局的人文主义教育方法可以并且应该有助于实现新的发展模式……在教育和学习方面，这就意味着超越狭隘的功利主义和经济主义……为所有人提供发挥自身潜能的机会，以实现可持续的未来，过上有尊严的生活"[②]。教育的经济功能无疑是重要的，但我们必须超越单纯的功利主义观点和对短期效率的追求，避免有分数无能力、有知识无素养、有文凭无理想的异化现象。

今天的学生，明天的人才。语文教学要看得见未来，而不只是对当下知识、事实和概念的传授与记忆。联合国教科文组织在"教育的未来"的报告中提出，要加强学生的"未来素养"，"即有能力了解未来在他们所见所为中起到的作用。成为'有未来素养'的人，意味着他们可以更有效且更高效地利用未来，并在变化发生时，能够更好地提前准备、恢复状态、发明创造"[③]。由此可见，成长型思维、问题解决的责任、人际智慧、创造能力等远比传统的学科知识掌握更为重要。

实践出真知。《义务教育课程方案（2022年版）》提倡学科实践，要求"做中学""用中学""创中学"。杜威说："只有在教育中，知识主要指一堆远离行动的信息，而在农民、水手、商人、医生和实验室研究人员的生活中，知识却从来不会远离行动。"[④]

因此，需要一种更为整合的语文教学形态来实现语文课程整全的育人目标。我们不可能无限制地把人类积累的语文经验全部纳入进来，那么，要

[①] 肯·罗宾逊，凯特·罗宾逊.罗宾逊谈教育的使命[M].陈堃，诗霖，译.杭州：浙江教育出版社，2022：62.
[②] 联合国教科文组织.反思教育：向"全球共同利益"的理念转变？[M].北京：教育科学出版社，2017：2.
[③] 联合国教科文组织.一起重新构想我们的未来：为教育打造新的社会契约[M].北京：教育科学出版社，2022：73-74.
[④] 约翰·杜威.民主主义与教育[M].王承绪，译.北京：人民教育出版社，1990：169.

在有限的教学内容中实现更为综合并指向未来的育人价值，这是一个关系到"如何让学生通过树木看见森林"的问题。针对"变动不居"、复杂的与不确定的时代下的育人要求，"2022年版语文课标"给出的解决办法是设计"语文学习任务"，这是一个具有中国风格与气派的教学创造。郑桂华教授认为，这个"任务"有五个方面的特征："（1）主体与主动，即任务是行为主体自己职责范围内的事务，不是为他人所迫；（2）需求与目的，即为满足真实的生活需要而为之，不是为做而做；（3）综合与关联，一个任务往往涉及个体、社会、环境与资源等多种因素，完成任务也需要调用各种知识、能力和情意，体现其综合素养，很少单用某一种能力；（4）开放与挑战，完成任务过程中往往会遇到一些障碍和意外，既需用到以往的经验，也需要学习新知识，发展新能力；（5）过程与环节，一项典型的任务通常有多个环节，但这些环节都围绕一个目标，而不是零碎的、互不相干的。"[1]正是因为语文学习任务具有整合性、关联性、情境性、实践性、综合性等特点，它才可以基于学生的成长逻辑，在学习任务中把语文课程、学生和生活以及未来统一起来，让学生在文化实践中实现"立言"与"立人"相融共生，促进综合素养的培育。

（作者单位：江苏省江阴市晨光实验小学）

---

[1] 郑桂华.义务教育语文学习任务群的价值、结构与实施[J].课程·教材·教法，2022（8）：27.

第一编

"语言文字积累与梳理"任务群的理解与教学

守正出新，务本筑基

——"语言文字积累与梳理"任务群的基本内涵与设计要义

■ 梁昌辉

"2022年版语文课标"设置了基础型学习任务群、发展型学习任务群和拓展型学习任务群三类共六个学习任务群，作为唯一的基础型学习任务群，"语言文字积累与梳理"这一学习任务群具有十分重要的作用与价值，是对语文课程核心素养中"语言运用"方面的直接落实，关系着学生思维、审美和文化积淀等方面的发展，也是完成其他任务群学习的基础和必备条件。

一、"语言文字积累与梳理"的基本内涵

1. 构建语文学习基石

"2022年版语文课标"指出，"语言文字积累与梳理"学习任务群"旨在引导学生在语文实践活动中，积累语言材料和语言经验，形成良好语感；通过观察、分析、整理，发现汉字的构字组词特点，掌握语言文字运用规范，感受汉字的文化内涵，奠定语文基础"。这一段话揭示了本任务群在学生进行语文学习、培育语文核心素养中的基础性作用。

注重积累是我国语文教学的优秀传统之一。"不积跬步，无以至千里"，不仅被用来引导人们如何通过"日积月累"来达成社会性或者知识性目标，在语文教学中也有着广泛而悠久的运用，传统蒙学的"三百千"就是比较典型的语言积累性教学。近代以来，更是以语文教学纲领性文件进行确认，如

1902年颁行的《钦定蒙学堂章程》就设计了这样的"学科阶级"：第一年，字课（实字，凡天地人物诸类实字皆绘图加注之始之），习字（即用所授字课教以写法）；第二年，字课（静字，兼教以动静字加于实字之上之方法），习字（同上教法）；第三年，字课（虚字），习字（同上教法）；第四年，字课（集字成句法），习字（同上教法）。①1950年新中国颁布的《小学语文课程暂行标准（草案）》则把积累的内容放在"阅读方面"，以"语文基础"的方式提出具体要求。从1954年的《改进小学语文教学的初步意见》起，有关语言文字积累的课程内容，大体以"识字""写字"作为独立板块和融入阅读部分两种办法来处理。

"2022年版语文课标"继承并发扬了这一传统，立足语文课程核心素养落实及其相互之间的关系，指出"在语文课程中，学生的思维能力、审美创造、文化自信都以语言运用为基础，并在学生个体语言经验发展过程中得以实现"。语言积累为语言的建构与运用提供了现实的物质支撑，其本身就是语文课程核心素养重要的一方面，同时也为核心素养其他三方面的发展提供了物质的、心理的条件。

2. 从语言材料积累到语言材料与语言经验积累并重

在传统观念里，语言积累就是语言材料的积累，且基本属于"好词好句"型的。"2022年版语文课标"则提出"在语文实践活动中，积累语言材料和语言经验"，从单一的语料积累走向语料积累与语言经验积累并重，这是语言积累教学在思想认识与课程内容方面的重要突破，也是课标的一个亮点。

北京师范大学的王宁教授（2018）、首都师范大学的王云峰教授（2018）、上海师范大学的吴忠豪教授（2019）都先后提出了积累语言经验的主张。王宁教授认为："语文课程中的'语言'不仅仅是社会的理性语言，更是语境中的言语和优质的母语语感。"②王云峰教授指出："语言积累包括语言材料的积累和言语活动经验的积累。语言材料的积累，是指对'字词句

---

① 课程教材研究所.20世纪中国中小学课程标准·教学大纲汇编：语文卷[M].北京：人民教育出版社，2001：3.
② 王宁，巢宗祺.普通高中语文课程标准（2017年版）解读[M].北京：高等教育出版社，2018：59.

篇'的积累；言语活动经验的积累，是指人在听说读写活动中获得的语言运用经验及其内化。"①

王宁教授和王云峰教授的论述中都包含着一个重要的语言学新知识和语文教学新观念，即语言与言语的区别和联系。从语言到言语，客体的语言主观化了，语境化了，突显的是学生作为语言学习者的主体意识；从语料积累到语料与言语经验积累并重，是对语文能力发展条件认识的深化，因为语料是重要的物质材料，但并不能形成语文能力和素养，言语经验才是。

3. 朝向生活的育人价值取向

本次课标修订的一个重要价值追求是生活取向。生活取向是指向问题解决或任务达成的，是以整体、融合的而非分割、孤立的方式进行学科实践，把学科逻辑与生活逻辑统一起来，从而实现学科育人的目标任务。

对"语言文字积累与梳理"任务群来说，就是要把语料积累、言语经验积累与生活和儿童联结起来，让语言文字积累与梳理的过程，向内成为儿童建构巨大能量的心理词典的过程，向外成为勾连生活、建构生活图景的过程。正如王宁教授所说："如果一个没有意义的笔画组合与孩子的生活毫不相关，那么他就会很快忘记。意义的感受必须在亲自体验之后，意义与语音的结合是思维的成果，是与生活经验和理解分不开的。不同年龄的孩子有他们的心理词典，必须是他们的经验所覆盖、懂得意义的词语才能进入心理词典，汉字必须关联了心理词典中的词，才是'已识字'。"②学生正是在语言文字积累与梳理的过程中，发展核心素养，锤炼品格与能力。

这一点在百年现代语文教育史中也是有迹可循的，如1929年的《小学课程暂行标准小学国语》在"教学方法要点"中"读书"部分"第（7）条"中就规定："开始用一段故事入手，不用单字单句入手；（学过一段故事以后，从故事里认识句子，再从句子里认识单字。）后来用完整成段或成篇的文章，更不用零碎的字句。"③不仅如此，甚至要求写字的材料也要做意

---

① 王云峰.基于课程标准的高中语文学业质量评价探析［J］.语文建设，2018（11）：10.
② 王宁.汉字教学的原理与各类教学方法的科学运用（上）［J］.课程·教材·教法，2002（10）：3.
③ 课程教材研究所.20世纪中国中小学课程标准·教学大纲汇编：语文卷［M］.北京：人民教育出版社，2001：19.

义化处理："应用习用字和易误写的字，组成有意义的句子，以减少机械的作用。"[1]

二、"语言文字积累与梳理"的编排特点

1. 学习内容：注重基础性，彰显自主性

一是保持对识字与写字的高度重视。在识字与写字上，"2022 年版语文课标"基本延续了《义务教育语文课程标准（2011 年版）》的要求，如第三学段，"有较强的独立识字能力，累计认识常用汉字 3000 个左右，其中 2500 个左右会写""硬笔书写楷书，行款整齐，力求美观，有一定速度""能用毛笔书写楷书，在书写中体会汉字的优美"，几乎一字未易。除识字外，"2022 年版语文课标"还对语料积累的内容范围进行了较大拓展，进行了比较明确的罗列，第一学段是"成语、谚语、格言警句、儿歌、短小的古诗等"，第二学段是"成语典故、中华文化名言、短小的古诗词和新鲜词语、精彩句段等"，第三学段则是"成语典故、格言警句、对联等"。

二是突出对主动积累的意识与习惯的培养。与《义务教育语文课程标准（2011 年版）》相比，"2022 年版语文课标"更加强调主动识字、自主积累的意识与习惯，如第一学段的"在生活中主动识字，发展独立识字能力""诵读、记录课内外学到的成语、谚语、格言警句、儿歌、短小的古诗等"，第二学段要求"在真实的语言文字运用情境中独立识字与写字"，第三学段要求学生能"主动通过多种方式独立识字，……丰富自己的词语积累"等，打通课堂内外，链接真实语境，充分利用母语的无时不有、无处不在的资源优势进行积累。

三是强调对汉字特点、汉字文化的理解与领悟。"2022 年版语文课标"注重在积累中"发现汉字的构字组词特点"，利用汉字特点强化积累的质量："按照汉字字型结构等规律梳理学过的汉字"（第三学段）。同时，融入

---

[1] 课程教材研究所.20 世纪中国中小学课程标准·教学大纲汇编：语文卷［M］.北京：人民教育出版社，2001：20.

对中华优秀传统文化的感受与理解，如第一学段要求在诵读、积累中"感受中华优秀传统文化"，第二学段要求"初步认识中华优秀传统文化蕴含的思想"等。

2. 学习方式：多种方法兼顾，突出梳理发现

"2022年版语文课标"在"语言文字积累与梳理"任务群方面列举了多种学习方法。"认读""认识"指向识字（包括识字的工具"汉语拼音"），无论是"认"还是"写"，都突显了对国家通用语言文字规范性的重视。

"梳理"是"2022年版语文课标"的创新性设置，小学的三个学段呈现出比较鲜明的任务进阶特点，见下表。

小学三个学段任务对比

学 段	汉 字	语言文字使用
第一学段	学习书写笔画简单的字，初步体会汉字结构的主要特点；先认先写基本字，学习部首检字法，尝试发现汉字的一些规律。	初步学习分类整理课内外认识的字。
第二学段	初步梳理常用汉字形、音、义之间的联系。	关注校园内外汉字和标点符号的正确使用情况，整理自己的发现并和同学交流，互相正字正音。
第三学段	主动通过多种方式独立识字，按照汉字字形结构等规律梳理学过的汉字。丰富自己的词语积累，注意词语的感情色彩。	开展校园内外讲普通话、写规范字、正确使用标点符号情况的调查，整理、分享自己的发现。

从上表可以看出，"梳理"主要集中在两方面：一是汉字本身的特点，从汉字结构特点到音、形、义之间的联系，再到汉字字形结构规律，逐级深入，把识字写字与梳理、发现结合起来，引导学生在丰富识字写字经验的基础上，体会汉字特点，发现汉字结构规律，上升为语理，运用语理提高语言文字积累的效益；二是对语言文字使用情况的调查、整理，发现社会生活中语言文字包括标点符号的使用情况，分析常见错误，提出改正的意见与建议。

3. 学习评价：教、学、评一脉贯通，促进核心素养落实

"2022年版语文课标"分为六大部分，整体建构，前后贯通，实现了教、学、评的一致性。下面以本任务群第一学段的相关内容为例，作简要分析。

第一学段内容展示

核心素养（语言运用）	总目标	学段要求（第一学段）	"语言文字积累与梳理"任务群（第一学段）	学业质量（第一学段）
语言运用是指学生在丰富的语言实践中，通过主动的积累、梳理和整合，初步具有良好语感，了解国家通用语言文字的特点及其运用规律，形成个体语言经验；具有正确、规范运用语言文字的意识和能力，能在具体语言情境中有效交流沟通；感受语言文字的丰富内涵，对国家通用语言文字具有深厚感情。	认识和书写常用汉字，学会汉语拼音，能说普通话。主动积累、梳理基本的语言材料和语言经验，逐步形成良好的语感，初步领悟语言文字运用规律。学会使用常用的语文工具书，运用多种媒介学习语文，初步掌握基本的语文学习方法，养成良好的学习习惯。	识字与写字： 1.喜欢学习汉字，有主动识字、写字的愿望。认识常用汉字1600个左右，其中800个左右会写。 2.学会汉语拼音。能读准声母、韵母、声调和整体认读音节。能准确地拼读音节，正确书写声母、韵母和音节。认识大写字母，熟记《汉语拼音字母表》。 3.掌握汉字的基本笔画和常用的偏旁部首，能按基本的笔顺规则用硬笔写字，注意间架结构，初步感受汉字的形体美。努力养成良好的写字习惯，写字姿势正确，书写规范、端正、整洁。 4.学习独立识字。能借助汉语拼音认读汉字，学会用音序检字法和部首检字法查字典。 梳理与探究： 1.观察字形，体会汉字部件之间的关系。梳理学过的字，感知汉字与生活的联系。	（1）认识有关人的身体与行为、天地四方、自然万物等方面的常用字；认识家庭生活、学校生活、社会生活中的常用字；学习书写笔画简单的字，初步体会汉字结构的主要特点。 （2）先认先写基本字，学习部首检字法，尝试发现汉字的一些规律，初步学习分类整理课内外认识的字；在生活中主动识字，发展独立识字能力。 （3）认读拼音字母、拼读音节，认识声调，借助汉语拼音认读汉字，学习音序检字法；在日常交际情境中学习汉语拼音和普通话。 （4）诵读、记录课内外学到的成语、谚语、格言警句、儿歌、短小的古诗等，感受中华优秀传统文化，养成自主积累的习惯。	留心公共场所等真实社会场景中的文字，尝试认识标牌、图示、简单的说明性文字中的常用汉字；借助汉语拼音认读汉字，借助学过的偏旁部首推测字音字义，愿意向他人说出自己的猜想；遇到不认识的字，主动向他人请教。在学习与生活中，累计认识1600个左右常用汉字，能正确书写800个左右常用汉字。喜欢识字，有意识地梳理在日常生活中学习的汉字、词语，并尝试进行分类；愿意整理自己的学习成果，并向他人展示。

"2022年版语文课标"指出，"义务教育语文课程培养的核心素养，是学生在积极的语文实践活动中积累、建构并在真实的语言运用情境中表现出来的，是文化自信和语言运用、思维能力、审美创造的综合体现"。在"语言文字积累与梳理"任务群中，"积极的"语文实践活动首先表现为主动积累的意识与愿望，上表中所列五项涉及目标、内容和学业质量，均有对"主动积累"的明确表述。作为第一学段，"学段要求"和本任务群的提法是"主动识字"，体现了教学目标与教学内容的阶段性。

"真实的语言运用情境"是与儿童的身心特点、活动范围紧密相连且相适应，第一学段的学生最为熟悉的就是日常生活情境。因此，第一学段的学业质量标准要求学生"留心公共场所等真实社会场景中的文字，尝试认识标牌、图示、简单的说明性文字中的常用汉字；……喜欢识字，有意识地梳理在日常生活中学习的汉字、词语，并尝试进行分类；……"这里的情境表述同样可以在本任务群第一学段的学习内容中找到清晰的呼应，如"认识家庭生活、学校生活、社会生活中的常用字"等。

"2022年版语文课标"还注意与《普通高中语文课程标准（2017年版2020年修订）》的衔接。它针对的是义务教育阶段，任务群的名称为"语言文字积累与梳理"，任务要求是"积累语言材料和语言经验，形成良好语感"，而高中相应的任务群名称是"语言积累、梳理与探究"，"旨在培养学生丰富语言积累、梳理语言现象的习惯，在观察、探索语言文字现象，发现语言文字运用问题的过程中，自主积累语文知识，探究语言文字运用规律，增强语言文字运用的敏感性，提高探究、发现的能力，感受祖国语言文字的独特魅力，增强热爱祖国语言文字的感情"，学习方式上增加了更具挑战性的"探究"活动，对象也替换为更具概括性、普遍性特点的"语言文字现象"，与第四学段的提法一致，体现了普通高中语文课程与义务教育语文课程之间的衔接与学习阶梯的设置。

三、"语言文字积累与梳理"的设计要义

设计是指向行动的，教学设计的核心是设置进阶型学习任务，规划清晰

的学习路径，提供有效的学习策略。

1. 组块式识记

语料识记特别是字词识记，是整个小学阶段语文学习的一个重心。而点状分布的字词需要整合为有意义关联的一个"集体"，即"组块"，才会被"识"得更清、"记"得更牢。

以一年级下册第18课《小猴子下山》为例。文中需要识记的字词较多，其中描写小猴子动作的词就有七个。教师可以设计一个听故事的任务情境，构建一个组块式识记学习任务板块：

（1）听老师讲述故事，相机出示生字：掰、扛、扔、摘、捧、抱、追。

（2）猜猜故事结果，学习多音字"结"：第一声，表示"植物长出果子来"；第二声，表示"事情到了最后的结局"。"他看见玉米结得又大又多"，此处的"结"读第一声。

（3）看图片，说说小猴子下山做了哪些事：掰玉米、扛玉米、扔玉米、摘桃子、捧桃子、抱西瓜、追兔子。根据图片点拨字形和字义：掰，用两只手把东西分开；捧，用两只手托着；抱，用两只手臂围住。

（4）认读生字，看手部动作说"字"：摸、拍、拉、握等，发现这些"字"都和"手"有关。"追"和什么有关？"脚"，走之。"蹦""跳"和什么有关？"脚"，足字旁。总结：根据偏旁部首，把生字归归类，识记起来更方便。

（5）写字："瓜""进"。字词因故事情境而彼此联结，学生在听故事、说事情的过程中感知其意义，在具象化的动作中初步体认到汉字部首所提示的富有趣味的构字规律。

识字是第一学段的教学重点。在设计组块式识记任务时，要"根据学生的年龄特点和认知规律，紧密联系学生的生活实际"，安排诸如编歌谣、拍手接、角色代入等具有趣味和吸引力的活动。统编版一、二年级语文教材选编的识字课文大多节奏明快，音韵动听，如《姓氏歌》《场景歌》《树之歌》《拍手歌》《田家四季歌》等，特别适合诵读，摇头晃脑，拍手跺脚，在有趣的具身活动中感受场景或语境联系，兴致盎然地识记、积累字词。

一年级上册的《对韵歌》，一年级下册的《古对今》，是对属对教学的继承。它充分关注汉语言文字的字音、字义和词类等特点，是培养语感的一种有意思的方式。十岁的小冰心以"鸟鸣春"妙对老师的"鸡唱晓"，幼年的鲁迅用"比目鱼"对寿镜吾先生的"独角兽"，展现出了良好的语感。教学这两课时，可以让学生在家人的帮助下发现身边的"对韵"现象，如春联、前后相"对"的成语，感受汉字独特的文化特点，这也与第三学段分主题梳理对联等语言材料遥相呼应。

2. 结构化梳理

梳理是以积累为前提的，积累是对识记结果的筛选性记录，筛选是以我之眼看之，以我之心感之，最后落笔确认（含电子记录）。也就是说，积累的本质是学生对语言与生活、与世界的关系的感受、认知，是一种文化性行为。学生以心灵感受语言，有了领悟，认为有意思、有意义的语料，以某种形式记录下来。如统编版小学语文教材从一年级上册第7课《大小多少》开始，就设置了一个课后练习类型：读一读，记一记（此前为"读一读，说一说"）；三年级上册第一单元要求"阅读时关注有新鲜感的词语和句子"等，教学时就要安排学生备好笔记本，做好记录。"不动笔墨不读书""好记性不如烂笔头"，既是一种基本习惯，也是一种基本积累方法。

散乱的语料需要梳理，梳理的关键是建立结构，结构需要凝结核或聚焦点。这凝结核或聚焦点，可以是主题式的，统编版小学语文教材中的"日积月累"往往是按主题安排的，是很好的分主题梳理的范例，要引导学生学习、运用。如四年级下册"语文园地三"中的"日积月累"给出的三条名言都是关于诗歌的，是对诗歌的认识，大体属于"诗论"范畴，有助于学生总结前期的诗歌阅读经验，提升诗歌欣赏能力。

可以按照造字构词的特点等进行分类整理，如形声字中的字族，像"青"字族、"包"字族等；可以根据描写事物的角度或方法进行梳理，如三年级上册第21课《大自然的声音》中描写声音的词语，第23课《父亲、树林和鸟》中从多个角度来描写事物的短语，三年级下册第24课《火烧云》中描写颜色的词语，等等。

发现是与对语料或言语经验的梳理紧密相连的。发现有两种：一种是正向的发现，如上述例子，学生可以独立或在他人帮助下认识汉字造字的规律，如形声、会意、象形等；一种是逆向发现，如开展校内外讲普通话、写规范字情况的调查后，对误读、误写的字进行原因分析，获得发现。例如"惬意"的"惬"常被误读，分析结构："惬"是左右结构，左边是"忄"，与心、心情有关；右边是"匧"，念"qiè"。查阅《说文解字》等辞典知道，"匧"同"篋"，指箱子之类的东西。由此可以知道，"惬""篋"都是由声旁"匧"构成的形声字，根据形声字形、音、义之间的联系，可以推测它的读音大致是"qiè"。这样，从造字的源头进行梳理，就能比较有效地避免误读、误用、误写的现象发生。

比如容易混淆的"礻"部和"衤"部，可以从字形演变入手，知道"礻"是"示"作偏旁的变形，"示"是"神"的本字，从"示"的字，一般与神和祈祷有关，如祝、福、祖、祀。而"衤"是由象形字"衣"字演变而来的，"衤"部的字大多是形声字，与服装类或纺织品有关。误写概率较大的"初"字，是个会意字。"初"的本义是制衣之始，即做衣服时先用"刀"裁布，引申为初始之义。通过这样的梳理、分析，学生就会在经验与语理两个层面认识到，"部首的作用绝不仅限于部首查字法，部首体现了古今词义的传承关系，展现了词语本义到引申义的发展过程，也是从现代汉语追溯古义的有效切入点"[①]。

经历这样的学习任务，学生从中学到的不仅是汉字的音、形、义之间深刻关系的认知，还能体验中国人对世界万物的认识、命名所蕴含的独特的思维方式和文化心理。同时，学生还积累了言语活动经验，领悟了语言运用的规律，形成了结构化的知识。

3. 情境性运用

通过积累、梳理，学生能够建立起语料库，但这还是外在的，只有运用了才能成为自己"拥有"的心理语言资源库，语言和语言知识才能被"活化"而具有生命力。因此，"2022年版语文课标"在本任务群的"教学建议"第（3）条中指出，要"注重积累、梳理与运用相结合"。可以看出，运用是积累与梳理的发展，也是语言文字积累与梳理的一个重要组成部分。

---

① 吴欣歆，朱俊阳. 语言积累、梳理与探究［M］. 北京：语文出版社，2021：106.

浦东教育发展研究院的张广录老师认为："运用的本质，是调取前期的积累，把经梳理所形成的运用策略或经验融入新问题的解决方案，解决新问题。"[①] 创设任务情境，引导学生运用所积累的语料是本任务群教学的关键。以《火烧云》为例，教学中可以设置这样的任务情境："我给同学支个招"，让学生以同伴的身份，帮助同学修改描写春天花园里鲜花盛开时万紫千红的美丽景色（片段）。

活动一：圈画出文中描写火烧云颜色的词语。活动二：朗读词语，归类、梳理，发现这些词语的构词方式，有"叠词式"的：红彤彤的、金灿灿的；"比喻式"的：葡萄灰、梨黄、茄子紫；"组合式"的：半紫半黄、半灰半百合色。活动三：仿照构词方式，描述自己在春天看到的花的颜色。引导学生充分打开思维，激活课内外阅读经验和生活经验，比如"比喻式"的描写颜色的词语还有：火红、雪白、银白、鸭蛋绿等，形式也可以变化，如"白的像雪""粉的如霞"等。活动四：给同学支招，修改片段，要求构词方式有变化，表现出花的颜色之美。修改后，朗读、比较，体会表达效果的不同。

"2022年版语文课标"指出，"本任务群旨在引导学生在语文实践活动中，积累语言材料和语言经验，形成良好语感"。形成良好语感是本任务群的重要学习目标，正如王宁教授所说："语感……实则是习得和积累的结果。语感随着言语经验的丰富而增长，随着积累的深度和数量的增多而提升品质。……语感形成的途径不是只有背诵，对文质兼美的言语作品熟读、精研、玩味、复述、引用都有助于语感的生成和改造。"[②] 在"文质兼美的言语作品"的阅读中，深度经历积累、梳理与运用，其本身就是一项文化性实践，指向的是核心素养培育的落地。

（作者单位：江苏省江阴市晨光实验小学）

---

① 张广录.输入与输出并举："语言文字积累与梳理"的行动策略[J].中学语文教学，2022（7）：10.
② 王宁.谈谈语言建构与运用[J].语文学习，2018（1）：12.

在识记中发现，在发现中丰盈

——一年级上册识字 9《日月明》创意教学

■ 刘艳红

一、创意解说

《日月明》是统编版小学语文一年级上册第五单元的一篇识字韵文。本单元是本册教材的第二个识字单元，以篇幅短小、节奏感强的古诗、儿歌和童谣，为学生创设了多种识字情境，引导学生归类识字，在增加识字经验的同时，发展认知能力，陶冶情感品性。《日月明》的编排独具匠心，富有趣味。根据"语言文字积累与梳理"学习任务群第一学段的要求，在设计学习任务时，应关注以下几个方面。

（1）诵读，感受音韵之美。通过自由诵读、拍手读等多种方式，关注前四行的"三"字节奏和后四行的"二三"节奏，注意"尘""森"和"林""金"的韵脚变化，读出儿歌的节奏与韵味，感受其音韵之美。

（2）识字，丰富语言积累。借助拼音和儿歌认识文中的会意字，积累相关词语，联系课内外认识的类似结构的字，发现构字规律。学习根据会意字的构字规律推测字义，认识、积累更多的会意字。

（3）发现，感受传统文化。通过续编儿歌等活动，感受汉字奇特的会意造字方法，在诵读中体会其趣味性。朗读课文后四行，初步感受其中蕴含的中华传统思想智慧。

二、学习目标

（1）借助拼音和儿歌，认识"明、尘"等11个生字和"日"字旁，积累"明月"等8个词语。会写"木、林"等5个生字，掌握"卧钩"笔画的写法。

（2）了解会意字的构字特点，感受古人的造字智慧，尝试用会意字的构字特点猜测字义，能在生活中主动识字，积累更多的字词。

（3）正确朗读课文，读出儿歌的节奏和韵律，感受"团结协作力量大"的道理。

三、学习任务设计

学习任务一：我来读给你听

1. 揭题引入，感受"会意字"

（1）出示：日、月、水、火及相应的图片。

教师介绍：同学们，一个汉字就是一幅美丽的图画，大家还认得这些字吗？聪明的古人根据事物的样子造出了很多汉字。可是，有很多汉字是画不出来的，这可怎么办呢？

（2）板书课题：日月明。

读题，说说三个字之间的联系。

动画演示："日""月"合二为一就是"明"。提示：日月齐照，大放光明，聪明的古人把"日""月"合二为一造出了"明"字。

板书"日"字旁。提示写法：作偏旁时变小了。

2. 自由朗读课文，注意读准字音，读通句子

指名朗读，正音。注意读好前鼻音：男、尖、尘、林、森、心、金；后鼻音：明、成；平舌音：从；翘舌音：众。

3. 诵读儿歌：我来读给你听

（1）明确任务。

这是一首儿歌，特别适合朗读，让我们好好练一练，美美地读给别人听。你想怎么读呢？

学生练习，教师指导。

（2）拍手读。

要点1：读好节奏。前四行，"三"字节奏（即三个字拍一下）；后四行，"二三"节奏（即两个字拍一下＋三个字拍一下）。

要点2：韵脚"尘""森"和"林""金"，读出重音。

（3）两人对读。

提示：一个小句一个人（即以逗号、句号作间隔）。

（4）具身读。

提示：读前四行，前两个字击掌，第三个字轻拍桌子；读后四行，前两个字击掌，第五个字轻拍桌子。

要求：全体同学全神贯注，全班动作整齐一致。

【设计意图】低年级的孩子对节奏非常敏感，听到韵律感较强的儿歌就会不自觉地跟读。引导学生在读准字音、读通句子的基础上打节拍读韵文，感受音韵之美，在熟读成诵中自然而然地识记汉字。

学习任务二：
我有识字新方法

1. 识生字，找方法

出示课文前四行，凸显"明""男""尖""尘""林""森""从""众"8个汉字。

小组交流：前面两个字和第三个字有什么关系，说说你有什么发现。

（1）指名交流"男"等7个字。

要点：在男耕女织的时代，下地种田干力气活的都是男人，因此田力为男；上小下大，形似山尖，小大为"尖"；尘土飞扬，小土为"尘"；树林里有很多树，一木又一木为"林"；林字上面再叠加一木是"森"，说明森林里的树木层层叠叠，十分茂密；一人跟着另一个人向前走，表示跟从，双人为"从"；"众"表示有很多人，三人为众。

（2）读一读前四行，说说自己的发现。

要点：用两个及以上的独体汉字，根据各自的含义组合成一个新汉字，这种造字法叫作会意，属于六书中的一种。用会意造字法造出来的汉字就叫会意字。

提示：对于"森""众"这样的汉字，要让学生知道古人造字，以"一"表少，以"三"表多。

2. 向同学介绍生活中认识的会意字

（1）认一认同学的名字，找出会意字。

提示：出示全班同学的名字，找一找，读一读。

（2）圈一圈图画书中认识的会意字。

提示：圈一圈图画书中认识的会意字，读给组内的小伙伴听。

（3）说一说在生活中见到的会意字。

提示：超市、路牌、食品包装袋、广告牌、说明书等都是学生的识字载体，鼓励学生说出自己识记的汉字，越多越好。

3. 会用新方法猜字义

出示课后练习：根据字的组成，猜一猜"泪""休""歪"的意思，简单说一说理由。

要点：

眼睛（"目"）流水（"氵"）了，就是流眼泪了。

人（"亻"）靠在树上（"木"），表示歇一歇、休息的意思。

东西不（"不"）正（"正"）了，那就是放歪了，斜了。

4. 试编识字儿歌

（1）贴生字卡片，读准汉字。

提示：把从课文里、同学的名字里、图画书中以及其他地方认识的会意字贴在黑板上，一起读一读，记一记。

（2）给汉字排排队。

提示：按结构归类。把结构和"明"字一样的归为一类；和"尘"字一样的归为一类；把两个相同的独体字合成新字的归为一类；把三个相同的独体字合成新字的归为一类；其他字归为一类。

（3）试编儿歌。

提示：选择黑板上的汉字编儿歌。

示例：

人云会，女子好。

弓长张，土也地，

双口吕，三口品。

双习羽，三日晶。

【设计意图】 张志公先生指出，"识了字的孩子，在发育成长上是一次飞跃，正像有历史记载以后的人类同史前人有很大的区别一样"。在儿歌中识记，在归类中发现方法，运用新方法猜测字义，认识更多的会意字，并以创编儿歌的活动增加识字趣味性，让学生学会识字，乐于识字。

**学习任务三：
我把感受讲给你听**

（1）观察课文插图，说一说图上的小朋友在做什么，怎么做的。

要点：三个小朋友团结协作在植树。

（2）读一读课文后四行，说说这几句话跟插图有什么联系。

要点：出示后四行，自主朗读，说说发现。

要点：一棵树木成不了树林，很多树木连起来才叫树林。一个"人"字成不了"众"，一个人的力量是有限的，团结起来力量大。

（3）思辨小话题：众人一条心，黄土变成金？

①讨论：很多人一条心，就真的能把黄土变成金子吗？

②要点：是指很多人团结在一起，就能把事情办好。

（4）说一说"众人一条心，黄土变成金"的事例。

例：拔河，合唱，集队，等等。

（5）朗读后四行，说说新发现。

圈一圈"众""林"，猜一猜古人造这两个字时会怎么思考。

要点：古人看到人多力量大，人们团结起来能做好一个人做不成的事情，就想到把很多"人"字放在一起造一个字，表示人多。

一棵一棵的树挨在一起，就成了树林，所以"林"字是两个"木"并排而立。

提示：古人常用"三"来表示多，所以"众"是很多人。

（6）总结：这段韵文告诉我们，团结一心，齐心协力，才能把事情做好。

【设计意图】图文结合，利用直观的插图初步感受句子的意思。再通过朗读、讨论、思辨和猜测古人造字时的想法，联系生活中具体事例等活动，逐层深入，感受课文中蕴含的中国人团结一心的思想智慧，使学生受到中华优秀传统文化的熏陶。

学习任务四：
我写得美美的给你看

（1）读一读生字组成的词语：明月、力气、尘土、众多、树林、森林、关心、开心。

（2）指导写字。

出示要求书写的生字：木、林、土、力、心。

①观察比较，发现五个字的结构特点。

四个独体字：木、土、力、心。

一个会意字：林。

②指导写好关键笔画。

提示："木"字单独书写，一撇一捺都要舒展；"木"字作偏旁时捺变成点。书写"林"字注意笔画的避让与穿插，要写得左窄右宽。

③指导写好"心"字。

观察"心"字的字形：点的形状"尖头圆尾"，中间一点在竖中线上，左右两点要呼应。

重点指导新笔画"卧钩"的写法。

提示：卧钩如小船，行笔由轻到重。

（3）学生描红、临写。教师巡视，个别指导。

（4）学生展示，反馈评价，点拨提升。

【设计意图】掌握汉字的基本笔画和常用的偏旁部首，能按笔顺规则用硬笔写字，注意间架结构，初步感受汉字的形体美，是"2022年版语文课标"对写字提出的要求。让学生在观察比较中发现异同，仔细观察关键笔画的位置，注意新笔画的书写要领，有助于学生习得书写规律。

（作者单位：广西壮族自治区桂林市象山区崇善小学）

在比较中梳理，在运用中转化

——三年级下册《火烧云》创意教学

■ 薛法根

一、创意解说

《火烧云》是统编版小学语文三年级下册第七单元的课文。本单元的语文要素是"了解课文是从哪几个方面把事物写清楚的"，这是对本册第三单元语文要素"了解课文是怎样围绕一个意思把一段话写清楚的"进一步提升。从怎么把一段话写清楚到怎么把事物写清楚，体现了能力的梯度发展。

《火烧云》选自萧红的自传体长篇小说《呼兰河传》，改编后作为一篇经典的写景状物类文章编入教材。作者以"文学观察"的方法发现火烧云的变化之美，描写火烧云的颜色与形态，鲜明而生动，带着浓厚的感情色彩。根据第二学段的要求，结合单元语文要素和文本特点，在设计学习任务时要注意：

（1）朗读与感受。美文适合美读，要让学生在朗读中感受火烧云变化的神奇、颜色的绮丽和形态的多样，获得美的熏陶和"文学观察"的启迪。

（2）比较与积累。在比较中发现不同语体之间的表达差异，体会不同的表达作用；按照描写颜色的方式梳理描写文中火烧云颜色的词语，进行归类，联系已经学过的类似词语，积累下来。

（3）运用与转化。通过学习把事物特点写清楚的多种方法，如分清"事物的方面"、写清"事物的特点"等，进行迁移运用，积累言语经验，将其转化为表达能力。

二、学习目标

（1）会读"檀"等8个字，会写"必"等12个字，掌握多音字"模"，积累描写颜色的词语。

（2）朗读课文，体会火烧云的绚丽多彩和美妙奇异，激发热爱自然、观察自然的兴趣。

（3）进行仿写练习，写清楚事物的变化过程。

三、学习任务设计

学习任务一：
聚焦名称，辨析不同

1. 比较"火烧云"的不同说法

出示：

《现代汉语词典（第7版）》中的解释：日出或日落时出现的红霞。

课文《火烧云》中的解释：天上的云从西边一直烧到东边，红彤彤的，好像是天空着了火。

读一读，说说两句话不同在什么地方，喜欢哪一句。

学生交流。

要点：第一句正规，准确。第二句生动，形象，特别是一个"烧"字，把云霞的特点表述清楚了，还点明"火烧云"这个名字的由来。

2. 确定火烧云的出现时间及最佳观赏时间

要点：夏天傍晚；晚饭过后，乘凉的人；从西边一直烧到东边等。

【设计意图】把《现代汉语词典（第7版）》中对火烧云的解释与课文语句进行比较；引导学生认识词典中描述事实的语言与课文中的文学语言的差别；认识同一种事物可以有不同的表达方式；体会词典中运用的是说明性语言，简洁明了，课文中用的是文学描写性语言，生动形象；明白两种语言表述并无优劣好坏，关键在于要适合具体语境。这样的梳理，辩证适宜。

学习任务二：
分清"方面"，认识差异

（1）比一比：课文分别是从哪几方面写火烧云的？火烧云和一般的云有什么不一样？

学生交流，点拨小结。

要点：火烧云是太阳光穿过云层形成的，可以从"光、色、形"这三个方面来写，一般的云大都只写颜色和形状。

（2）读一读：课文哪一段写"光"？哪一段写"色"？哪一段写"形"？

提示：指名朗读，要求读正确、读流利；遇到生字词，结合语句初步理解意思。

（3）理一理：为什么要先写"霞光"？

学生交流，点拨小结。

要点：从地面写到天空，从颜色写到形状，上来了，变化着，下去了，这就叫"有序写"。

【设计意图】通过比一比、读一读、理一理，理清课文是如何有序、分几方面把火烧云写清楚的，直接指向语文要素的落实。这里的学习安排是把梳理课文与学生已有语文经验联系起来，以指示明确的学习活动展开，教学清简明快。

学习任务三：
见识霞光，感受神奇

（1）想一想：怎么才能写出霞光的美？课文里是怎么写的？

要点：这霞光看得见摸不着，不能直接写，一定要借着地面的事物变化来写，这样就能间接写出霞光之美。

（2）读一读：怎么才能读出"神奇"的变化？

引读：霞光一照，小孩子的脸……，大白狗变成……红公鸡变成……黑母鸡变成……小白猪变成……老头儿的胡子变成……

要点：读时把"了"拉长，营造一种正在变化的感觉，当然，读成"啦"，更有趣。

（3）议一议：你觉得哪一处的"变"最有趣？

学生交流，点拨小结。

示例：老头儿的金胡子写得很有趣。说"您老人家必要高寿"，让人感到疑惑不解；说"您老是金胡子了"让人心花怒放，恍然大悟。我们可以想象两个人都不约而同地哈哈大笑起来，用上对话的方式写就更生动，更有情趣了。

（4）试一试：你能仿照着课文用"间接写"的方式写一写"春风"的神奇之美吗？

学生练笔，交流点拨。

提示：想一想哪些事物在春风中发生着神奇的变化？如树枝上的叶芽、草地上的花蕾、麦田里的麦苗、广场上的风筝……

【设计意图】引导学生读懂课文是如何把看得见却摸不着的霞光写生动，从而获得直接的语文经验，再提炼成为明确的知识概念——间接写，然后让学生模仿课文写法写"春风"的神奇之美，在实践运用中巩固学习经验。

学习任务四：
欣赏颜色，梳理词语

（1）理一理：和一般的云相比，火烧云的颜色有什么不同？数一数，有哪几种颜色？

要点：五光十色、五颜六色，红彤彤、金灿灿、半紫半黄、半灰半百合色，葡萄灰、梨黄、茄子紫。

（2）比一比：如果这样写，好不好？写颜色有什么秘诀吗？

出示："一会儿红彤彤的，一会儿葡萄灰，一会儿半紫半黄，一会儿梨黄。金灿灿、茄子紫、半灰半百合色，这些颜色天空都有。"

学生交流，点拨小结。

要点：这样写显得很杂乱，要分类写，就更清晰。还有很多种颜色写不完，就用一句话代替："还有些说也说不上来、见也没见过的颜色。"

（3）写一写：照样子写一写自己积累的表示颜色的词语，看谁写得又快又多。

例1：蓝盈盈、黄澄澄、绿油油、紫微微、红艳艳、绿茸茸。

例2：半红半紫、半红半天青色。

例3：玫瑰红、高粱红、桃红、石榴红、辣椒红、樱桃红、胭脂红、珊瑚红、宝石蓝、孔雀蓝。

……

（4）辨一辨：把4个"一会儿"换成"有的"，好不好？

学生交流，点拨小结。

要点：不行，4个"一会儿"才能写出火烧云颜色不但变得多，而且变得快。

【设计意图】把学生现有描写颜色的言语表达水平与作家描写颜色的言语表达水平进行比较，学生能直接领会到作家言语表达的秘诀：一是分类写颜色；二是词汇丰富，有"叠词式"的，"比喻式"的，"组合式"的，等等。这样，就把对文本写作特点的揣摩与对词语的积累过程融为一体了。

学习任务五：
观赏形态，领略奇幻

（1）读一读：写了火烧云的哪几种样子？

学生交流，点拨小结。

要点：一匹马、一条狗、一头大狮子。

（2）想一想：还可能出现哪些形状？

提示：要归类写，如动物、植物、建筑物等。

追问：既然还有那么多形状，作者为什么不写上去呢？

学生交流，点拨小结。

要点：都写上去太啰唆。作者用了一句话来写的，"一时恍恍惚惚的，天空里又像这个又像那个，其实什么也不像，什么也看不清了"。

（3）比一比：如果这样写，行不行？

出示："火烧云变化极多，一会儿变成一匹马，一会儿变成一条大狗，一会儿又变成一头大狮子。"

学生交流，点拨小结。

要点：这样没有把变化过程写清楚。把"变化的过程"写清楚要分步写：出现了什么，是什么样的，怎么变化的，怎么不见的。

（4）练一练：写一个火烧云形态的变化，看谁能把变化的过程写清楚。

学生练笔，交流点拨。

例："忽然，天边出现了一个大池塘，四周是绿茸茸的芦苇，还有黄澄澄的油菜地，中间是白茫茫的湖面。不知从哪里飘过来一艘灰色的大帆船，后面还跟着几艘小船。船队飘啊飘啊，那艘大船的船帆不见了，船头也变模糊了。"

（5）读一读：写形态变化多、变化快，还有其他的写法吗？

出示《庐山的云雾》语段：

庐山的云雾千姿百态。那些笼罩在山头的云雾，就像是戴在山顶上的白色绒帽；那些缠绕在半山的云雾，又像是系在山腰间的一条条玉带。……还没等你完全看清楚，它又变成了漂浮在北冰洋上的一座冰山……

学生交流，点拨小结。

要点：要分成"姿态"和"变化"两方面来写。

【设计意图】理解作家是如何把事物的形态变化过程写出来的，这是基础性的教学。学生能运用这种方法来进行有效的表达，说明才是真正理解了。因此，课堂上安排练笔类的言语实践性任务，虽然耗费时间，却有助于学生真正学会深度学习。

（作者单位：江苏省苏州市吴江区程开甲小学）

在梳理和运用中触摸童心

——五年级下册《祖父的园子》创意教学

■ 姚惠萍

一、创意解说

  《祖父的园子》是统编版小学语文五年级下册第一单元的一篇精读课文，选自萧红的自传体长篇小说《呼兰河传》。课文以儿童的视角描写园中的景物，用第一人称讲述了"我"和祖父在园子中的生活。课文语言别具韵味，将感情蕴含在景与事之中，表达了"我"对祖父深沉的爱和依恋，对童年园中生活的深深怀念。

  本单元以"童年往事"为主题，编排了四篇课文，意在落实"体会课文表达的思想感情"的语文要素。结合单元要素以及文本特点，设计本课的学习任务时应该重点关注以下几个方面。

  一是要素落实。通过梳理事件、话题讨论、阅读链接等，体会祖父的园子给"我"的童年带来的自由、快乐，以及"我"对童年园中生活的深深怀念。

  二是情境创设。关注童心，把学生和"我"联结起来，引导学生以角色代入的方式，在想象中进行深度的情境体验。

  三是能力提升。关注文本形式，发现语言特点，通过朗读、想象、仿写等活动，积累和丰富言语经验，提升言语表达能力。

二、学习目标

（1）梳理园子里的人、事、物，建构充满自由与童趣的"园子"的心理图景。

（2）有感情地朗读课文，在事件还原与移情体验中体会祖父的园子带给"我"的自由、快乐。

（3）通过对言语表达形式的梳理、发现和运用，丰富言语经验，提升言语表达力。

三、学习任务设计

> **学习任务一：**
> **朗读课文，给园子"画像"**

1. 联系学情，引入"园子"

三年级时我们学过课文《火烧云》，它出自作家萧红的《呼兰河传》。今天我们学习的课文《祖父的园子》也出自《呼兰河传》（板书课题）。请大家自由读读课文，看看这是一个怎样的园子。

2. 学习、积累词语

出示词语，朗读、识记：

蜜蜂　蜻蜓　蚂蚱　蝴蝶
倭瓜　黄瓜　玉米　韭菜　谷穗
栽花　拔草　铲地　浇菜　下种

（1）指名朗读，说说每组词语有什么共同的地方。

要点：第一组，动物（昆虫）；第二组，植物（作物）；第三组，事件（"我"在园子里做的事情）。

（2）说说需要特别注意的读音和字形。

要点：蚂蚱（mà zha），蚱在词语里读轻声；倭（wō）瓜；谷穗（suì），平舌音；栽（zāi），平舌音；下种（zhǒng），指种子，读第三声。拔，右边是"发"。

3.给园子"画像"

（1）默读课文，找找园子里都有些什么，说说园子给你的印象。

提示：从园子里的人、物、事三个角度来说。谈印象时，可以用句式：这是一个_____的园子。

（2）如果让你给作者笔下的园子画一幅画，你打算怎么画？

提示：结合学生美术学习经验，从构图、色彩等方面简要说说想法。

【设计意图】本学习任务主要是感受园子，通过归类，提高学习、积累词语的效益，结合梳理园子里的人、事、物，以构思图画的方式描述园子以及阅读感受，构建对园子的整体认识，形成对文章内容的整体把握，为后续学习做好铺垫。

学习任务二：
梳理事件，感受童年快乐

（1）梳理事件："我"在园子里做了哪些事？试着用一个词语来概括。

①默读第4自然段，用一个词语概括。

示例：栽花、拔草、溜土窝。

小结方法：圈关键词，词语形式为"动作+事物"。

②学生自主概括，交流补充。

要点：铲地、浇菜。

③话题探讨："我"真的在干农活吗？

提示：引导学生发现这些事件都是在祖父的园子里发生的，"我"看似在干活，其实是在淘气。

（2）发现表情：从这些淘气的事中选择一件事读一读，发现事件中藏着的"我"和祖父的表情。

①说说"我"会是什么表情,并给出理由。

a. 说说"我"的表情。

要点:始终是笑的(快乐,开心,大笑,傻笑……)。

b. 说说理由。

结合学生讨论,出示句子,对比交流:

> 祖父戴一顶大草帽,我戴一顶小草帽;
> 祖父栽花,我就栽花;
> 祖父拔草,我就拔草。
> 祖父铲地,我也铲地。
> 祖父浇菜,我也过来浇。

> 我和祖父都戴着草帽,一起栽花、拔草、铲地、浇菜。

要点:表情藏在了反复的修辞手法里,读起来觉得"我"就像个小跟屁虫,整天粘着祖父,那么开心快乐。

c. 说说对言语表达特点的其他发现。

要点:连接词(不过……不但……反而……),动词(拿、拼尽、一扬、大喊),感叹号("下雨啰!下雨啰!")……

指导朗读。

提示:师生、生生合作朗读,读出表达的特点,读出"我"的快乐。

②体会祖父的"笑"。

出示:

> 祖父大笑起来,笑够了,把草拔下来,问我:"你每天吃的就是这个吗?"
> 我看祖父还在笑,就说:"你不信,我到屋里拿来给你看。"

圈一圈祖父的表情,讨论:祖父为什么"笑"?联系生活经验,说说你的发现。

提示:引导学生换位思考,在对比中感受祖父的慈祥、耐心、宽容,对"我"的疼爱、呵护甚至宠爱。

③讨论:祖父的表情和"我"的表情之间有什么联系?

要点:正是祖父的宽容和疼爱,"我"在园子里才会如此快活、自由、无拘无束。

（3）补写事件："我"还会在园子里干哪些淘气的事呢？写一写。

提示：可以用反复的手法，也可以仿照其他方法来写，用"自由"的写法表现出"我"的自由、快乐。

【设计意图】体会文章的思想感情，并通过概括梳理事件，发现"我"看似在干活，其实是在淘气，揣摩事件中藏着的"我"的表情与祖父表情之间的联系。同时，梳理、发现文本在表现"我"的自由、快乐方面的特点，并运用梳理的方法想象补写事件，进一步感受"我"的自由和快乐。

学习任务三：
移情想象，领悟童心自由

（1）说说园中植物们的生活。

自由朗读第 16 自然段，圈一圈植物的名字，说说它们在园子里的生活。

要点：植物在园子里的生活很自由，要做什么就做什么，要怎么样就怎么样。

发现表达的特点：作者是怎样表现出植物们的自由的？

出示：

倭瓜愿意爬上架就爬上架，愿意爬上房就爬上房。黄瓜愿意开一朵花，就开一朵花，愿意结一个瓜，就结一个瓜。若都不愿意，就是一个瓜也不结，一朵花也不开，也没有人问它。玉米愿意长多高就长多高，它若愿意长上天去，也没有人管。

要点：运用了"……愿意……就……"的句式，具体写出了倭瓜们的"自由"。

指导朗读。感受句式特点，读出倭瓜们"自由"的样子。

（2）结合作者的表达特点，说说园中动物们的生活。

要点："就像"的反复，拟人，"飞来""飞走"相对中的自由……

（3）移情体验：园子里还会有哪些动植物？它们会怎么生活？选用以上发现的一种表达方式，说一说它们生活的样子，说给同桌听。

提示：不管怎么说，园子里的动植物们一定是自由自在、随心所欲的。

（4）话题讨论：在生活中，黄瓜、玉米、蝴蝶等动植物我们经常看到，它们是这样生活的吗？为什么祖父园子里的动植物和其他地方的不一样呢？

提示：引导学生讨论，发现并明确作者运用了借景抒情的写法。因为"我"在园子里身心是自由的，愿意怎样就怎样，所以在"我"眼里，园子里的一切也是自由的，要怎样就怎样。

【设计意图】本学习任务意在通过体会动植物的自由，领悟"我"内心的自由。通过圈一圈、说一说、品一品、读一读、议一议来感受动植物的自由，引导学生在梳理中发现言语表达特点，在运用中丰富言语经验，把体会"我"的内心感受与揣摩言语表达特点统整为一体。

学习任务四："阅读链接"，体会回忆中的深情

1. 朗读"阅读链接"，说说有什么新体会

出示"阅读链接"。

（1）圈一圈其中出现的人物、景物，对照课文，看看他们有哪些变化。

要点：祖父去世了，园中的景物不知道是照旧还是荒凉了。

（2）关注作者的表达，想一想，如果此时再画一幅园子的画，你在景物和色彩上会怎么安排？

提示：关注反复出现的"了""也许"等词语。

要点：园子荒凉，色彩暗淡，不再鲜艳绚烂。

（3）联系写作背景，说说体会。

教师介绍背景：萧红这部《呼兰河传》是1940年在香港写的，当时的她29岁，在写完这部长篇小说后不久就因病离开了人世，她再也没能回到她的故乡呼兰小城。

提示：引导学生将过去与现在进行对比，体会"我"内心的惆怅与伤感，对园子、祖父、曾经的快乐时光的怀念。

2.情境朗读

引读：

曾经，这是一个五彩斑斓的园子。（学生朗读第1、2自然段）
曾经，这是一个自由快乐的园子。（学生朗读第4、16自然段）
曾经，这是一个充满爱的园子。（学生朗读第4、5、15自然段）
可是如今，
一切的一切，都不复存在了。

小结：课文中描写的园中各种美好的景物与事情，蕴含的是"我"的伤感、惆怅之意，以及"我"对园子、祖父、曾经的快乐时光的深切怀念。

作业：选择阅读《呼兰河传》，积累作品中自己感觉新鲜的句段，体会"我"内心的情感。

【设计意图】引入"阅读链接"，通过圈画关键信息，重构"园子"图，学生形象地感受到了人、事、物一个个消失，曾经的美好都已逝去，跟前面的美好画面形成了强烈对比，体会"我"对园子、祖父、曾经的快乐时光的怀念，又引向对《呼兰河传》的阅读兴趣，继续学习积累和梳理语言材料，进一步体会情感。

（作者单位：江苏省江阴市晨光实验小学）

"语言文字积累与梳理"任务群的教学设计与实施要义

——以《日月明》《火烧云》《祖父的园子》为例

■ 黄国才

"2022年版语文课标"优化了语文课程内容结构,以学习任务群的组织形式呈现课程内容。在"分三个层面设置"的六个学习任务群中,"语言文字积累与梳理"旨在"引导学生在语文实践活动中,积累语言材料和语言经验,形成良好语感;通过观察、分析、整理,发现汉字的构字组词特点,掌握语言文字运用规范,感受汉字的文化内涵,奠定语文基础",是基础型学习任务群。

毫无疑义,"语言文字积累与梳理"任务群的关键,一是"积累",一是"梳理",是积累与梳理的交互融通、循环往复,逐步结构化的过程。积累是最基础性的工作,如果没有语言文字积累,"语言运用"就无从下手。但是,如果只有积累而不梳理——"观察、分析、整理"——通过思维加工使之结构化,语言文字就难以储藏,更难以运用并感受其文化内涵。

与其他五个学习任务群一样,"语言文字积累与梳理"任务群是各学段彼此联系、螺旋上升的整体,但各学段有所侧重。例如,第一学段,侧重"初步体会汉字结构的主要特点""尝试发现汉字的一些规律";第二学段,侧重"初步梳理常用汉字形、音、义之间的关系""整理自己的发现并和同学交流""在语言积累和运用过程中,体会同义词、反义词等词语的作用,发现、感受语言的表现力和创造力";第三学段,侧重"按照汉字字形结构等规律梳理学过的汉字。丰富自己的词语积累，注意词语的感情色彩""分主题梳理自己积累的成语典故、格言警句、对联等语言材料，并尝试运用到日常读写活动中，增强表达效果"。

"语言文字积累与梳理"任务群的教学实施，不仅要遵循其旨归、体现其特点、把握其关键，还要注重创设真实的语言运用情境、设计新颖有趣、富有创意的学习活动，避免枯燥乏味的训练，方能取得良好的效果。刘艳红老师设计的《日月明》、薛法根老师设计的《火烧云》、姚惠萍老师设计的《祖父的园子》，就很好地体现了此实施要义，值得借鉴。

一、在识记中发现，在发现中丰盈

现行统编版语文教科书虽然尚未按"2022年版语文课标"的要求，以学习任务群的方式呈现课程内容，但是，由"宽泛的人文主题"和"精准的语文要素"双线组元结构单元内容，单元与单元之间彼此关联、练习与练习之间交互递进，形成学习语言文字运用的整体，可与"学习任务群"相通。这种"双线组元结构单元"方式，从三年级开始以"导读页"明示，一目了然；一二年级则隐藏在练习系统中（如课后练习、"语文园地"等），同时，单独编排了六个"识字"单元，与"语文园地"中的"识字加油站""我的发现""字词句运用"等栏目内容组成结构化的"识字与写字"内容——相当于"语言文字积累与梳理"任务群。这六个识字单元，都将识字置于具体的语境中，或古诗、或韵文、或儿歌、或字谜、或故事，避免缺乏语境的孤立识字，且根据汉字表义性和系统性分类编排，以提高识字与写字教学的科学性和实效性。

《日月明》所在的识字单元，包括《画》（在古诗中识字写字）、《大小多少》（在韵文中识反义词和数量词）、《小书包》（在韵文中认识学习生活中的事物，渗透整理书包等劳动教育）、《日月明》（在韵文中认识会意字，渗透团结教育）、《升国旗》（在韵文中认识国歌、国旗，进行爱国主义教育），"语文园地"中的"识字加油站"（认识有关时间的字词）、"我的发现"（认识带"艹"和"木"的形声字）、"字词句运用"（读准上声字、前后鼻音、平翘舌音和整体认读音节），韵文篇幅短小、内容有趣、朗朗上口，在增加识字经验的同时，有助于发展认知能力，陶冶品性情操。

综观刘艳红老师设计的《日月明》，根据"2022年版语文课标"中"语言文字积累与梳理"第一学段的"学习内容"和"教学提示"，结合"识字与写字"语文实践活动的目标要求，突出教科书编排特点，学习设计体现"在识记中发现，在发现中丰盈"理念，"激发学生识字、写字、诵读、积累、探究的兴趣，并注意将语言积累、梳理与体认社会主义先进文化、革命文化、中华优秀传统文化相结合"。特别关注以下三方面，促进"文化自信和语言运用、思维能力、审美创造"核心素养的整体提升。

第一，诵读，感受音韵之美。通过自由诵读、拍手读等多种方式，关注韵文前四行的"三三"节奏和后四行的"二三"节奏，注意"尘""森"和"林""心""金"的韵脚变化，读出儿歌的节奏与韵味，在熟读成诵中感受汉语言音韵之美。

第二，识字，丰富语言积累。综合运用韵文语境、问题启发、方法引导、讲解强化等多种方式，认识韵文中的会意字，积累相关词语。同时，联系课内外认识的类似结构的字，梳理这些字的构字规律。即时迁移练习，巩固根据会意字的构字规律推测字音字义，认识和积累更多的会意字；提供汉字素材，模仿课文创编会意字儿歌。

第三，发现，感受传统文化。通过想象情境、猜测字义和续编儿歌等实践活动，感受"会意字"奇特的造字方法，初步认识汉字的丰富内涵。同时在反复诵读中体会韵文的韵律，感受识字学习活动的趣味性。在"思辨小话题：'众人一条心，黄土变成金'？"的讨论与举例中，初步感受其中蕴含的"团结一心"这一中华优秀传统文化的思想智慧。

二、在比较中梳理，在运用中转化

"2022年版语文课标"结构化的六个语文学习任务群，是由"相互关联的系列学习任务组成，共同指向学生的核心素养发展"，虽"有所侧重"，但并非边界清晰的六个内容，而是"你中有我、我中有你"的整体。例如，"语言文字积累与梳理"既是独立的基础型学习任务群,在这个"群"中主要任务是完成"积累与梳理"语言文字的系列学习任务,但一定是置于具体情境或语境中。这种情境或语境可能涉及实用性、文学性或思辨性阅读材料,也可能在"整本书阅读""跨学科学习"任务群中。反之亦然。

即便是现行教科书,这种交错融合性编排也显而易见。比如,三年级下册第七单元,语文要素是"了解课文是从哪几个方面把事物写清楚的"。它是对本册第三单元语文要素"了解课文是怎样围绕一个意思把一段话写清楚的"的提升,从怎么把一段话写清楚到怎么把事物写清楚,体现了能力的发展进阶。其课文主要是文学作品,可与"文学阅读与创意表达"对应,但隐藏了丰富的"语言文字积累与梳理"学习内容——仅从描摹色彩这个角度看就足够。你看:《我们奇妙的世界》有描写天空的颜色("天空呈粉红色,慢慢地变成了蔚蓝色""云彩在蓝色的天空中飞行""落日的余晖不时变幻着颜色,好像有谁在天空涂上了金色、红色和紫色""秋天带着金黄色的光辉神奇地来到了"等);有描写水果的颜色("鲜红色的樱桃,深紫色的李子,浅黄色的梨")。《海底世界》有描写海底的植物的颜色("它们的色彩多种多样,有褐色的,有紫色的,还有红色的")。《火烧云》则将描写颜色的词语发挥到极致,直接描摹火烧云绚烂多姿的,有"红彤彤""金灿灿"一类,有"半紫半黄""半灰半百合色"一类,有"葡萄灰""梨黄""茄子紫"一类,还有干脆就用"说也说不出来、见也没见过的颜色"来"敷衍"(让人想起《红楼梦》中描写服饰的颜色);间接描写("霞光照得……")的,有"红红的"一类,有"红的""金的""紫檀色的"一类,简直成了颜色词汇库。对三年级的学生来说,这是一个不可多得的"积累与梳理"的机会。

薛法根老师《火烧云》一课,敏锐地捕捉住"文学阅读与创意表达"学习任务群阅读材料中的"语言文字积累与梳理"的内容,根据第二学段"引导学生增强语言积累和梳理的意识,教给学生语言积累和梳理的方法,注重积累、梳理与运用相结合"的"教学提示",结合语文要素和文本特点,设计富有创意的学习活动,突出"在比较中梳理,在运用中转化"的特点。

第一,朗读与感受。美文适合美读,《火烧云》属于美文。因此,薛老师反复将"想一想""读一读"整合起来,引导学生在朗读中想象、在想象中朗读，感受火烧云变化的神奇、感受颜色的绮丽和形态的多样，获得美的熏陶和"文学观察"的启迪。

第二，比较与积累。教学先从大处比较科技语体与文学语体在表达（火烧云）上的同与异，体会其各自的特点和作用；再聚焦细节，按照不同构词方式梳理描摹火烧云颜色的词语，并作归类；最后联系前文以及平时阅读积累的类似词语，充实语料库。

第三，运用与转化。"语言文字积累与梳理"的终极目标是提高学生的语言运用能力，进而转化为核心素养。作为景物类文章的习作范文，《火烧云》运用多种方法把火烧云的特点写清楚了，尤其突出了火烧云的变化和色彩。通过"积累与梳理"语文实践活动，薛老师创设"试一试""写一写""练一练"等多轮语言运用情境，将学生经梳理而积累的语言文字派上"用"场，即时迁移写清"事物的特点"，把积累的语言材料和言语经验转化为语用能力。

三、在梳理中运用，在感悟中升华

"语言文字积累与梳理"学习任务群进入第三学段，要求明显提高："在学习中，能发现富有表现力的词句和段落，自觉记录、整理，乐于与他人分享积累的经验，并尝试在自己的表达交流中运用。"如此，"积累与梳理"由关注汉字构字组词特点，到丰富自己的语汇并能"发现、感受语言的表现力和创造力"，到分主题梳理语言材料（词句和段落）且"尝试用到日常读写活动中，增强表达效果"。

例如，五年级下册第一单元，从课文内容看同样可以对应"文学阅读与创意表达"学习任务群，同样隐藏着"语言文字积累与梳理"的重要学习内容，并与"分主题梳理语言材料"相匹配。具体而言，萧红的《祖父的园子》，将"祖父的园子"里的热闹与自由表现得淋漓尽致，把在"祖父的园子"时的童趣与亲情抒写得心动神移。（如果联系作者创作时的处境，我们不难想象作者在写作时的情景：运笔时一定是情不自禁、乐不可支、眼睛放光、心跳加剧的，但一搁笔便会怔怔地望着这些文字发呆，甚至于号啕大哭。因为回忆的场景越热闹、场景中的人与物越自由、亲情越淳厚，越衬托出作者此时的寂寞、孤独和动荡不居。一如曹雪芹写"贾府之盛""大观园之美""怡红院之乐"。）季羡林的《月是故乡明》捕捉了中华优秀传统文化中的典型意象——月——表达出"月是故乡明，人是故乡亲"的精髓。陈慧瑛的《梅花魂》同样聚焦中华民族的文化意象——梅花——表现出中华民族的气节和"身在异国的华侨老人一颗眷恋祖国的赤子之心"！不管是"祖父的园子""故乡明月"还是"梅花之魂"，都是"语言文字积累与梳理"学习任务群在第三学段必须积累与梳理的"主题语言材料"，并要求体会作者是怎样借助这些典型的语言材料表达思想感情的，有意识地运用到日常读写活动中，增强表达效果。

　　姚惠萍老师设计的《祖父的园子》学习任务，就准确地把握住本单元的编排意图和育人价值，突出"在梳理中运用，在感悟中升华"的目标，重点关注课文中丰富的句式和新鲜的修辞，并"从遇到的具体语言实例出发"指导学生梳理、分析，调动想象和联想，朗读体会字里行间蕴含的丰富情感和审美经验，进而升华到珍爱童年、珍惜亲情、追求自由、向上向善的人文精神境界。

　　姚惠萍老师所设计的学习任务，一是关注园子里"我"与祖父的互动，如，反复运用"祖父……，我……"的句式，"我"跟着祖父的"瞎闹""乱闹"，以及"我"独自地"跑""追""捉"等，直接表现"我"的天真烂漫和祖父对我的深深疼爱。二是关注对"我"眼中的植物和动物的令人眼花缭乱的描写，如，"花开了，就像睡醒了似的。鸟飞了，就像在天上逛似的。虫子叫了，就像在说话似的。……它们是从谁家来的，又飞到谁家去？太阳也不知道"，写花写鸟写虫，写倭瓜写黄瓜写玉米，写"蝴蝶随意地飞……"，有排比有拟人有设问，有长句有短句，作者的语言天赋表现得淋漓尽致，给人以无限遐想和丰富的审美体验。姚老师通过引导学生梳理事件、讨论、想象联想、联结创作背景、朗读等语文实践活动，体会"我"的内心感受，实现"感受语言文字的美，感悟作品的思想内涵和艺术价值""丰富自己的情感体验和精神世界"的目标。

　　综上所述，这三篇教学设计，涵盖了小学三个学段，连起来成为一个

"语言文字积累与梳理"学习任务群实施的微缩模型,既显示操作层面上的常规程序,也体现了在现行教科书下实施的核心要义。

(黄国才,福建省普通教育教学研究室教研员,正高级教师,福建省特级教师;"十四五"中小学幼儿园教师国家级培训计划专家资源库人员,中国教育学会小学语文教学专业委员会第九届理事会常务理事,福建省教育学会小学语文教学委员会理事长。主持完成全国教育科学规划教育部重点课题,并荣获福建省2021年教学成果一等奖。出版专著《语文课——用心做语文的事》《用心语文——我评过和上过的课及主张》、儿童诗集《外公的诗——读给0—7岁孩子听的诗》等。)

第二编

"实用性阅读与交流"
任务群的理解与教学

切于实用，益于生活

——"实用性阅读与交流"任务群的教学要义

■ 梁昌辉

"2022年版语文课标"根据课程内容的整合程度，设置了基础型学习任务群、发展型学习任务群和拓展型学习任务群三类共六个学习任务群。其中，"实用性阅读与交流"与"文学阅读与创意表达""思辨性阅读与表达"同属发展型学习任务群，大体是从功能角度进行区分的任务群，分别指向实用性、文学审美和思辨性的功能与价值。"实用性阅读与交流"任务群实践性最强，最贴合生活，在实现"语文让生活更美好"的价值追求上具有突出的现实意义。

一、"实用性阅读与交流"任务群的基本内涵

1. "切于实用"是语文教学的重要传统

语文教学的功能和价值，多元、丰富，但紧扣学生的日常生活需要，始终如一。如1912年颁行的《小学校教则及课程表》，规定初等小学校"渐授以日用文章"，高等小学校"渐及普通文之读法、书法和作法""读本文章，宜取平易切用可为模范者，其材料就修身、历史、地理、理科及其他生活必需事项择其富有趣味者用之"。[①]1923年的《小学国语课程纲要》，在目的、

[①] 课程教材研究所.20世纪中国中小学课程标准·教学大纲汇编：语文卷[M].北京：人民教育出版社，2001：11.

程序、方法和毕业最低限度的标准四方面都贯穿了注重实用性的鲜明特点，如第三学年要求"通信，条告，记录的设计，和实用文，说明文的作法，研究，练习"，第四学年增加"普通的演说""指导阅读儿童报"，第五学年"加辩论会的设计，练习"等。[1]

1932年的《小学课程标准（国语）》作了"各种文体说明"，分为"普通文""实用文""诗歌""剧本"四大类，其中"实用文"和"普通文"中的大部分属于实用性文本，确立了实用性阅读的地位，语文教学的文体分类至此则大体成型，后期虽有微调，但总体框架没有根本性的变化。

2000年的《九年义务教育全日制小学语文教学大纲（试用修订版）》开篇明义："语文是最重要的交际工具，是人类文化的重要组成部分。"凸显了语文课程与教学的实用性。这一表述也为《义务教育语文课程标准（2011年版）》和"2022年版语文课标"所继承与发展："语言文字是人类最重要的交际工具和信息载体，是人类文化的重要组成部分。"伏脉千里，一线贯穿，100多年的现代语文教学探索之路，始终坚守"切于实用"的价值追求，关联语文与生活，既让语文教学扎根于学生的生活之中，经由生活源头活水的沃灌而生机勃勃，又使学生因为语文学习能更好地解决生活问题，让人生更为幸福和美好。

2."实用性阅读与交流"任务群的教学定位

首先，学习目标指向满足交流沟通的需要。在历史的演进中，我们对实用性阅读与交流的教学定位逐步清晰与明确起来。这种清晰与明确就是对语言文字作为交际工具这一基本性质的确立："语言文字是人类社会最重要的交际工具和信息载体，是人类文化的重要组成部分。"交际涉及意图、场合、对象、言语材料与知识经验等要素，放在语文教学的具体情境中，可以区分为两个指向：一是在交际语境的还原中，理解和把握作者（言说者）的意图，对言语材料的选择、组织与表达等，作出合适的应对，或者提升自我的交际能力；一是在具体交际语境中的运用，在对具体的读者（对象）、意图、

---

[1] 课程教材研究所.20世纪中国中小学课程标准·教学大纲汇编：语文卷［M］.北京：人民教育出版社，2001：14.

场合，以及言语材料的选择、组织与表达等方面的知识、经验的调用中，来实现现实的交际目的。简单地看，可以说前者是"输入（吸收）"，后者是"输出（释放）"，它们既可以是不同的教学类型，如实用性阅读教学与实用性交流教学，也可以融于一个学习任务之中，构成不同的交际阶段。

其次，具有真实的生活情境性。本任务群的"教学提示"要求，"教学应紧扣'实用性'特点，结合日常生活的真实情境进行"。与其他任务群的情境不同，"实用性"决定了本任务群的情境是"真实"的，是"日常生活的"，具体来说，"日常生活的真实情境"就是学生实际或可能遇到的家庭生活、学校生活和社会生活中的具体问题情境。情境的规定性是双向的，"日常生活的真实情境"不仅要求教材选编的文本内容、类型与形式要符合和适应日常生活的实用性需求，也规定了在教学中，阅读和交流的取向、方式要与"日常生活的真实情境"相一致。

"2022年版语文课标"提出，本任务群要"引导学生在语文实践活动中，通过倾听、阅读、观察，获取、整合有价值的信息，根据具体交际情境和交流对象，清楚得体表达，有效传递信息，满足家庭生活、学校生活、社会生活交流沟通需要"。清晰、明确地彰显了学生的主体地位，即学生在进行语文实践活动，语文实践的目的是满足学生沟通交流的需要。

最后，活动方式具有真实性。活动是任务的具体展开，也是在教师指导下学生具体采取的语文实践行为。"2022年版语文课标"对本任务群的活动方式给出了这样的"教学提示"，"学习活动可以采用朗读、复述、游戏、表演、讲故事、情景对话、现场报道等学生喜闻乐见的形式"。这里所列举的活动方式，在学生日常生活中都是常见的，是他们在家庭生活、学校生活和社会生活中经常会遭遇的。比如"复述"，作为个人生活来说，它是信息记忆和储存的重要环节；在学习生活中，它是一种重要的学习方法，统编版小学语文教科书上安排的复述活动分为详细复述、简要复述和创造性复述三种形式，分布在三至五年级教材中，其中详细复述和创造性复述是以主题单元集中安排的；而在社会生活中，我们也会有这样的经历："将和某人聊天时听到的事讲给另外的人听，或将从电视中看到的内容讲给别人听。这是口头材料的复述。"

二、"实用性阅读与交流"任务群的内容安排

1. "2022年版语文课标"中的具体安排

◎文本形式走向多元

学习任务群是义务教育语文课程内容的主要组织和呈现方式,"2022年版语文课标"按照学段对"实用性阅读与交流"任务群的学习内容作了较为具体的规定。

对本任务群阅读涉及的文本,"2022年版语文课标"作了这样的安排(见下表)。

"实用性阅读与交流"任务群涉及的主要文本

学　段	主要文本
第一学段	有关个人生活、家庭生活和学校生活的短文;有关中华优秀传统文化的纸质或多媒体短文。
第二学段	有关家庭生活、学习生活、社会生活的短文;说明、叙写大自然的短文;有关老一辈无产阶级革命家和革命英雄、劳动模范、科学家的事迹,以及反映中华传统美德的故事。
第三学段	记人叙事的优秀文本;参观访问记、考察报告、科技说明文、科学家小传等;革命英雄和劳动模范的事迹。

《普通高中语文课程标准(2017年版2020年修订)》在"实用性阅读与交流"学习任务群中,把实用文分为社会交往类、新闻传媒类、知识性读物类三种,大体是按照文本的功能来分的。与《普通高中语文课程标准(2017年版2020年修订)》既有三个大类,又对每个大类采取列举的方式不同,"2022年版语文课标"第一学段的文本基本是按照内容来描述的,第二学段比较明确一点的文本类型是"说明、叙写大自然的短文",第三学段文本类型的说明比较清晰,如"参观访问记、考察报告、科技说明文、科学家小传"等。

从文本形式看,"实用性阅读与交流"任务群中除了传统的纸质文本,"2022年版语文课标"还提出了"多媒体短文"。其中,"有关老一辈无产阶级革命家和革命英雄、劳动模范、科学家的事迹,以及反映中华传统美德的

故事"中的"事迹""故事",也可以是"纸质或多媒体"的。从单一的纸质文本到纸质文本与多媒体文本兼备,符合现实生活中阅读多样化的实际需求,是课程标准在文本概念和设置上的进步。

"2022年版语文课标"没有类似高中的"中国革命传统作品研习""中国革命传统作品专题研讨""中华传统文化经典研习""中华传统文化专题研讨"任务群,而是把革命文化、中华优秀传统文化的学习内容分散在六个任务群里,"实用性阅读与交流"任务群阅读内容也安排了相关学习内容。这是要予以注意的。

值得关注的是,"2022年版语文课标"在"学段要求"中的"识字与写字""阅读与鉴赏""表达与交流""梳理与探究"之后都有一段文字,为表述方便,姑且称为"提示"。如第一学段的"提示":

在落实以上要求过程中,注重引导学生关注中华优秀传统文化在日常生活中的表现,初步感受中华优秀传统文化的重要价值;初步懂得幸福生活是革命前辈浴血奋战、艰苦奋斗换来的,激发对革命领袖、革命家、英雄人物的崇敬之情。

这些"提示",一方面,彰显了理解与弘扬革命文化、中华优秀传统文化的课程目标的重要性,因此单列出来,以引起重视;另一方面,也从课程内容的角度提示我们,要关注革命文化、中华优秀传统文化等在日常生活中的表现,结合学生的阅读活动,通过这些"活文本"来进行学习。这样的"活文本",有些就是实用性的,如"革命英雄和劳动模范的事迹""反映中华传统美德的故事"等,可能编入教材之中了,也可能来自实时的新闻报道、通讯、专访等;有些在阅读倾向或类型上属于实用性的,如在第一学段清楚地点出了"日常生活",要求"关注中华优秀传统文化在日常生活中的表现及重要价值"。

"语言文字积累与梳理"是贯穿整个义务教育阶段的重要教学内容,既是基础型学习任务群的学习内容,也融合于其他任务群之中。"实用性阅读与交流"任务群也要注意识字与写字教学,如第一学段,要求"认识图文中相关的汉字""学习认识有关标牌、图示"等。

◎学习内容走向整合

与以前的课程标准中阅读、写作和口语交际三者分离的安排不同，在"实用性阅读与交流"任务群中，三者是统整为一体的，并进而"将识字、写字、阅读、写作、口语交际、搜集处理信息等融为一体"。

这种整合，一方面表现为对"学习任务群"本义的回归，"群"不是简单的"加"的关系，而是"融"的整体，围绕一个具体的"实用性"学习任务，需要听说读写诸能力的协同作用，它们也在协同中促进彼此的发展；另一方面，整合的意义是对日常生活功能指向的回归。在教学视域内，有时或许可以采取分项训练的方法来培养技能、能力，但在日常生活的真实世界，人与人之间要实现良性的交际互动，往往需要"识字、写字、阅读、写作、口语交际、搜集处理信息等"多项能力与活动方式的有效配合。以第一学段为例，"在革命遗址、博物馆、公园、剧场、车站、书店、超市、银行等社会场所中，学习认识有关标牌、图示、说明书等，了解公共生活规则等，学会有礼貌地交流"。认识、阅读"标牌、图示、说明书等"是为了搜集和整理信息，"学会有礼貌地交流"是社会场所的基本"生存需要"。这里，无论是识字、阅读、提取信息，还是与人交流，都是服务于在真实的社会场所如何更便利友好地生活这个根本目的的。

◎主题范围渐次扩展

本任务群的功能非常清晰，"旨在……满足家庭生活、学校生活、社会生活沟通交流需要"。具体到小学的三个学段，学习主题的范围呈现出逐级扩展的特点：第一学段，主要是个人生活、家庭生活和学校生活；第二学段，是家庭生活、学习生活、社会生活，并初步走向大自然；第三学段，以日常生活作为基础，引导学生"走进大自然、走进科学世界、走进社会"。

"2022年版语文课标"在这一部分主要使用的是"家庭生活""学校生活""社会生活"三个概念，如在本任务群开篇部分的描述中，有时会把"个人生活"从"家庭生活"中独立出来，如第一学段中的表述；有时以"日常生活"一词来涵盖"家庭生活""学校生活"，也许也包括了日常比较经常接触到的"社会生活"，第三学段的描述大体是这样的情况；有时，则有以"个人生活"取代"家庭生活"的倾向，如"教学提示"中的评价部分："评价应注重学生在真实生活情境中语言运用的实际表现，围绕个人生活、学校生活、社会生活中阅读与交流的实际任务，评价学生实用性阅读与交流的能力。"

2. 统编版小学语文教材中的有关编排

目前通行的统编版小学语文教材采用的是"人文主题"与"语文要素"双线组元的教材编排形式，阅读、写作和口语交际采取分散与融和相结合的方式。单独来看，口语交际的"实用性"特点最为突出，教材一至六年级共安排了47次口语交际的教学。从单元看，教材中的一些习作单元较好地体现了"实用性"，如三上、四上、四下、五上、五下、六上的习作单元（均安排在第五单元）和六下的第三单元。（三下的习作单元为"想象"单元，"文学性"体现得更明显一些。）这七个单元紧扣写作任务，读写一体，主题基本都在日常生活范围内，"实用性"比较鲜明，如三上第五单元的语文要素有两条："体会作者是怎样留心观察周围事物的""仔细观察，把观察所得写下来"。当然，这些单元也会在精读课文中出现介于实用性文本与文学性文本之间的文章。

除了习作单元之外，实用类文本大多依据"人文主题"与"语文要素"散布于其他单元之中，如五上第二单元安排了四篇课文，《搭石》是散文，《将相和》是根据《史记》改写的历史故事，《什么比猎豹的速度更快》《冀中的地道战》属于实用类文本中的说明文，教材安排这样的四篇文章是用来"学习提高阅读速度的方法"的。而留言条、书信等应用文写作是穿插安排在单元习作和"语文园地"中的。

"编写教材时还没有出现'学习任务群'这样的课程内容组织形式，……严格说来，课程标准是上位的，教材是下位的，教材需要依据课标编写，但我国的实际状况是'教材先行'。这就给一线语文教师造成很大的困难和挑战，需要他们在教学时做好课程内容转化和研发工作。这种转化能力是多数一线语文教师所不具备、也不大可能具备的。"[①]因此，我们仅就教材中能体现"实用性阅读与交流"的部分作简要梳理。同时，也期待后期教材修订，

---

① 荣维东，等.语文学习任务群的学理阐释与实践反思[J].教师教育学报，2022（2）：104.

能够按照学习任务群的要求来编排，方便师生们使用。

三、"实用性阅读与交流"任务群的教学策略

1. 设置实用性情境

任务群学习必须设置真实性学习情境。所谓真实性：一是现实的真实，即真实的生活情境；二是可能的真实，指在生活中可能发生的事，或是可能遇到的问题；三是虚拟的真实，例如小说、剧本等文学性文本，通过艺术手段所创造的"虚构"世界，它既是虚拟的，又能带给人真实的体验。本任务群需要设置的情境属于第一、二类情境，即实用情境，用特级教师吴东老师的话来说，"所谓实用情境指的是在学生生活中、在社会生活中真实存在的，学生当下或未来会遇到的情境"[1]。

比如统编版教材四年级下册口语交际《自我介绍》，可以设置这样一些情境：（1）学校开展"诗词小达人"比赛，赛前需要进行3分钟自我介绍；（2）妈妈好友的孩子第一次到你家来做客，妈妈让你作自我介绍；（3）暑假爸爸妈妈带你去旅游，大巴车上，导游请你介绍一下自己。这些都是真实的日常生活情境。只有在真实的言语实践活动中，学生才能真正领悟到"对象和目的不同，介绍的内容有所不同"。这样培养的才可能是实际生活需要的实用语文能力。

若干个彼此联系紧密的实用性任务可以建构为真实性的主题任务情境，形成主题情境下的学习任务群，实现听说读写等言语实践活动的相融共生。"2022年版语文课标"在"教学提示"中指出："应紧扣'实用性'特点，结合日常生活的真实情境进行教学。第一、第二学段可以围绕'我爱我家''我爱上学''文明的公共生活'等主题设计学习任务，引导学生学习日常生活语言，学会文明交往，学习表达生活；第三、第四学段可以围绕'拥抱大千世界''创造美好生活''科学家的故事''数字时代的生活''家乡文化探究'等主题，开展阅读与探究活动，引导学生关注社会，表达和交流自己在生活

---

[1] 吴东，高杨. 实用性阅读与交流[M]. 北京：语文学出版社，2022：7.

中的发现和感受。"这既需要教师深入理解"实用性阅读与交流"任务群，做好学习任务的设计与实施，也需要教材编写者做好对课标的转化工作，编写出高质量的教材。

2. 基于真实性问题

本任务群的核心是一个"用"字，它所学所练的都是在日常生活中需要"用"、"用"得上、"用"得好的实用语文能力。同样，培养这种能力的关键也是一个"用"字，即学生认识到所学所练的都是需要"用"、"用"得上、"用"得好的。因此，从日常生活的真实问题出发，是本任务群教学的关键一环。

教材中安排有打电话的口语交际内容。打电话对于现代的小学生来说应该没有什么问题，因为学生在上学之前在家庭生活中已经学会了。但是，打电话向老师请假，接到陌生人打来的电话的应对等，是需要通过正式的语文教学来教会学生的。引入日常生活问题，对教材作转化处理，赋予其真实性意义，这是教材向教学转化的一条路径。

第二条路径是教材向日常生活的问题情境转化。如五年级上册第五单元，是习作单元，由四部分构成：（1）精读课文《太阳》《松鼠》；（2）"交流平台"和"初试身手"；（3）习作例文《鲸》《风向袋的制作》；（4）单元习作《介绍一种事物》。要素有两条："阅读简单的说明性文章，了解基本的说明方法""搜集资料，用恰当的说明方法，把某一种事物介绍清楚"。比如，以学校举办"××博物展，我来说给你听"为任务情境，安排学生自选一种本地的动植物，用合适的形式作介绍（连续性文本、非连续性文本、多媒介文本等）。这就把就文本教学的知识性学习转化为生活场景性问题，激发、引导学生从资料搜集、说明方法选择、介绍形式设计等方面主动进行学习、构思、筹划和建构，让比较枯燥乏味的说明文读写学习也变得充满趣味。

3. 展开言语实践活动

"语文课程是一门学习国家通用语言文字运用的综合性、实践性课程。"在对课程性质的定位上，"2022年版语文课标"与《义务教育语文课程标准（2011年版）》基本一致。而其中的"实践性"，在本任务群中表现得更加鲜明，其一开篇即作了明确定位："旨在引导学生在语文实践活动中……"显然，实践活动是展开任务群学习的关键。正如高中新课标修订组专家、北京师范大学王宁教授所说:"如果我们用语言和言语区别的观点来解释当前我国语文教学的方式,可以看出,我们是通过他人的言语作品来提高学生的语言能力的。语文课标修订稿中提出的'阅读与鉴赏''表达与交流'说的都是对言语的运用,'梳理与探究'才逐渐进入社会语言的规律探讨。"[1]这里的语文实践活动即言语实践活动。

比如上文提到的五年级上册第五单元的基本任务:"××博物展,我来说给你听",学生需要通过资料初步了解本地有特点的动植物有哪些,可能涉及的言语实践活动就有资料搜集、调查、访问、阅读等;确定介绍对象后,要继续搜集资料、整理资料,有的还需要实地观察、走访专业人士,或者拍摄图片、视频等;接着是构思、设计介绍形式,有文本撰写,图片或视频的选择、制作,甚至还有配音、配乐等;最后是实际的介绍过程,也许是布展,也许是现场解说,或者是演讲……"活动的实质就是让学生进行切合实际的言语实践,这个言语实践不是孤立的听、说、读、写,而是整合了各个不同方面并延展到社会生活的综合的言语实践活动。"

将知识学习、能力培养包裹在真实性或拟真性的任务情境之中,形成更具激励性、挑战性和真实性的言语实践活动,能让儿童深度卷入,集聚心力投入其中,付出汗水、心血、焦虑甚至痛苦,也收获成功、兴奋、激动和张扬,从而在心灵深处建立与语言的血肉联系,建构对自身与世界的认识与判断。语文学习的过程就成为学生语文素养与精神品格双向建构的过程[2]。

4.实施表现性评价

评价即学习,评价的过程就是学生学习的过程。对于本任务群来说,更重要的是伴随整个活动过程的表现性评价,而不仅仅限于终结性评价。设计表现性评价任务、实施表现性评价是本任务群学习中的关键一环。华东师范大学周文叶教授认为好的表现性评价任务应具备以下特点:"任务基于真实情境或类似于真实情境;任务要求能让学生证明其对知识和技能的理解与掌握,也就是任务具有挑战性,但不能过于复杂或简单;任务是公正且没有偏

---

[1] 王宁.谈谈语言建构与运用[J].语文学习,2018(1):11.
[2] 梁昌辉.走向言语生命的敞亮——梁昌辉与言语实践型语文教学[M].南昌:江西教育出版社,2019:17.

见的,适合所有学生;与表现目标相一致。"[1]

"2022年版语文课标"指出,本任务群"在评价中,应引导学生注意实用性阅读与表达的目的、对象、情境,以及交流效果,注意内容明确、条理清晰,语言简洁明了,注意应用文的基本格式和行文规范"。表现性评价就是要看学生在真实的生活情境中,对所学所知是否"用得出""用得对""用得好",能不能解决实际问题。如教学六年级下册的《竹节人》一课,可以设计这样的表现性评价任务:教低年级同学做竹节人、玩竹节人,并设定一个"五星级"的评价标准(见下表)。

《竹节人》表现性评价标准

项 目	看得懂	做得出	玩得起	图文并茂
星 级	☆	☆	☆	☆☆

"看得懂",就是玩具制作指南的表达清楚、简洁,低年级学生一读就明白,那就必须写明白需要的工具、材料;"做得出",意思是按照玩具制作指南中的"制作方法"能顺利地把竹节人这种玩具做出来;"玩得起",指的是按照玩具制作指南中的"玩法"能成功地把竹节人玩起来。图文并茂,是指充分考虑到低年级学生的特点,有很强的对象意识,故此给两颗"☆"。

把学科逻辑与生活逻辑融合起来,"实用性阅读与交流"的教与学才能走出程式化、只关注格式的旧路。引导儿童在日常生活的真实情境中展开具体的学习任务,儿童才能体认到"实用性阅读与交流"学习的价值,愿意积极主动地表达和交流自己在生活中的发现、感受和看法,不断锤炼言语表达的规范性、准确性和得体性,也才会因为这样富有意义的语文学习,而敏锐地有灵性地投入到鲜活的家庭生活、学校生活和社会生活中去。

(作者单位:江苏省江阴市晨光实验小学)

---

[1] 周文叶,董泽华.表现性评价质量框架的构建与应用[J].课程·教材·教法,2021(10):124.

从课堂到生活，在交际中学会交际

——二年级下册《注意说话的语气》创意教学

■ 季 勇

一、创意解说

统编版教材二年级下册口语交际《注意说话的语气》，是在一年级《用多大的声音说话》《请你帮个忙》和二年级《商量》之后，又一个指导学生进行日常生活交际的教学内容，属于"改善提升课"，旨在帮助学生勾连日常生活情境中的口语交际，总结经验，反思不足，改善口语交际习惯，提高口语交际水平，从而更好地提升交际能力。

第一单元安排有四篇课文，分别是关于春天的古诗《村居》和《咏柳》、散文诗《找春天》、童话《开满鲜花的小路》、伟人故事《邓小平爷爷植树》。四篇课文都和春天有关，因此可以将本单元的主题确定为"做春天的发现者"。口语交际《注意说话的语气》可以将交际主题设计为"公园春游"，通过创设请求、道歉、商量、提醒等多个具体的对话情境，引导学生在交际中获取知识，提升能力。

二、学习目标

（1）创设问题情境，发现交际问题，学习用平和的语气跟人交流。

（2）学会在请求、道歉、商量、提醒等情境下用合适的语气与音量，以及礼貌用语表达自己的意思。

（3）从课堂走向生活，学习在生活情境中合理应对，有效交际。

三、学习任务设计

> **学习任务一：**
> **我帮明明来解困**

1. 引入卡通伙伴，伴随共同学习

展示两位卡通小伙伴——"文文"和"明明"，邀请学生和课件中的卡通人物有礼貌地打招呼。

要点1：打招呼声音要响亮，态度要大方。

要点2：打招呼要有礼貌，语气要温和。

2. 创设问题情境，纠正交际错误

（1）春天来了，文文和明明约好了一起去公园玩。出示"语文园地"的"识字加油站"中的公园地图，复习6个词语。

（2）文文和明明拿着公园地图，想快点进去游玩，正巧看见公园门口一位清洁工阿姨正在打扫卫生。明明冲着阿姨就大声嚷嚷（播放大声命令语气的录音）："阿姨，请您让一下。"

阿姨看了明明一眼，没有理他，继续扫地。你知道阿姨为什么不理他吗？

（3）讨论明明说话的问题所在。

要点1：明明说话的声音太大，对人不够礼貌。

要点2：回顾一年级上册的口语交际《用多大的声音说话》。

要点3：明明用下命令的方式跟别人说话，别人会很不高兴。

（4）再次呈现明明的录音（语气温和了，但是速度很快），讨论为什么阿姨还是不理他。

要点：和别人说话不但要语气平和，还要速度平缓，把话说清楚。

（5）明明应该怎样说话，阿姨才会为他让路呢？谁来试试？

要点：引导学生语气平和、清晰地表达自己的诉求。

（6）小结：跟别人说话，不但要注意说话声音大小，还要注意速度快慢，和别人交流时要语气温和，语速平缓。

3. 复习礼貌用语

（1）再看看明明的话，明明也是有优点的，谁来表扬他？

要点：发现明明话语中用了"请""您"等礼貌用语。

（2）复习一年级下册《请你帮个忙》中的礼貌用语。

【设计意图】根据低年级孩子的身心特点和本单元的主题，创设了"公园春游"这个情境，并引入两位卡通伙伴一起学习，以卡通伙伴扮演问题角色，或是学习榜样，在拟真的问题情境中，让学生检视交际问题，同时总结出交际知识，还联结之前学习到的交际知识，并结合情境进行复习和运用。

学习任务二：我跟伙伴学交际

1. 请求要有礼貌

（1）文文看阿姨没有理睬明明，就对阿姨说（播放语气平和、表达清晰的录音）——"阿姨，请您让一下，好吗？"讨论：阿姨会怎么做？

（2）比较：为什么多了一个"好吗"，阿姨就这么开心呢？

要点1：因为阿姨觉得文文比明明更有礼貌。

要点2：因为阿姨觉得文文很尊敬她，说"好吗"是在请求她同意。

（3）小结：请求别人帮忙的时候，可以用上礼貌用语，还可以问问"好吗""可以吗""行不行"，让别人感受到被尊重。

（4）拓展请求情境，引导学生掌握正确的请求语气。

如果你不知道怎么去露天剧场，你可以问咨询处的姐姐：_____

如果你没戴手表，不知道时间，你可以对保安叔叔说：_____

如果前面有阿姨正好挡住了你的路，你可以这样说：_____

2. 道歉要真诚

（1）文文和明明得到了阿姨的同意，高高兴兴进了公园，谁知又出现了情况（出示图片：他们俩一不小心把阿姨的垃圾桶打翻了）。

（2）闯祸了，文文和明明赶紧向阿姨道歉，他们俩的话还是不一样。

出示：

明明：我不是故意的！

文文：我不是故意的。

比较两句话的不同，用不同的语气读读。

（3）明明为什么这样说，他是怎么想的？文文这样说，她又是怎么想的？

要点1：明明要强调自己是无意的，为自己解释。

要点2：文文觉得给阿姨添麻烦了，很对不起阿姨。

（4）同样的话，不同的语气，就有不同的效果。阿姨听了他们的话，会表扬谁？为什么？

（5）听到阿姨表扬文文，明明立刻发现自己的语气不对，他马上改正了，你猜他会怎么说？他还可以怎样说？

要点1：还可以说："阿姨，对不起，我不是故意的。""阿姨，不好意思，是我没注意，请您原谅。"

要点2：总结出示道歉的礼貌用语——对不起、很抱歉、不好意思、请原谅。

（6）小结：不小心犯了错误，要真诚道歉，取得别人的原谅，而不应该过分强调自己的理由。

3. 商量要说清想法

（1）跟阿姨告了别，文文和明明开开心心地在公园里玩。他们去湖心亭看了风景，去沙滩堆了沙子城堡，还去餐厅吃了午饭……接下来，再去哪里玩呢？明明和文文有了不同的意见，明明想去登宝塔，文文想去露天剧场看演出。两个人意见不同，那可怎么办？

要点：复习二年级上册的口语交际《商量》，商量时要用商量的语气，要说清楚自己的想法。

（2）同桌角色扮演进行商量，班级展示，教师引导学生如何正确商量。

要点1：注意商量时的语气要温和，不能强迫别人同意。

要点2：要说清楚自己的想法，解释自己这样做的理由。

要点3：当双方意见有冲突的时候，要大方一些，作出合理的让步。

4. 提醒别人要讲道理

（1）经过商量，文文和明明决定先去露天剧场看马戏表演。（出示马戏表演图片）演出很精彩，看得明明不由自主地站起来大声喝彩（播放大声喧哗的录音）——"哇！太棒了！太精彩了！"明明这样做，行不行？

要点：在剧场大声喧哗会影响别人看演出，站起来会挡住别人的视线，大声吵闹也许还会影响正在表演的演员，导致演出事故的发生。

（2）如果你是文文，你会怎么办？

要点1：马上提醒明明，不但要及时制止他的行为，还要讲清楚道理。

要点2：语气要温和，不能很严厉地斥责。

（3）可是当着这么多人这样提醒别人，别人会感到非常难为情的，有没有更好的办法？

要点：可以用手势、用眼神提醒，也可以把他拉到一边劝告，还可以在他耳边小声提醒。

（4）小结：提醒别人，既要照顾别人的面子，还要说清楚有什么不好的影响。这样，别人才能听进去。

总结：不知不觉，一天的春游结束了，文文和明明不但看到了春天美丽的景色，还学到了很多知识（相关板书）。

【设计意图】 现实生活中的交际情境是多样复杂的。在这个板块的教学中，设置了请求、道歉、商量、提醒等多个较为具体的情境，通过两个卡通学习伙伴的经历，引导学生总结交际中的经验或教训，习得正确的交际知识。在交际的情境中学习交际，在不断的反思和体验中提升能力，而不仅仅局限于获取知识，这让学生更加容易接受，也更富情趣。

> 学习任务三：
> 我是生活小达人

1. 生活中会商量

（1）生活中我们和文文、明明一样，也会遇到很多问题。通过今天的学习，相信大家都能顺利解决。

出示话题："妈妈让我学钢琴，我想学画画。我会跟妈妈说……"

要点：这是和妈妈商量，要用商量的语气，要说清楚自己的想法。

师生角色扮演，进行交际练习。

（2）如果妈妈还是不同意，有没有更好的、更加实用的办法？

要点：可以和妈妈说说学画的好处；可以用身边的同学举例子；可以向妈妈撒娇，向妈妈保证会努力学习；还可以请爸爸或者外婆帮忙。

（3）你想学什么？或者想要什么？你会怎么和爸爸妈妈商量？

要点：引导学生从自己的生活出发，练习如何和人商量。

2. 生活中会道歉

（1）出示话题："上学迟到了，老师批评了我，下课后我对老师说……"

要点1：道歉时语气要真诚。

要点2：道歉不要过分强调自己的理由。

（2）拓展生活事例：如果你不小心把同学的笔碰掉了，你会怎么说？如果在公交车上不小心踩到了阿姨的裙子，你怎么说？如果你帮妈妈收拾餐具，不小心打碎了碗，你会怎么说？

（3）联系具体生活事例：你在生活中还犯过什么错？当时你是怎么道歉的？取得别人的原谅了吗？

要点1：取得别人原谅的，说说自己当时是怎样道歉的。

要点2：觉得自己当时道歉没有说到位的，现在能纠正吗？如果可以，请重新向别人道歉。

3. 生活中会提醒

（1）出示自来水长流的图片和话题："看到同学洗手后忘了关水龙头，

我会跟他说……"

要点1：选择三位学生回答，让学生评价谁的方法最好。

要点2：提醒学生要和犯错的人讲道理，要注意保护别人的自尊。

（2）联系具体生活情境，出示图片：同学浪费粮食，同桌上课开小差，爸爸嫌弃妈妈做的菜难吃，小区里奶奶在绿化带种菜，说说怎么提醒他们。

要点：结合具体的情境，针对不同的人、不同的事，进行合乎自己身份的提醒。

4.总结

生活中，我们总免不了要和别人进行交往，遇到不同的情况需要采用不同的方法，但是有一点是相同的：说话时语气要平和，不命令别人，注意合理应对。相信你们都会是交际的小达人，文明的小天使！

【设计意图】从课堂走向生活，从虚拟走向真实，运用交际知识解决实际问题，助力学生成为交际小达人。这个板块组织学生根据给出的三个生活中常见的交际话题，引导学生对照课堂学习，运用所学知识，开展交际实践和评价。在课堂操练中，尽量拓展和学生生活实际息息相关的具体问题情境，让学生在真实的情境中不断练习，掌握知识，提升能力。

（作者单位：江苏省江阴市月城实验小学）

创设关联情境，解决生活问题

——《我的"长生果"》创意教学

■ 梁昌辉

一、创意解说

《我的"长生果"》是统编版语文教材五年级上册第八单元的一篇略读课文，节选自叶文玲的散文集。作者以时间为顺序，饱含深情地回忆了少年时代的读书经历，文章语言朴素自然，生活气息浓厚，给人以美的享受。

本单元的主题是读书明智。"语文要素"是根据要求梳理信息，把握内容要点。紧扣单元要素，观照现实生活中学生存在的问题，创设"帮同龄人李伟明解决读书烦恼"的拟真性情境，设计关联的、进阶的学习任务，在任务解决中耙梳作家的阅读史，丰赡自我的阅读史。

梳理时间节点，解决"读什么书"的问题。圈画表示时间顺序的词语，循着"时间线"筛选、获取有价值的信息，结合"香烟人"小画片等图片，了解作家读书的类型，形成"图书阶梯"。

品鉴读书方法，解决"怎么读书"的问题。聚焦关键词句，想象作家的读书情景，与之产生共鸣，在角色代入中体认作家的读书方法。

比照自身经历，解决"读写融合"的问题。比照作家和自身的读写经历，印证阅读与写作的关系，迁移并运用读写融合的几个层级。

二、学习目标

（1）厘清时间线，了解随着阅历、认知等的升维，作家的读书篇目也拾级而上。

（2）梳理作家的阅读史，结合自身阅读、写作的经历，体认读写关系，学习读写方法。

（3）引用作家的读写经历，帮李伟明解决"读什么""怎么读""如何用"三大难题。

三、学习任务设计

> **学习任务一：**
> 梳理作家阅读史，解决"读什么"的问题

（1）聊聊读书的乐趣和烦恼。

（2）创设情境：

最近，五年级学生李伟明比较烦。他烦的是，爸爸不准他再看图画书，只能读文字书，要认真摘抄生动的句子和段落，还要多仿写，因为他一写作文就抓耳挠腮，痛苦不堪。

①默读交流：李伟明有几个烦恼？

要点：不能看喜爱的图画书了，要摘抄句段，还要仿写作文。

②整合提升：李伟明有三个烦恼——我该读什么书，我应该怎么读书，我读了书怎么用到作文里。

③启发思考：李伟明该向谁求助，快帮他出出主意。

提示：用名人的话、名人的事来劝说更有说服力。

【设计意图】读书和生活密不可分、水乳交融。作家写作如此，学生学习亦如

此。开篇即创设与学生年龄相仿、烦恼类似的问题情境，一下子拉近了学生与课文的距离，快速楔入文本情境，为顺利解决他人或自己的现实问题，认真倾听、阅读、思考，获取、整合有价值的信息。

（3）阅读作家名片：

叶文玲，当代作家，1942年出生。13岁读初中时，发表了《夫妻间的小风波》《七角钱》两篇小说。15岁，辍学参加劳动。16岁，发表短篇小说《我和雪梅》。至今已发表800多万字。

①交流阅读感悟。
②揭题，读题。追问：我的"长生果"在这篇文章里指的是什么？
（4）自读、圈点批注：叶文玲少年时读了哪些类型的书。
出示：

我最早的读物是被孩子们叫作"香烟人"的小画片。

后来，我看到几本真正的连环画。

渐渐地，连环画一类的小书已不能使我满足了，我又发现了一块"绿洲"——小镇的文化站有几百册图书！……几个月的工夫，这个小图书馆所有的文艺书籍，我差不多都借阅了。

后来，我又不满足于只看一般的故事书了，学校图书馆那丰富的图书又像磁石一样吸引着我。那些古今中外的大部头小说使我如醉如痴，我把所有课余时间都花在借阅图书上。

①梳理信息：叶文玲看了"香烟人"小画片、连环画、文艺书籍和大部头小说四种类型的书。

提示：结合图片或课文语境了解"香烟人"小画片、文艺书籍和大部头小说。

②完善信息：联系上下文，思考叶文玲分别是在什么时候阅读这些书的。

要点：没上学之前看"香烟人"小画片，刚上小学的时候看连环画，小学中年级或高年级读文艺书籍，初中开始阅读大部头小说。

追问：叶文玲少年时读书有什么规律？

③学生板书，形成"阅读阶梯"。

示例：

```
                          大部头小说
                   文艺书籍
            连环画
"香烟人"小画片
```

小结：叶文玲读书就像上台阶一样，一级一级往上走。

（5）解决"读什么"的问题：根据叶文玲的读书经历劝说李伟明读些什么书。

提示：劝说要合情合理、有理有据，让人信服。

示例：

伟明，你看作家叶文玲小时候读书就像爬楼梯一样，读的书越来越厚，内容也越来越丰富。我们五年级的学生啊，可以像她一样看点儿文艺书籍，或者大部头小说。当然喽，你喜欢看连环画，也可以看一点儿，不过要慢慢减少数量哦。

小结：什么年纪读什么书。读书就要像作家一样拾级而上。

【设计意图】先梳理作家叶文玲的阅读史，判断、筛选、整合有用的信息，为顺利解决同龄人"读什么"的问题积累材料；再结合具体情境，联系作家的经历，有条理、重证据地劝说李伟明，实现阅读与生活的无缝对接。同时，在劝说他人的实践活动中"自省吾身"，不断升维自己的阅读历程。

> 学习任务二：
> 迁移作家的阅读法，解决"怎么读"的问题

（1）再现情境：猜猜看，李伟明是怎么读书的？

要点：只用眼睛看，其他什么也不干。

（2）浏览勾画：快速默读课文第2、4、5、6、7、12自然段，看看叶文玲是怎么读书的，用了哪些方法？用"～～"画出。

屏显：

我看得如醉如痴：《七色花》引得我浮想联翩，《血泪仇》又叫我泪落如珠。

阅读也大大扩展了我的想象力。在家对着一面花纹驳杂的石墙，我会呆上半天，构想种种神话传说。

这时我养成了做笔记的习惯：记书中优美的词语，记描写的精彩段落。做笔记锻炼了我的记忆力，也增强了我的理解力。

①交流后板书：动笔　动脑　用心。

②移情想象：叶文玲读书时记些什么内容，想象到哪些画面？

③关注读书情态：她读书时的状态是怎样的？圈画相关词语。

梳理、积累：

津津有味　如醉如痴　牵肠挂肚　如饥似渴

饱览　醉心　忘了吃　忘了睡　泪落如珠

……

④话题探讨：叶文玲好像也有读得不太投入的地方，你怎么看？

屏显：

我读得很快，囫囵吞枣，大有"不求甚解"的味道。

理解"囫囵吞枣""不求甚解"。

结合自身经历谈谈这样读书好不好。

要点：因为内容精彩，就想快点知道下面的内容，所以读得很快，其实这也是读书痴迷的一种表现。

小结：读书，要把书中内容放到具体情境中去思考、辨析、推断。

（3）解决"怎么读"的问题：李伟明以前只用眼睛看，其他啥也不干，你怎么提醒他？

提示：要把作家的读书方法应用起来。

示例：

伟明，你读到好书的时候，可以先用笔圈画，再抄写下来。当然，也可以运用以前我们学到的批注方法提提问题、写写感受什么的。更重要的是，你还要把自己想象成书中的某个人物，身临其境地去想、去体验。

小结：把自己放进去，"怎么读"的问题也就迎刃而解了。

【设计意图】通过积累与梳理、朗读与想象、探究与思辨，习得作家的阅读方法，并根据问题情境、交际目的和交流对象，立足劝说者身份，清楚得体表达，有效传递信息，巧妙解决问题。

学习任务三：
深入作家写作史，解决"如何用"的问题

（1）问题回顾：还记得李伟明的第三个烦恼是什么吗？

（2）习得方法：叶文玲在文章里两次提到自己的写作经历，读一读，看看她读了以后是怎么用的，用"＿＿"画出，也可以在旁边写写阅读感受。

出示：

醉心阅读使我得到了报偿。从小学三年级开始，我的作文便常常居全班之冠。

平时积累的那些描写苦恼心境的词语，像酵母似的发挥了作用。

作文，首先构思要别出心裁，落笔也要有点与众不同的"鲜味"才好。这些领悟自然是课外读物的馈赠。

作文，要写真情实感；作文练习，开始离不开借鉴和模仿，但是真正打动人心的东西，应该是自己呕心沥血的创造。

①分享作家经验：叶文玲怎么把读的内容运用到写作中去的？

板书：运用积累的词语　借鉴模仿　创造。

②比照自我：你模仿过人家的表达或结构吗？

③点拨引领：模仿是有层次的。运用词句是第一层，迁移方法是第二层，模仿结构是第三层，第四层就是借鉴人家的思维方式。写作的最高层级是什么呢？就是创造。

④言说经历：那怎样叫创造？你有没有这样的经历呢？

（3）解决"如何用"的问题：读了以后怎么用到作文中去，你能根据叶文玲的经验或者自己的经历来劝说李伟明吗？

示例：

伟明，你看叶文玲奶奶小时候会把积累的词语写到作文里，你也可以这么做啊，这是第一层；第二层，别的作家或者是同龄人的作文，比如他们选的什么题材，结构是怎样布局的，你也可以去模仿；第三层就是要像叶文玲奶奶一样，创造属于自己的句子。当然喽，这个要求有点儿高。不过，等你"读万卷书、行万里路"之后，你就可以融入自己的想法，写的作文也就会像叶文玲奶奶一样富有"鲜味"了。

小结：通过一类一类地分析问题，一次一次地梳理信息，帮助李伟明解决了读写中的三大难题。

【设计意图】读书，只有让自己置身其中，才能依托文本构建一个真实或虚拟的世界，而与"自我"的联结与比照，让这个世界充满了自由自在、无拘无束的浪漫与新奇。解决第三个问题时，就开启了这一阅读密码，采用先联结作家经验、后比照自我经历的方法，助推学生在书本与生活之间自如切换，锚定关键信息，富有创意地、条分缕析地解决读写融合问题。

（4）阅读链接：其实，再筛选一下，就两个问题，一个是怎么读的问题，一个是读了以后怎么用，也就是怎么写的问题。读和写，就像两个轮子一样，可以互相联动，读可以帮助我们写，写可以推动我们读。少年叶文玲这样读写，让她拥有了一段美好的生活。那么，作家叶圣陶又是怎么说的呢？

出示：

阅读是什么？是吸收。好像每天吃饭吸收营养一样，阅读就是吸收精神上的营养。写作是什么？是表达。把脑子里的东西拿出来，让人家知道，或者用嘴说，或者用笔写。

阅读和写作，吸收和表达，一个是进，从外到内；一个是出，从内到外。

（5）捋清关系：阅读和写作密不可分，它们中间呀，还站着一个"人"，那就是——我们。读和写，让我们的精神生活变得更加丰盈、明亮。（板书：读　人　写）

（6）回归文本：叶文玲在文章的开头，用诗意的语言描绘了少年时代的读书生活。

出示，朗读：

像蝴蝶飞过花丛，像泉水流经山谷，我每忆及少年时代，就禁不住涌起愉悦之情。在记忆的心扉中，少年时代的读书生活恰似一幅流光溢彩的画页，也是一阕跳跃着欢快音符的乐章。

（7）由篇及本：读书写作，让叶文玲的少年时代，如此迷人而又富有深度。当然，她不只是在少年时代这样读和写，在《我的"长生果"》原文中，她这样写道——

屏显：

至今，我仍盼天天能"扎进头"去醉心读书，只可惜光阴紧迫，事务冗繁，而社会——人生，这部深奥绵长而无页码的大书，我何时才能读得尽啊！

（8）作业：

积累、创编读书名言：关于阅读，文中还引用了莎士比亚的名言——书籍是全世界的营养品。其实，每个爱读书的人都在书写着自己的读书名言。课后，请同学们完成以下任务：

①根据自己的读书体会，创编属于自己的读书名言。

示例：

书是人类进步的阶梯。——［苏联］高尔基

书＿＿＿＿＿＿＿＿。——［中国］＿＿＿

②阅读莫言的《童年读书》，梳理莫言的童年阅读史，说说它带给你的读书启示。

【设计意图】打开，才能让自己的语言和精神蓬勃生长。链接名人的读写感悟，创编自己的读书名言，促使学生在阅读中不断滋养自己的心灵，在实践中继续书写自己的人生。

（作者单位：江苏省江阴市晨光实验小学）

用科学的思维：读明白，写明白
——五年级上册第五单元创意教学

■ 张 瑛

一、创意解说

统编版小学语文五年级上册第五单元主要学习写说明性文章，共编排了四篇风格不同的说明性文章，其中两篇为精读课文，两篇为习作例文。《太阳》一文语言平实，张姞民运用列数字等基本的说明方法介绍了太阳的特点和作用，通俗易懂。《松鼠》一文语言活泼，布封抓住主要特点，生动形象地介绍了松鼠的外形、习性等。习作例文引导学生学习如何恰当地使用说明方法，有条理地表达。

叶圣陶认为，说明文以"说明白了"为成功，这是写说明文的标准。从这个逻辑出发，读说明文就要读明白了。本单元的说明文以介绍事物为主。说明文的内核是科学的思维，包括运用如"千米""体积""摄氏度"等科学术语，列数字、作比较、举例子、打比方等科学方法，以及科学的逻辑、科学的语言等。

学习任务的设计要赋予学生角色意识。本单元的学习，学生可以从读者和作者的视角，用专业的科学思维去经历将事物类说明文"读明白"和"写明白"的过程，即了解文中"说明白了"什么（介绍的事物），怎么"说明白了"（基本的说明方法），用什么语言风格达到了"说明白了"的效果，感受说明性文章与生活的紧密联系，能选用恰当的说明方法把抽象、复杂的事物写明白。

结合单元特点和语文要素，结合说明性文章的文体定位和价值，提炼出"用科学的思维：读明白，写明白"这一学科观念，重组教学内容，提取教学关键点，打通阅读、表达的界限，进行单元整体教学。

二、学习目标

（1）能用查资料和联系其他学科或生活经验的方式，了解说明文中出现的科学术语。

（2）能用思维图等方式提取和表现说明文中有关事物特点的基本信息，发现和展现其中的科学逻辑关联。

（3）能在"用数据说话"等观念下，领会和运用列数字、打比方、作比较、举例子等基本的说明方法，把事物的特点说明白。

（4）能根据文本特点和"读者意识"，发现说明文语言的科学性和文学性。

（5）能合理选择事物介绍的重点，综合运用科学的思维说明白，提升科学理性精神。

三、学习任务设计

学习任务一：
做专业的读者，认识事物

学习情境：第五单元是介绍事物的说明文单元。在这个单元的学习中，我们能认识哪些事物，又能获取哪些我们不知道的信息呢？

1. **活动一：制作科学术语资料卡**

（1）在说明文中，常会出现这样一些词语，这些词语我们在数学课上常常能遇见。

出示词语：千米、体积、摄氏度。

要点：①知道"千米"和"摄氏度"是表示单位的名称，通过游戏进行数字换算，如 1 千米大概绕操场几圈；联系生活实际体会温度变化，如夏天空调的温度一般在多少摄氏度等。②借助数学学科知识了解体积及单位。③发现这组词语描写太阳"远""大""热"的特点。

出示词语：生存、水蒸气、杀菌、繁殖、小水滴、治疗。

要点：①联系生活，理解"繁殖"是指生物产生下一代，一代传一代，知道太阳能帮助生物生存、繁殖，发现太阳能影响生态环境。②借助科学知识，了解水蒸气的形成，进而了解雨、雪、风的形成都是太阳的作用，发现太阳能影响气象变化。③用"因为……所以……"说说太阳有杀菌、治疗疾病的作用，发现太阳能影响人类健康。指导书写"菌"，注意里面的"禾"，捺笔变成点。④抓住中心句"一句话，没有太阳，就没有我们这个美丽可爱的世界"，体会太阳和人类的关系十分密切。

（2）小结：刚才我们认识的词语在说明文中被称为"科学术语"，可以通过在数学课、科学课上的学习来理解，也可以通过查阅资料的方式来认识，最后可以将自己的认识和理解制作成资料卡。

科学术语资料卡		
课文《太阳》		
科学术语	我的理解	理解方式
千米	千米是长度单位。1 千米 =1000 米。我们学校的操场一圈是 400 米，太阳离我们约有"一亿五千万"千米，感受到太阳距离地球的远。	结合数学知识 联系生活
摄氏度	摄氏度是温度单位。生活中，开水的温度是 100 摄氏度，冬天空调的温度是 28 摄氏度，太阳的表面温度是 5000 多摄氏度，可见太阳的温度很高。	联系生活
水蒸气	水蒸气是水的气体形态。小水滴吸收了太阳的热就能变成水蒸气，温度下降，水蒸气就凝成了无数的小水滴。	结合科学知识 查阅资料

（3）交流在《松鼠》《鲸》的阅读中遇到的科学术语，并用资料卡的方式进行交流。

科学术语资料卡		
课文《松鼠》		
科学术语	我的理解	理解方式
蛰伏	动物冬眠，潜伏起来不食不动。这是松鼠的一种生活习性。	查阅词典

科学术语资料卡		
课文《鲸》		
科学术语	我的理解	理解方式
吨	吨，常常用于数学质量单位，生活中多用于计算较大物品的重量。一吨等于1000公斤。最大的鲸约有一百六十吨重，刚生下来的长须鲸就有一两吨重。	结合数学知识联系生活
哺乳动物	哺乳动物的最突出特征是胎生，幼崽由母体分泌的乳汁喂养长大。	查阅资料
鳍	鱼类类似翅或桨的附肢体，起着推进、平衡及导向的作用。	查阅资料

2. 活动二：绘制表现事物特点的信息图

（1）作者向我们介绍了"松鼠"和"鲸"的哪些方面和特点呢？请默读《松鼠》《鲸》，在重要的信息上做好批注。

（2）交流阅读中的发现，说说关于"松鼠"和"鲸"，有哪些信息是你以前不知道的。明白说明文是帮助读者认识事物、获取信息、增长知识的。

（3）尝试运用表格、思维图、鱼骨图等方式绘制"松鼠"和"鲸"的信息图。

"松鼠"信息表

	外形		面容、眼睛、身体、四肢、尾巴
松鼠	习性	活动	经常在高处活动，白天休息，夜晚才出来活动。
		行为	有人触动时、蹦跳的动作、喜欢秋存冬粮。
		搭窝	选址、建造、窝口的特点。
		繁殖	一胎生三四个。

第二编 "实用性阅读与交流"任务群的理解与教学　85

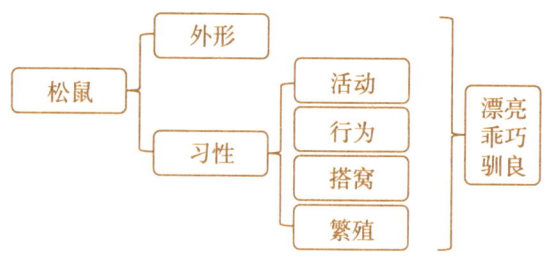

"松鼠"信息图

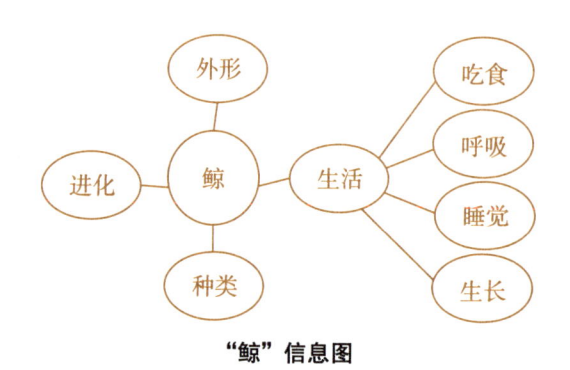

"鲸"信息图

（4）运用信息图，介绍"松鼠"和"鲸"。

要点：一要介绍完整；二要介绍清楚，表达流畅、连贯。

（5）比较《松鼠》《鲸》在内容介绍上的异同，发现介绍动物的说明文一般会从哪些方面进行表达。

要点：介绍动物的说明文一般会从动物的外形特点、生活习性、活动特点等方面进行介绍。

（6）根据学习《太阳》科学术语的经验，绘制"太阳"的信息表。

"太阳"信息表

太阳	特　点	远	离我们约有一亿五千万千米远。
		大	约一百三十万个地球才能抵得上一个太阳。
		热	大火球，表面温度五千多摄氏度。
	与人类的关系	万物衍生	植物、动物、矿产都和太阳关系密切。
		气象变化	云、风、雪、雨、露等气候变化都依靠太阳。
		防病治病	有杀菌能力。

【设计意图】"说明文的目的是在使人有所知"（夏丏尊）。为了帮助学生快速提取说明对象的相关信息，为后续学习活动奠基，教师设计了"做专业的读者，认识事物"这样一个任务，引导学生先以读者身份阅读课文，认识事物，捕捉重要信息，梳理出文章从哪几个方面介绍事物，把事物读明白。通过这个学习活动，了解说明性文章为了把事物说明白，要把握事物的主要特征，有条理地说清楚"是什么"，"为什么"是这样。"绘制事物特点的信息图"这个学习支架的使用，呼应了"2022年版语文课标"中第三学段的目标内容"阅读说明性文章，能抓住要点""学习列大纲、画思维导图等整理和呈现信息的方法"，学生梳理信息，整合信息，建构了属于自己的思维导图，在体现文本知识整体化、结构化的同时，促进学生的深度学习。

学习任务二：
学作者的思维，表达事物

学习情境：叶圣陶说，"说明文以'说明白了'为成功"。作者是用什么方法把这些事物"说明白了"的呢？

1. 活动一：用数据说话

（1）默读《太阳》第1—3自然段，体会作者是用什么方法将太阳的特点说明白的，有什么特别之处。

要点：默读，圈画表示数字的词。体会用数据说话可以使文章更加科学、准确，增强说服力。

（2）体会用数据直接表现太阳的特点。

要点：①填一填表格，比较概数和确数的用词特点。②说一说特点，发现这些数据很大，很抽象，并不能让我们真切地体会到太阳远、大、热的特点。

（3）体会用数据间接表现太阳的特点。

文章里还有一些数据，它们不是直接写出太阳的特点，猜猜这些数据是怎么得来的？

要点：①了解如何根据生活中常见的事件进行假设，换算得出数据，使人了解得更深入，这种方法叫作假设。②了解如何根据熟悉的事物进行换算、类比，这种方法叫作比较。③了解打比方的说明方法。

（4）小结：作者在介绍太阳特点的时候，都用数据来说话，不光用了列数字，而且还通过人们生活中熟悉的事件和事物作假设、作比较、打比方，这样就把太阳远、大、热的特点介绍得具体、准确，让我们一读就明白了。说明白了，这样的说明文就成功了。

（5）出示《鲸》，发现"用数据说话"的观念下，综合运用列数字、作比较等说明方法把"鲸"说明白了。

（6）任务情境：学校电视台组织了一档"江阴超级工程"栏目，打算向同学们展示江阴近几十年来的伟大工程。将长江大桥、地铁、高铁、过江隧道等几个代表性工程向大家作介绍，请你帮小编搜集相关资料，撰写一份有关工程的介绍。

要点：选择长江大桥的1~2个特点，以数字为基础，运用恰当的说明方法，将大桥的特点写清楚。注意用词准确，方法恰当，将特点说明白。根据资料，进行数据换算。

 2. **活动二：语言的风格**

（1）出示《松鼠》及《中国大百科全书（第二版）》中的"松鼠"条目。交流这个条目所对应的课文内容。对比阅读，说说你的发现。

要点：引导学生发现形式表达上的不同——课文中的介绍富有趣味，生动形象；《中国大百科全书（第二版）》中的介绍客观准确，语言简洁。

（2）比较阅读《太阳》《松鼠》，两篇文章的介绍方法能不能换一下？为什么？

要点：《太阳》的作者张姞民要向大众普及关于太阳的科学知识，所以采用基本的说明方法，表述严谨，语言平实；《松鼠》的作者布封是为了和读者分享他所熟悉的松鼠的外形、习性等，并表达他对松鼠的喜爱之情，所以选择了生动形象的语言风格，多用打比方、拟人等手法，介绍既准确又传神。通过换位思辨，明白同样是介绍某一种事物，介绍的方式却不一样，那是因为面对的阅读对象和说明的目的不一样，为习作做好铺垫。

（3）如果将散文《白鹭》的第2—5自然段改写成一篇说明性文字，你会采用《太阳》一文的语言风格，还是《松鼠》一文的语言风格？说说理由。

要点：如果选择《太阳》一文的写法，就用平实的语言介绍白鹭的特征；如果选择《松鼠》一文的写法，则用文艺性的方式，生动活泼地介绍白鹭的特点。

【设计意图】说明性文章最有价值的知识之一是言语知识。在教学说明性文章时，只是教学生理解静态的语言知识是不够的，更要运用程序性知识，在生活中"做事"，并"做成事"。学生认识了文中的事物，获取了相关的事实性知识，不一定能"说明白"这些特点。设计"学作者的思维，表达事物"这一任务，意在创造真实情境，以任务驱动，引导学生体会"作者"思维，并通过介绍江阴长江大桥、将散文《白鹭》改写成说明性文章等言语实践活动，学习"作者"思维。在"说"事物时，可以用列数据等说明方法，并根据读者的身份和说明的目的，采用适切的语言，将事物说清楚、说准确、说明白。

学习任务三：用科学的方式，解决问题

学习情境：学，是为了更好地用。在生活中，说明文有很多用处，就让我们一起来试一试。

1. 活动一：松鼠的"身份介绍"与"场馆建设"

学校要在农场里养小松鼠，请你根据《松鼠》一文中的知识和自己搜集到的相关资料，完成以下两个任务。

（1）制作"松鼠身份证"。从不同方面简明介绍松鼠的特点，以卡片的形式制作。

要点：尝试设计"松鼠身份证"。提取《松鼠》一文以及相关资料中的关键信息，从名称、外形、食物、特长等方面进行制作。

（2）设计"松鼠生活馆"。

①要在农场里为松鼠建造一个舒适的"生活馆"，如果由你来设计，你打算怎么设计呢？设计的时候需要考虑哪些方面？

②说说这样设计的理由。

要点：把从《松鼠》一文中获取的知识用于设计"松鼠生活馆"，设计时依据文中介绍的关于松鼠的活动范围、爱吃的食物、搭窝时的选址、建造方法和窝口的特点等，考虑生活馆的环境布置、食物准备等，以实现从说明性文章中获取知识后解决生活中实际问题的目的，在"做"中理解知识、运用知识。

2. 活动二：笔袋推荐会与寻物启事

（1）笔袋推荐会：有位同学想买笔袋，请你推荐一种笔袋，推荐语150~200字。

要点：推荐笔袋时，侧重于"推"，为的是成功地把笔袋推出去，推荐时要按照一定的顺序把笔袋的外观、形状、容量、材质、功能、构造、价格等特征介绍清楚，可以采用生动活泼的语言。

（2）笔袋寻物启事：你的笔袋不小心弄丢了，请你写一段文字，描述一下笔袋的特征，以便于找回笔袋，150字左右。

要点：写寻物启事的目的是要把丢失的物品找回来。除了要写清楚此物的主要特点（外观、材质、构造等），还要添加一些特殊的标记，如痕迹、袋内物品等，并用通俗易懂的语言进行表达，以便于拾物者（阅读对象）容易辨认。这样的任务，能让学生在复杂的情况下灵活运用所学的知识和能力解决问题，真正形成素养。

【设计意图】知识的学习，需要同生活紧密结合起来。"用科学的方式，解决问题"这个任务中，学生通过"松鼠的'身份介绍'与'场馆建设'"和"笔袋推荐会与寻物启事"两个生活情境活动，把学习到的说明性文章的知识进一步内化，并转化成解决问题的能力，亦即在生活中能像作者那样，根据阅读对象和说明目的，运用恰当的方法、采用合适的语言，把事物"说明白"，有效传递信息，真正实现用语文"做成事"。

（作者单位：江苏省宜兴市万石小学）

"实用性阅读与交流"任务群的教学理解与实践智慧

■ 李竹平

"2022年版语文课标"以学习任务群的方式来组织与呈现课程内容，按照整合程度不断提升的逻辑，分成三个层次来设置学习任务群。为什么要以学习任务群的方式来组织和呈现课程内容呢？可以从两个方面来思考和认识这个问题。

首先，是为了有逻辑有层次地构建义务教育语文课程的内容体系，探索课程内容的结构化路径，为教和学在内容角度上明确所指，改变以往在内容组织、呈现和选择上逻辑不明、思路不清的状况，为学生形成清晰有序的语言文字学习、运用的体验，提供扎实的内容保障。其次，是希望借助"学习任务"这一具有鲜明实践特征的概念来指引，促进语文教与学方式的真正变革，即通过设计真实的学习任务，整合学习情境、内容、方法、资源等，促进学生在主动完成学习任务的过程中，通过语文实践活动，形成积极的以目标为导向的学习体验，"追求语言、知识、技能和思想情感、文化修养等多方面、多层次发展的综合效应"，发展语文核心素养。

"实用性阅读与交流"任务群属于第二层的发展型学习任务群之一。"2022年版语文课标"这样描述其功能和定位："本学习任务群旨在引导学生在语文实践活动中，通过倾听、阅读、观察，获取、整合有价值的信息，根据具体交际情境和交流对象，清楚得体表达，有效传递信息，满足家庭生活、学校生活、社会生活交流沟通需要。"结合这一学习任务群的"学习内容"和"教学提示",对其应该有怎样的教学理解?教师又应该修炼怎样的实践智慧呢?下面结合具体的教学设计和案例来探讨。

一、联结生活,体验"实用"

"实用性阅读与交流"任务群的设置和实践,旨在帮助学生在言语知识、技能和理解上,"满足家庭生活、学校生活、社会生活交流沟通需要"。这是从实践运用角度,帮助学生通过日常生活情境,体验语文最基础的实用性特征和价值,并能够切身感受语文学习之于日常生活的实用意义。

这一任务群在"学习内容"的定位上,其文本的选择以反映"个人生活""家庭生活""学校生活""社会生活"和说明、描写大自然的文章为主,口语表达的学习围绕日常生活情境和需要,书面表达的学习包括日常应用文和说明文、传记,阅读和交流的内容还包括革命英雄、劳动模范、科学家的事迹和表现中华传统美德的故事等。这些学习内容都具有实用性的特征,与学生的日常生活息息相关。在现行的统编版小学语文教材中,呼应这一任务群的,既有口语交际和说明文单元这样显性的内容,如五年级上册第五单元,也有从内容和目标选择角度为实用性服务的、被编排在不同主题单元中的文本,如四年级上册的《梅兰芳蓄须》、五年级上册的《我的"长生果"》等。

联结生活,是"实用性阅读与交流"任务群教学实践的基础性逻辑和"接地"智慧。教材中相关学习内容的运用,都要从学习情境的创设、学习任务的设计、学习实践活动的安排等多维度联结生活,让学生以积极而亲切的心理,充分体验语文学习的实用价值,感受语文就在自己的日常生活中,语文素养的发展在日常生活中就能看得见、体会到。

季勇老师的口语交际课《注意说话的语气》,内容、目标都源自日常生活(包括家庭生活、学校生活、社会生活)的真实需要。教学中,季老师为教材中两组不同语气的表达,创设了具体的生活情境,让学生结合情境进行判断和体验,感受说话的语气里蕴含的态度和修养,以及不同语气带来的交际效果。教师创设的情境中,文文和明明两位小朋友所经历的事情是学生生活中比较熟悉的场景，所以学生能够很自然地代入生活角色，也能够很自然地迁移联结自己平时的经历，充分领悟到说话语气的实用价值。

在"公园游春"的生活故事情境中，学生学习了请求和道歉的语气里应该分别表现出"有礼貌"和"真诚"后，再进一步通过"我是生活小达人"的实践体验活动，让学生在真实情境中学会：商量时语气要诚恳，提醒时语气要温和，还要注意商量的策略和提醒的方法。这些学习情境贯联课堂与生活、虚拟与真实，达成真实、真切的心理情境，让学生真正体会到说话语气的运用，与解决生活实际问题是息息相关的。

"应紧扣'实用性'特点，结合日常生活的真实情境进行教学。"这是"实用性阅读与交流"任务群"教学提示"中的第一句话。几乎所有的口语交际都是为了解决日常生活中的实际问题，都属于"实用性交流"，教学中，用心创设真实的生活情境，是学生充分体验语文学习实用价值的保障。除了口语交际，学生学习阅读和撰写通知、短信、请假条、留言条等文本时，教师创设或复现生活中的真实情境，有助于学生积极主动地联结自己的生活实际需要，为了实用的目的而爱上语文课堂和语文学习。

二、开拓生活，理解"实用"

对于学生的生活而言，实用性不应仅仅满足眼前的交流沟通需要，还应满足开拓更加广阔的生活空间的需要。在语言文字学习运用的课程语境中，实用性不是一个静态的限制性概念，而是指向开放性的实践，因为语文与生活的联系是方方面面的，是动态生成的。学生在日常生活中成长，也在语文课程生活中成长。同时，语文课程生活中的成长，总是为日常生活中的成长提供更加丰富的营养和更多的可能性。

说明性文本的学习，是"实用性阅读与交流"任务群的重要学习内容之一，从说明书到说明、描写大自然的短文，再到科技说明文，如此等等，不仅与学生眼前的生活密切相关，也为开拓学生的生活和视野助力——从科学实用的角度探究事物，重新认识事物，并用语文的方式来呈现自己的探究和认识。真正要彰显实用性文本的"开拓"属性，教师就要透彻理解文本的学习价值，引导学生从不同角度感受和理解文本的实用性，并能够在具体的任务情境中积极主动地进行交流表达的实践。

张瑛老师的《用科学的思维：读明白，写明白——五年级上册第五单元创意教学》一文，就充分体现了对"实用性阅读与交流"任务群功能、定位的理解，科学认识说明文的读写价值，精心设计了"连贯的语文实践活动"，帮助学生建构对说明文的实用价值的多角度理解。

这是一个读写结合的单元。通过阅读，破解事物类说明文的基本写作密码。事物类说明文的写作目的就是要从不同角度向读者说明白具体的事物，思维上遵循的是科学的逻辑，而语言上遵循的是读者的接受逻辑，所以就有了平实性说明文与文艺性说明文的区别。无论是哪种说明文，都需要作者对要说明的事物有全面的了解，也就是要充分掌握事物各方面的信息——这些信息的呈现往往离不开科学的视角，包括术语、数据等。张瑛老师正是基于对事物类说明文的深入解读，精心设计了层次递进的学习任务，先在阅读时引导学生以科学的、专业的姿态来认识文本介绍的事物，再探究作者的表达思维，然后运用在阅读说明文时习得的知识和技能来解决问题，撰写说明性文章，解决现实问题。这样的任务设计，让学生在连贯的语文实践活动中，于习得说明文的相关知识和技能的同时，自然而然地学会用科学的思维和眼光来打量和认识事物，并把自己对事物的认识用合适的表达方式分享给读者。这个学习过程，是学生开拓生活和认知的过程，是建构对实用性的深度理解的过程。

需要指出的一点是，张瑛老师在"学习任务三"中，安排了松鼠的身份介绍和场馆建设的活动，从迁移和建构真实的学习的角度来看，还可以再斟酌。比如，将松鼠替换成学生实际生活中身边的小动物，如小狗、乌龟、小鱼等，这样既能实现迁移，又能让学生从熟视无睹的事物上开拓生活体验，进一步理解语文中实用的听说读写。

三、创造生活，享受"实用"

"实用性阅读与交流"任务群强调有目的地进行信息的获取和整合，为的是促进学生从倾听、阅读、观察中，获得解决学习和生活实际问题的有效信息。实用是与目的性紧密关联的。学习发生在当下，目的却在未来——"实用性阅读与交流"也不例外。

《我的"长生果"》并不是为了指导他人如何读书而创作的实用性文本，但是，为了实用而阅读这样一篇散文，却能够从中获得很多关于读书和写作方法的启发。梁昌辉老师的《创设关联情境，解决生活问题——〈我的"长生果"〉创意教学》，正是从这样的创意角度来引导学生阅读此文的。

叶文玲创作《我的"长生果"》，分享自己的读书经历和成长收获，表达了自己对阅读和写作的热爱。从她的读书经历和成长收获中能够获得怎样的启发呢？从这一问题出发来定位文本的学习价值，也就是从实用性的角度来阅读文本。那么，一个精心设计的实用性学习任务，就应该是呼应这一阅读目标的。

梁昌辉老师创设了一个"拟真性"的情境任务——帮同龄人李伟明解决读书烦恼。李伟明的读书烦恼有三个：我该读什么书，我应该怎么读书，我读了书怎么用在作文里。这三个烦恼，具有一定的普遍性，所以，这一学习任务对于学生来说，既是符合生活实际的真实，又是契合心理需求的真实。解决读书烦恼，也就能积极创造出读书生活的新气象，对于以读书为己任的学生来说，这简直就是"刚需"。"刚需"就是最好的动力，就能够驱动学生自主学习；完成学习任务的过程，就是"享受实用"的过程——读什么书，如何读书，如何读有所获，是可以从别人的读书经验中获得多方面启发的。

从目标需求角度来看，这个单元的所有文本（《古人谈读书》《忆读书》《我的"长生果"》）都可以从实用性角度来设计学习任务，安排语文实践活动。虽然，有很多"实用性阅读与交流"的主题内容，很难直接对应课程标准中本学习任务群中分学段描述的"学习内容"，但其实用性却是毋庸置疑的。实际上，如果机械地去对应六大学习任务群，很多语文学习内容可能就找不到归属了。比如这个单元的文本阅读，其实用性价值就十分鲜明——是可以帮助学生创造积极的阅读生活体验的实用。

总之，教师要立足学生的实际需要来理解"实用性阅读与交流"任务群，这样才能在教学中激发实践智慧，充分挖掘和实现"实用性阅读与交流"任务群的功能，助力学生在语文课程生活中体验"实用"，理解"实用"，享受"实用"，扎扎实实地发展语文核心素养。

（李竹平，小学语文特级教师，中国语文报刊协会名师专业发展研究会学术委员会副主任，现为北京亦庄实验小学教师，多家刊物封面人物、签约作者和专栏作者。在 40 多种报刊发表教育教学类文章 400 多篇。首创"听读课程"，致力于"为儿童全生活着想"的母语课程开发与实践。出版了《我在小学教语文：母语课程的开发与实施》《作文故事会：飞刀老师的 16 堂高分作文课》《语文寻意：从文本解读到课程设计》《儿童成长的秘密》《呼应学习任务群：小学语文大单元教学设计》《小学语文大单元教学八讲》等作品。）

第三编

"文学阅读与创意表达"
任务群的理解与教学

以美育美

——"文学阅读与创意表达"任务群内涵解读与设计要义

■ 梁昌辉

文学作品历来是语文教科书选文中的"优势群落",文学教育是语文教育的"半壁江山",对培育学生语文核心素养的作用和意义重大。"2022 年版语文课标"设置"文学阅读与创意表达"学习任务群,正是对这一重要作用和意义的突显与发挥。

一、"文学阅读与创意表达"任务群的内涵与价值

"2022 年版语文课标"指出:"本学习任务群旨在引导学生在语文实践活动中,通过整体感知、联想想象,感受文学语言和形象的独特魅力,获得个性化的审美体验;了解文学作品的基本特点,欣赏和评价语言文字作品,提高审美品位;观察、感受自然与社会,表达自己独特的体验与思考,尝试创作文学作品。"据此,我们可以从几个方面来认识和理解"文学阅读与创意表达"任务群。

1. 培养文学审美能力

本任务群的学习更多地指向核心素养中"审美创造"这个维度。其意在通过感受、理解、欣赏和评价文学作品,尝试进行文学作品的创作,获得较为丰富的体验,不断积累感受美、发现美和创造美的审美经验,涵养高雅情趣,形成健康的审美意识和正确的审美观念,提升审美品位。

与日常生活语言、科技类语言、公文类语言不同，文学语言更加重视修辞，强调语言的想象力、表现力、创造力，注重语言的美感和陌生化。学生通过学习优美、典范的文学语言，能够不断发展对语言之美的感受力与鉴赏力，并在尝试运用的过程中，不断提高语言表达的审美性。所谓"熟读唐诗三百首，不会作诗也会吟"，说的是人的语言能力、审美能力可以通过合适的学习来培养和提升，同时它也说明，重视对语言美的体味这个传统由来已久。

　　文学审美的第二个重要内容是品鉴文学作品的形象美。"言""象""意"是中国文论的重要概念，"立象以尽意""意以象尽，象以言著"阐述的正是形象在文学作品传情达意中的中枢作用。可以说，对文学形象的感受、领悟的程度，是决定着一个人能否真正走进文学作品、能否享受和领略作品之美的关键，是一个人文学审美能力高低的重要一维。阅读诗歌，我们感受的是诗歌中生动的意象；读小说、戏剧，我们在大脑深处建构的是生动的人物形象，这些意象和人物形象既是我们审美的对象，也锻造着我们的审美品位。

　　情感美是文学审美的又一个重要内容，大致相当于"言""象""意"中的"意"。在作者，是"情动而辞发"，饱含充沛情感的作品才能打动读者；在读者，是"披文以入情"，我们阅读文学作品，很大程度上是为了寻找情感的慰藉，接受高尚情感的洗礼。通过文学作品，学生得以与人类的伟大情感相遇，在为之吸引、随之起伏中，不断涵养共情能力。

2. 发展文学想象能力

　　文学是一门艺术，运用形象来表情达意是其基本路径。塑造形象的基本方法是虚构，就是鲁迅先生所说的，"杂取种种人，合成一个"，这也是一种想象。通过想象产生的艺术形象，是一种艺术真实，如果非要把它坐实，当成生活实际的真实来看，比如小说中的一个人物，你要"从和作者相关的人们里去找，是不能发现切合的了"（鲁迅语）。鲁迅先生的话，指明了想象是文学创作的重要手段。本任务群要求学生"尝试创作文学作品"，就是对学生通过想象进行创意表达的鼓励和支持，核心是培养学生的文学想象能力。试想，没有想象能力，如何进行文学创作？

　　与观看电影、画作不同，文学阅读直接面对的就是文字，联想、想象能力至关重要。文学阅读，就是一个通过联想、想象对文字进行还原，让"幽禁"在符号里的人、事、物活化为血肉丰满的具体形象的过程。这也是儿童思维的特点，正如著名教育家乌申斯基所说的："儿童是用形象、声音、色彩和感觉思维的。"因此，"2022年版语文课标"指出本任务群要"通过整体感知、联想想象，感受文学语言和形象的独特魅力，获得个性化的审美体验"。

联想、想象是文学阅读的基本方式，也是文学审美的前提条件和具体过程。一个人认识作品里的每个字，但如果联想、想象的能力比较弱，不能在脑海中建立起相应的文学形象，或者形象模糊不鲜明，就不能让作品中的人物、事物立起来、动起来，就不能让作品中的场景鲜活起来，他就体会不到文学阅读的乐趣。本任务群注重对联想、想象能力的培养，通过图像化、联结自我、指示路径、交流、对比、反思、读想结合等多种方法策略，开展言语实践活动，帮助学生培育和发展联想、想象能力，获得丰富的审美体验。

3. 呵护和浸润美好的心灵

人生活在两个世界之中，一个是物质世界，一个是精神世界。精神世界为人创造和使用物质世界提供能量、价值与意义；优秀的文学作品，能为人的精神世界的发展源源不断地提供"清洁能源"。

文学作品对学生精神的滋养与心灵的呵护是全面、丰富、深刻和长远的。红色经典是小学各学段"文学阅读与创意表达"的重要内容，学生在生动的故事中"感受革命领袖、革命先烈伟大的精神世界和人格力量，认识生命的价值"。文学，尤其是儿童文学具有鲜明的真善美的主题性。学生在阅读、品味文学作品以及尝试表达中，会受到真善美的感染，在审美的愉悦中生发求真向善爱美之心，继而主动追求真善美。这些阅读的原初体验往往会成为学生精神发育的原型，鼓舞着学生，使其内心世界走向坚强、善良、悲悯与温暖。

文学中常见的母题，如父爱、母爱、友谊、英雄、爱国、善良等，也都是人处理与自己、与自然、与社会关系的重大主题，学生会在长期的文学阅读和鉴赏活动中接触、感受、理解它们，在情感性的审美品味中沉淀为对自己对世界的认知与把握。文学作品是虚构的，但其中融入了作家对人生的体察与社会洞见，学生经由文学的审美体验与蕴藏在作品中的不同时代的优秀思想观念相遇，会反思自己的生活经验，产生新的思考，会对未知世界产生好奇与向往，所有这些，将凝聚为积极追求人生意义的价值体认与行动努力。

"文学阅读与创意表达"对学生精神生长的滋养还表现在它的抚慰功能和释放功能。学生在成长中可能会产生各种各样的烦恼与困惑，可以对照文学作品中人物的相似经历而得到一种宽慰，领悟到正确应对的方法策略，或者通过文学想象、创意表达，宣泄情绪，在虚构的世界中实现在现实世界暂时难以达成的愿望。正如心理学家布鲁诺·贝特尔海姆所说："对儿童的成长而言，最关键的是通过文学逐渐理解、寻求人生的意义，理解复杂世界中的自己，并学会应对这个世界。"一个理解自己、积极追求人生意义的学生，必将是勇敢、正直和努力上进的。

二、"文学阅读与创意表达"学习内容的编排特点

1. 更加突出文化导向作用

诚如本文开头所言，文学作品一向是语文教材选文的"优势文本"。文质兼美一向是其基本要求。"优秀文学作品"一词在本任务群的"学习内容"中多次出现，就是对选文质量的强调，它要求所选文学作品要思想性强、艺术性高，以期通过优质文本实现育人价值。

与《义务教育语文课程标准（2011年版）》相比较，"2022年版语文课标"特别突出了红色经典阅读。三个学段均作了明确的规定，第一学段要求："阅读并学习讲述革命领袖、革命英雄、爱国志士的童年故事，表达敬仰之情和向他们学习的愿望。"第二学段则提出："阅读并讲述革命故事、爱国故事、历史人物故事，感受幸福生活来之不易，表达自己对美好生活的向往，以及对革命英雄、仁人志士的崇敬之情。"第三学段的要求是："阅读、欣赏革命领袖、革命先烈创作的文学作品，以及表现他们事迹的诗歌、小说、影视作品等，感受革命领袖、革命先烈伟大的精神世界和人格力量，认识生命的价值；运用讲述、评析等方式，交流自己的情感体验。"与一般意义上的文学作品不同，红色经典具有强烈的政治价值引领性，意在通过文学

性的阅读，传承好红色基因，并以此促进学生对革命理想信念、革命精神品质、爱国情怀与民族气节等价值理念的感受、体验、理解、认同和内化，奠定生命的亮色。

2. 具有更为鲜明的儿童性

"2022年版语文课标"重视文化导向作用，并把它与鲜明的儿童性结合起来，让文化导向立得住、扎得深，真正有效发挥作用。

一是在学习内容的安排上，注重选择贴近学生、能让学生产生较强阅读兴趣的文学作品。如第一学段的"学习儿歌、童话，阅读图画书"，第二学段的"阅读富有想象力和表现力的儿童文学作品"，第三学段的"阅读反映少年成长的故事、小说、传记等"，积极呼应儿童的阅读兴趣，关注儿童精神成长需要，把儿童喜闻乐见的作品及形式纳入到阅读内容中。从儿歌、童话、图画书，到以童话为主的儿童文学作品，再到儿童小说、传记等，篇幅、内容、主题的复杂性逐渐增长，具有比较突出的进阶性。

二是在学习目标的设定上，注意与儿童身心发展的阶段性特点相适应。主题上重视儿童的自然天性，如第一学段要"体会童真童趣"，第二学段"感受纯真美好的童心"。在具体目标达成度的安排上，充分体现了小学阶段"文学阅读与创意表达"的基础性，多要求"感受"或"初步体验"，如第一学段"感受大自然的美景与变化""感受多姿多彩的生活，初步体验文学阅读的乐趣"；第三学段要求"感受革命领袖、革命先烈伟大的精神世界和人格力量""感受大自然的奇妙"等。

3. 首次安排"创意表达"

这是"创意表达"首次进入语文课程标准。创意表达的本质是尊重学生的主体性与创造性，认为表达是从个体独特体验出发的一种交流分享行动。它也体现了对现代社会表达方式的多样性与混合性的尊重，并作出积极回应与引导。

对"创意表达"的内容，"2022年版语文课标"在第一学段要求"表达敬仰之情和向他们学习的愿望"；第二学段则为"结合自己的生活体验，尝试用文学语言表达自己热爱自然、珍爱生命的情感""学习用口头或者图文结合的方式创编儿童诗和有趣的故事"；第三学段要求"运用讲述、评析等方式，交流自己的情感体验""学习运用细节描写等文学表现手法，描述自己成长中的故事"等。第一学段没有提出"文学语言"的要求，第二学段要求"尝试用文学语言表达"，第三学段则规定"学习运用细节描写等文学表现手法"。对文学性表达的要求，既体现出阶段性，又符合学生言语能力发展的一般规律，也是对学生随着认识和把握世界能力的积累而产生的表达需要的积极呼应。

结合"学段要求"和"学业质量"中的相关表述，可以发现"2022年版语文课标"中创意表达的内容与形式非常丰富。内容上，有观察手记、创编童话、童话或寓言的续写、创编儿童诗、创编故事、写作成长故事、改编名著的精彩片段、文学鉴赏、设计人工智能时代的未来生活、脚本、小说等；形式上，既有文字形式的，也有文字与声音以及图像或者视频等的混合形式，包括日记、笔记、海报、图文结合、连环画、脚本、有声文、微信公众号、混合文本等，意在引导和鼓励学生发挥和发展自己的创造性，成为有创意的表达者。

三、"文学阅读与创意表达"任务群教学设计要义

"文学阅读与创意表达"任务群的教学，要紧扣"引导学生成为主动的阅读者、积极的分享者和有创意的表达者"这个目标来设计。

1. 基于角色定位的学习任务

在"文学阅读与创意表达"学习任务中，赋予学生以适当的人物角色，能让学生主动地调动心智能量、认知储备以及社会性情感，全身心投入学习，获得充分的锻炼和发展。任务中的角色大抵可以分为两大类：一类是文本外部的角色，带有突出的社会性，比如让学生以销售员、幼儿园教师、医生、环保专家、植物学家、社区工作人员等身份来"用语文做事情"，责任感会推动学生投入努力，并能够适当注意在反馈中改进；一类是文本内部的角色，比如以故事中某个人物的身份来做事，让学生自然而然地"身临其境"，即进入故事情境，以角色的眼光来看，按角色的处境来思，据角色的意图来做。

如教学小小说《跳水》，可以让学生做小说中的"孩子"，面对船长父亲的询问，解释自己为什么会爬到那么危险的横木上。在角色代入中，学生能站在"孩子"的角度回顾和思考事件发生的原因，理解正是猴子的戏弄、水手的哄笑以及自己要面子忽视危险的莽撞，共同造成了危险的产生。这样的角色任务，让文学阅读体验展开得更充分、更本质，学生在心灵深处经历人物的经历，对人物形象的感受和理解会更深刻。

阅读《我的战友邱少云》时，设计一个"说说心里话"的任务，让学生以课文作者，也是邱少云的战友李元兴的身份，来到巨幅油画《邱少云》面前，对自己的战友邱少云说说心里话。可以设计几个问题来引导学生倾诉：哪些话是我当时想说而不能说的？哪些话是战斗一结束我就想马上告诉你的？哪些话是生活在今天的中国的我要讲给你听的？学生在一个时间轴上展开对话，有助于更好地领悟文中"我"当时矛盾复杂的心理，感受邱少云伟大的牺牲精神，更懂得并珍惜如今的幸福生活。

2. 从主体需要出发的学科实践

儿童的精神生长与言语品质的发展需要文学的滋养，儿童的生活体验需要借助文学更好更美地交流与分享。因此，"文学阅读与创意表达"学习任务需要在具体可行的活动中展开。从任务群中的"教学提示"可以发现，"文学阅读与创意表达"的活动形式非常丰富，主要为朗读、讲述、发现和创作这几大类。

朗读便于感受。朗读既是一种整体感知的阅读方式，也是一种以声传情的表达方式。对本任务群来说，朗读活动有两个指向：一是感受作品的美，包括言语之美与意境之美；二是通过朗读来表现文学之美，学生学习运用不同的语气、语调、重音、节奏等来传达自己领悟到的不同层次的丰富的美感。前者是入境式的，如诗歌、散文的朗读，将符号还原为感性的声音，进而感受到音韵之美，想象画面之美，体验意境之美。后者是表现性的，叙事性文学作品，如童话、小说等的朗读，用声音还原故事场景和表现人物形象。特别是分角色朗读，要在把握人物身份、年龄以及场合、意图等基础上，运用不同的语气、语调，利用重音、停顿等技巧，再现人物的性格和人物在特定情境下的情绪状态、情感态度等。

讲述，是故事传播的重要方式，也是绝佳的文学性学科实践方式。讲述既让学生在心理深处对故事展开言语、情节、人物、趣味等多个维度的多次理解、体味，也使学生不是作为一个旁观者，而是作为一个创作者参与到故事的创造中来，因而深受学生的喜爱。讲述中，学生有两种角色定位：一种是讲故事的人，用复述的方式再现故事；另一种是看故事的人，用评述的方法表达观点。现行统编版教材非常重视故事的复述，一、二年级借助图片、关键词句或根据表格内容复述故事，复述要求分散在单篇课文教学中；三年级下册把复述故事作为单元语文要素进行集中训练；四年级上册包括简要复述、重点复述主要情节、按事情发展顺序复述等；五年级上册强调创造性复述。它遵循学生的认知规律，体现了能力进阶，在培养表达能力的同时发展想象能力。讲述还要结合评述，即讲述中有自己的看法。"2022年版语文课标"在第三学段的"阅读与鉴赏"中要求，"阅读叙事性作品……说出自己的喜爱、憎恶、崇敬、向往、同情等感受"，这就是评述。

文学作品的阅读离不开对文学之美的鉴赏力。这就需要设计探究学习活动，让学生在探究学习中不断地感受、发现文学之美，并能初步分辨美的层次差异。比较是一种重要的鉴赏式学习活动，如六年级下册"语文园地二"中的"词句段运用"中编排了对言语表达的比较练习，对比不同译者笔下《汤姆·索亚历险记》中的句子，让学生直观感受语言的雅与俗、语言品质的高与低。对作品表达艺术的鉴赏，需要培养学生像"评论家"一样去看的意识与方法，在"观千剑而后识器，操千曲而后识声"中获得一份敏锐的辨别力。如《宝葫芦的秘密（节选）》的阅读，让学生找一找文中有关宝葫芦的故事，然后归类，学生可以发现这个故事的神奇之处是故事套故事：王葆讲自己和宝葫芦之间的故事，里面套着奶奶疼爱王葆、哄王葆洗脚等的故事，奶奶是用讲故事的方法来哄孙子的，讲的也是有关宝葫芦的故事，这就形成了一个大故事套中故事、中故事套小故事的奇妙的故事套结构。

童心与文学有着天然的契合与亲近关系，在小学阶段即开始创意表达的教学，是对这种关系的主动顺应与热情呵护。根据表达图式建构的一般规律，小学的创意表达总是前期模仿更多一些，后期则个性化的元素更多一些。比如童话，可以让学生沿着作者的思路创编，在原有童话的基础上模仿，即沿着他人的思路走。比如，童话经常运用反复结构来架构故事。学习了《小壁虎借尾巴》或者《三只小猪》后，教师让学生按照这个结构来创作童话，可以一个"人物"一个"任务"反复，也可以一个"任务"三个"人物"反复。学生在读写一体化的活动中，能较好地掌握这种反复的童话结构。第二种是改写，即突出学生的创意与想象力，这是对原作的超越或者说重构，或改变故事的结局，或改变人物的关系，或改变故事发生的背景，等等。《三只小猪》《灰姑娘》《龟兔赛跑》等名篇在一次次的改编中，变成了许多意想不到的新童话。如《三只小猪》，著名的英国童话，讲的是小猪一次次地抵御贪婪的大野狼的破坏，最后赶走了大野狼的故事。希腊的尤金·崔维查反其道而行之，他改编的《三只小狼和一只大坏猪》获得1993年美国畅销书榜插图作品第二名。在美国的乔恩·谢斯卡的《三只小猪的真实故事》中，狼戴着眼镜，彬彬有礼，为自己申冤……第三种是完全按照自己的想法，编织一个全新的世界。如三年级上册的"习作3"，给出几组词语，由学生根据词语发挥想象（想象画面和故事）来创作童话故事。这属于微童话创作。在这个过程中，会有一部分学生产生创作欲望，有写自己想写的故事的冲动，这接近于作家的创作动机。在这个阶段，学生会借助一些故事原型，根据自己的意愿，顺着自己的想象，建构一系列叙事图式，编织自己的精神世界。

3.过程性评价参与全过程

"2022年版语文课标"在此任务群的"教学提示"中指出："评价应围绕学生阅读文学作品的过程性表现进行。第一学段关注阅读兴趣，通过朗读和想象等，侧重考察学生对作品情境、节奏和韵味的大体感受；第二学段在阅读全文基础上，侧重考察学生对重要段落和语句的理解，以及对作品的语言和形象的具体感受；第三、第四学段，侧重考察学生对语言、形象、情感、主题的领悟程度和体验，评价学生文学作品的欣赏水平，关注研讨、交流以及创意表达能力。"这个提示，首先明确了过程性评价是本任务群的主要评价方式，因为文学阅读属于情意性的，带有很强的即时性。

过程性评价，既对学生阅读过程中的表现作出即时评估，也能推动整个阅读进程，使之始终朝着设定的方向进行。复述是"文学阅读与创意表达"

常用的学习活动，我们尝试将复述的学习结果描述为一个"三维四层"的结构化模型。

复述的学习结果的结构化模型

类型＼维度	认知	筹划	言语
二年级：讲故事	借助所给图片、词句、表格等记住重要信息。	按一定顺序（事情发展、心情变化、地点变化、人物变化）讲述。	完整性（清楚明白）
三年级：详细复述	多读几遍，运用策略梳理故事主要内容。	按顺序，不遗漏重要的情节。	建构性（自己的话）
四年级：简要复述	多读几遍，运用策略熟悉故事内容。	分清主次，适当简化和压缩，注意衔接。	概括性（简明扼要）
五年级：创造性复述	抓住视角，筛选和整合故事内容。	适应语境需要进行创编。	生动性（新鲜感）

据此设计评价任务，不同类型的评价任务，评估的侧重点不同。信息性任务，侧重评估信息的梳理与识别。提取信息是复述的基础与前提。二年级的复述活动，要求学生借助给出的图片、表格、文字等的提示来讲故事，没有提出明确的信息提取任务。从三年级开始，信息性任务的要求逐步明确并渐次提高，从给出表格填写来复述逐步过渡到自主选用策略提取信息，学生不仅要确定信息梳理的角度，还要对文本信息进行识别，区分主要信息与次要信息，并适当概括。

讲演型任务，侧重评估思维与言语。复述不是对信息的简单重述，教材中的复述活动还需要作教学情境的转化，转化的关键点是赋予复述活动以目的、对象等具体条件，让复述成为一个具有真实意义的讲演型任务，评估的重点也会因目的、对象的不同而变化。

创编型任务，侧重评估发现与创意。创造性复述是统编版语文教材五上第三单元的语文要素，这个单元的课文有《猎人海力布》《牛郎织女（一）》《牛郎织女（二）》，都是民间故事。民间故事是老百姓集体创作、口耳相传的一种民间文学形式，其流传的过程其实就是一次次创造性复述的过程，常常有不同的版本，都是创造性复述的结果。因此，在对创编型复述进行评价时，评估的重点就从对原故事内容的把握上转到了对复述创意以及发现的更多关注上。《猎人海力布》中创造性复述的要求是"以海力布或乡亲们的口吻，讲一讲海力布劝说乡亲们赶快搬家的部分"。对这个复述任务，可以这样评估：

对复述任务的评估

序 号	项 目	评 价
1	符合人物的口吻	☆☆☆☆☆
2	明确讲述的对象	☆☆☆☆☆
3	主要信息不遗漏	☆☆☆☆☆

总之，在教学设计及实施中，要让过程性评价参与"文学阅读与创意表达"的全过程，更好地帮助学生发展语文核心素养。

（作者单位：江苏省江阴市晨光实验小学）

角色代入：品味诗歌情韵，提升言语品质
——二年级下册《祖先的摇篮》创意教学

■ 蔡 燕

一、创意解说

《祖先的摇篮》是统编版小学语文二年级下册第八单元的第一篇课文，是一首儿童诗。它以儿童的视角，通过好奇发问，追想祖先在原始森林里质朴而自由的生活场景。

本单元的人文主题是"世界之初"。语文要素是"根据课文内容展开想象，感受世界的奇妙"。结合单元要素以及文本特点，在设计学习任务时，应关注以下几个方面。

（1）诵读，品诗韵。以朗读者的角色，学习运用不同的语气、语调、停顿，表达自己的理解和感受，在朗读中表现韵律，传达情感。

（2）赏析，解诗意。以欣赏者的角色，寻找和还原诗中的生动画面，感受诗歌语言的变化，积累富有情趣的动词，享受审美的乐趣。

（3）创作，学表达。以创作者的角色，在情境中展开想象，学着诗歌中的表达方式，创作自己的诗歌，提升言语表达品质。

二、学习目标

（1）借助字理、表演等方法，在情境中归类认识"祖""掏"等7个生

字，正确书写"摘""掏"等9个生字。

（2）依据对象和目的，读好第2、3小节中问句的语气和语调，感受诗的意境，体会诗的意趣。

（3）积累"摘野果""掏鹊蛋"等动词短语，想象祖先在原始森林有意思的生活场景，并通过换词、表演等方式体悟动词的妙用。

（4）想象画面，仿照第2、3小节写一写祖先的生活。

三、学习任务设计

> **学习任务一：**
> **朗读童诗，进入诗歌意境**

（1）配乐诗朗诵《摇篮》，提问：摇篮是做什么用的？

摇　篮
黄庆云

蓝天是摇篮，
摇着星宝宝，
白云轻轻飘，
星宝宝睡着了。

大海是摇篮，
摇着鱼宝宝，
浪花轻轻翻，
鱼宝宝睡着了。

花园是摇篮，
摇着花宝宝，
风儿轻轻吹，

花宝宝睡着了。

妈妈的手是摇篮，
摇着小宝宝，
歌儿轻轻唱，
宝宝睡着了。

要点：摇篮是给小宝宝睡觉用的，是那么舒适。提示读好"摇篮"这个词，表达出"摇篮"的温暖。

（2）板书课题：祖先的摇篮。

①读课题，提示"祖"是平舌音。

②跟着老师写课题，提示"祖"是生字，左右结构，"示字旁"，一个点，右边是"且"，最后的长横要注意穿插。

（3）理解"祖先"。

提问：祖先是指什么人呢？你听说过祖先吗？

要点：祖先在这首诗歌中指生活在远古时代的人类。

（4）课题中的"摇篮"是指祖先睡觉用的摇篮吗？

【设计意图】以童诗《摇篮》，联系学生生活经验，渗透对"摇篮"本意的理解，营造舒适、轻松的学习氛围。借助对祖先的了解，追问和思考：课题中的"摇篮"是指祖先睡觉用的摇篮吗？这一话题有助于激发学生学习兴趣、驱动学习动机。

学习任务二：
品诗歌之味，我是小小朗读者

（1）"祖先的摇篮"指的是什么呢？自由朗读课文，同桌互听，纠正读音，标好小节。

（2）读出诗歌的"韵味"。

①这篇课文是一首诗歌，共几小节？

提示：诗歌是分行分节写的，分小节以空行为标志，读的时候行与行、节与节之间要有停顿。

②显红诗歌中"篮""天""先""蛋""伞""远"等字，说说自己的发现。

提示：这是诗歌中押韵的字，读的时候适当拉长，这样读起来就像一首美妙的歌曲。

③借助"喜马拉雅"等平台播放《祖先的摇篮》音频或者教师范读，学生跟着读、学着读、比着读。

（3）读出诗歌的"趣味"。

①诗歌中，"祖先的摇篮"指的是什么呢？

要点：爷爷说祖先的摇篮是原始森林。

②播放原始森林的相关视频，让学生说说自己的感受。

要点：可以从原始森林的大而美的特点，或者原始森林里的花草树木、虫鱼鸟兽等方面说一说。

③祖先的摇篮就是原始森林。当天真可爱的孩子听了爷爷的话，内心会觉得怎么样？

要点：奇怪、好玩、有趣……

④朗读诗歌的第1小节、第4小节，读出"我"内心的感受。

要点：比较两处"啊"字背后感受的不同，借助表情读出诗歌趣味。

（4）读出诗歌的"情味"。

①读好问句。

a. 这里所说的情景是"我"亲眼看见的吗？

要点：结合"可曾"，联系生活进行理解，引导学生领悟这些内容都是作者的猜想。

b. 指导学生读出"猜"想的感觉。

提示：我想——声音放轻、语速放慢；"吗"字前——声音上扬。

②猜猜看，这里是"我"在问谁？

a. 问爷爷。问爷爷该怎么问？为什么这么问？

b. 问自己。问自己该怎么问？为什么这么问？

要点：引导学生明白读要有对象感和目的感，在语境中把握语气语调，读出诗歌的情味。

③引导学生面对不同对象、基于不同目的，读好问句：

摇篮可真大啊！爷爷，我们的祖先——
孩子是不是和我一样爱玩爱闹！那时候——

> **【设计意图】**诗歌分行分节形成了诗句的独立和诗意的留白，朗读诗歌不仅要在音韵中会其意，更要用不同的语气语调来悟其情、传其情。这首诗以儿童视角发问，尽显天真好奇，非常适合引导学生在反复朗读中领悟内容，读出这首诗歌的"三味"：韵味、趣味、情味。

学习任务三：
探"摇篮"之趣，我是小小欣赏者

1. 圈一圈祖先在森林里做的事

提示：这个摇篮可真有意思，我们的祖先会在里面做些什么呢？请小朋友们读读课文的第2、3小节，找一找、圈一圈他们做的事。

2. 说一说祖先生活的场景

结合学生交流，依次出示词语：

第一组：摘野果、掏鹊蛋、采蔷薇。

第二组：捉红蜻蜓、逮绿蝈蝈、逗小松鼠。

第三组：和野兔赛跑、看蘑菇打伞。

（1）祖先的生活可真有意思！谁来读一读？开火车读词。

（2）你能选用其中的几个词语说说祖先生活的场景吗？

3. 想象祖先生活的画面

一组词就是一幅画面，读着读着，说着说着，我们眼前仿佛出现了三幅祖先生活的画面，你觉得哪一幅画面最有趣？

提示：可以根据学生的选择安排学习顺序，学生一般最喜欢第二幅画面。

（1）第一幅画面。

①指名读词，想象画面。

②玩"我问你做"的游戏，引导学生边读边做动作。

摘野果，谁来摘？野果怎样摘？——从下往上摘。

采蔷薇，谁来采？蔷薇怎样采？——从上往下采。

鹊蛋谁来掏？鹊蛋怎样掏？——从里往外掏。

③生活中，我们还可以说"掏"什么？（例：掏钱包、掏耳朵、掏口袋）

④小结：摘、采、掏、这三个动作都跟手有关，不同的字代表不同的意思。用上这些表示动作的词，把人们干什么说得清清楚楚，还特别有意思呢！

（2）第二幅画面。

①"逮"这个动作，反应得快。你看，讲台上有一只绿色的小昆虫，伸出手，请你悄悄抓住它。哎呀，它蹦走啦，赶紧追上去逮住它。抓住了吗？赶紧去追呀！来看看到底是什么？原来是一只绿蝈蝈呀。

②同学们看，逮住东西，得手脚配合。读好这个词：逮绿蝈蝈。

③还有个动作和"逮"差不多，也要用手用脚。（捉红蜻蜓）带上动作一起读。

④指名一生试逗小松鼠：你会逗小松鼠吗？

⑤一起来做做动作，读好这组词。

⑥小结：刚才我们是这样学习的，先读读词，想象原始森林里祖先活动的画面，然后做做动作，最后读好这个词。

（3）第三幅画面。

①我们的祖先在大摇篮里，摘野果、掏鹊蛋、采野花，生活真有意思。接下来的事儿更有意思（和野兔赛跑、看蘑菇打伞）。

提示：指名读，谁和野兔赛过跑？野兔跑得多快呀，能追上它吗？

②最有意思的要数蘑菇打伞了，播放视频。

提示：看蘑菇打伞可得有耐心，慢慢等，仔细看。指名读。

③你能把它们换成上面的形式吗？如追野兔、赏蘑菇……

提示：体会诗歌语言的情趣和变化。

4.出示第2、3小节，齐读，读出"有趣"

（内容略。）

> 【设计意图】这一环节重点引导学生关注不同动词的妙用，加上动作读是最有效的还原画面的方法。通过创设情境、动作表演，加深学生对文字含义的理解，以意会的方式懂得"动词＋事物"这种搭配的表达形式，体会诗歌用词的精妙；再通过变换说法，帮助学生领会诗歌语言表达的多样化，从而达到准确掌握、丰富积累的目的。

学习任务四：
学诗歌之言，我是小小表达者

（1）想象祖先还会做哪些有意思的事。

提示：多有意思的摇篮啊！在这里，除了这些事，我们的祖先还会做哪些有意思的事呢？

学生思考，交流。

（2）配乐欣赏图片，学生展开想象，自由表述："他们也许……也许……"

提示：引导学生多样化表达，如动作＋事情，和谁干什么，看谁干什么。

（3）让我们一起来做一回小诗人，学着第2小节或第3小节的句子问一问，同桌之间互相说一说，说完之后写一写。

出示：

我想——
我们的祖先，
可曾在_____，
_____，
_____？
可曾在_____，

那时候，
孩子们也在这里
_____
_____？
_____也在这里

_____，　　　_____？
_____？

（4）交流与分享。

要点：想象丰富，表达多样。

【设计意图】这是一首适合学生仿写的诗歌，在言语表达形式上为学生提供了范例。教学中分层指导，循序渐进。先以图片形式引导学生运用动词说短语；再利用短语学着作者也来问一问，说好句子；最后学做小诗人创编小诗，勾描原始森林生活场景图。整个过程经历了"模仿—迁移—创编"，有效提升了学生的言语表达能力。

（作者单位：江苏省江阴市北漍中心小学）

当好人遇上坏人
——"讲不完的民间故事"创意教学

■ 蔡海峰

一、整体思路

（1）确定学习主题。以统编版教材三年级下册第八单元为蓝本，参照"文学阅读与创意表达"任务群的学习内容，结合单元语文要素"了解故事的主要内容，复述故事"，设计"讲不完的民间故事：当好人遇上坏人"这一学习主题。

（2）选择学习资源。重组单元学习文本，以《枣核》《漏》为基础，调整学习的先后顺序，同时拓展延伸阅读《阿凡提的故事》和不同版本的《漏》，以及学生搜集的家乡民间故事等。

（3）设计情境任务。"惩恶扬善"是民间故事讲述的动力，"口耳相传"是民间故事基本的传讲方式。以"讲不完的民间故事"作为主题情境，把学生定位为民间故事传讲人，在不断讲述中发现好人遇坏人的出场方式，好人斗坏人的基本方式，好人胜坏人的结局秘密，领会民间故事讲不完的原因。

（4）规划学习进程。围绕学习主题和情境任务，利用学习资源，设计三个前后连贯的情境任务，建构学习主题统领下的任务单元。

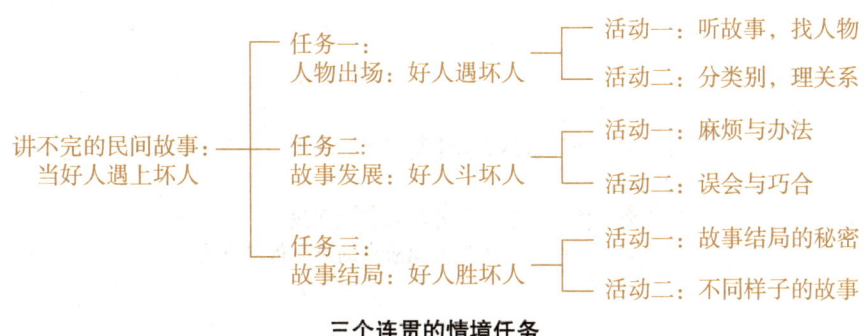

```
                                    ┌── 任务一：          ┌── 活动一：听故事，找人物
                                    │   人物出场：好人遇坏人 └── 活动二：分类别，理关系
讲不完的民间故事：                   │── 任务二：          ┌── 活动一：麻烦与办法
当好人遇上坏人                       │   故事发展：好人斗坏人 └── 活动二：误会与巧合
                                    └── 任务三：          ┌── 活动一：故事结局的秘密
                                        故事结局：好人胜坏人 └── 活动二：不同样子的故事
```

三个连贯的情境任务

二、学习目标

（1）能绘制人物关系图，发现好人遇坏人的出场方式，简单、完整、连贯地讲述故事。

（2）能绘制故事情节图，发现好人斗坏人的基本方法，具体、生动、创造性地讲述故事。

（3）能探讨结局的秘密，发现好人胜坏人的根本原因，搜集家乡的民间故事，认识民间故事的不同传播方式。

三、评价要求

具体评价要求

学习任务	评价要求
一、人物出场：好人遇坏人	1. 听故事，找出民间故事中的人物，从好人和坏人的角度给任务分类，制作人物名片。 2. 根据人物关系，摆放人物位置，依据人物关系绘制民间故事结构图，简单、完整、连贯地讲述民间故事。
二、故事发展：好人斗坏人	1. 发现民间故事中"麻烦与办法""误会与巧合"这两种好人斗坏人的基本方式。 2. 绘制民间故事情节图，具体、生动地讲述故事。 3. 依据民间故事情节图，初步尝试续编和改编故事，并具体、生动地讲述。

第三编 "文学阅读与创意表达"任务群的理解与教学

续 表

学习任务	评价要求
三、故事结局：好人胜坏人	1. 发现民间故事结局常常是好人胜坏人，领会民间故事"惩恶扬善"的主题。 2. 收集和传讲家乡好人胜坏人的民间故事。 3. 认识好人胜坏人这类民间故事的不同传讲方式。

四、学习过程

学习任务一：
人物出场：好人遇坏人

1. 活动一：听故事，找人物

学习情境：民间故事是老百姓自己的故事，听民间故事，读民间故事，可以认识一个个有意思的人物。

（1）听故事：教师讲述或播放民间故事《枣核》《漏》的音频，学生听故事。

提示：民间故事是老百姓自己的故事，你讲我听，我讲他听，就这样一代代口耳相传下去。

（2）找人物：一边听，一边用心或用笔记录故事中所出现的人物，并说一说自己是在什么时候发现这些人物出场的。

提示：民间故事中的人物往往在故事开始的时候便一一登场。

（3）制名片：联系生活经验和阅读经历，想象故事中人物的样子，小组内分工制作人物名片。

提示：我们常常能在影视剧中看到这些人物的角色形象。

2. 活动二：分类别，理关系

（1）分类别：对故事中的人物进行多角度的分类。

提示：民间故事中的人物一般可以分成两大类：一类是好人，一类是坏人。

（2）理关系：尝试根据人物之间的关系，摆放人物名片，形成故事结构图。

例：

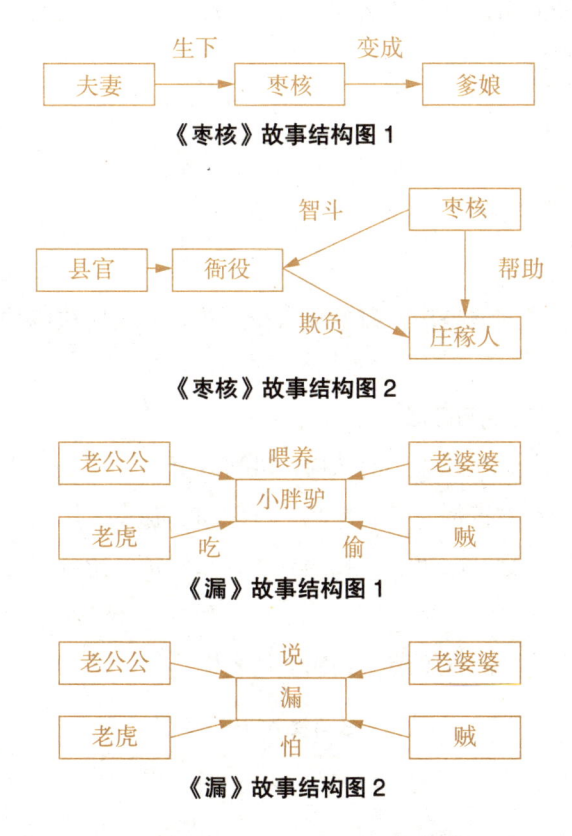

```
夫妻 ──生下──> 枣核 ──变成──> 爹娘
```

《枣核》故事结构图1

```
        枣核
       ↗  │帮助
   智斗    ↓
县官→衙役  庄稼人
       ↘  ↑
       欺负
```

《枣核》故事结构图2

```
老公公 ──喂养──┐
              小胖驴
老虎   ──吃──  │──偷── 贼
              老婆婆
```

《漏》故事结构图1

```
老公公 ──说──┐
             漏
老虎   ──怕── │ ──── 贼
             老婆婆
```

《漏》故事结构图2

小结：民间故事中，好人要过好日子，坏人来捣乱，好人就想办法去和坏人"斗"。

（3）讲故事：根据故事结构图，简单、完整地讲述故事。

例：

从前，在一个下雨的夜晚，小偷和老虎都来到老公公、老婆婆家，一个想偷驴，一个想吃驴，他们误认为老婆婆口中的"漏"是一种非常厉害的东西，吓得落荒而逃。逃跑中，老虎和贼都误把对方当成了"漏"，结果吓昏了过去。

古时候，一对夫妻生了一个叫"枣核"，也只有枣核那么大的孩子，他勤快能干。有一年大旱，官府收不到官粮，就牵走了庄稼人的牲口，枣核帮助庄稼人牵回了牲口，还把县官的牙都打了下来。

提示：民间故事总是从"从前""很久很久以前""古时候"开始讲起的，一代一代讲下来的。

学习任务二：
故事发展：好人斗坏人

学习情境：民间故事中，碰到坏人找麻烦，就要解决麻烦，那好人是如何斗坏人的？

1. 活动一："麻烦与办法"

（1）梳理"麻烦与办法"的结构，讲演故事。

①发现回合：枣核帮乡亲们牵回牲口，和官府斗了几次？

②填写表格：默读故事，枣核遇到了什么麻烦，想到了什么办法，结果又是怎样的。

提示：学生梳理故事情节，完成下列表格。

故事情节梳理

回 合	第 一	第 二	第 三
麻烦	牵走牲口	捉人	打枣核
办法	边蹦边吆喝	蹦出铁链	蹦到县官脸上
结果	赶牲口回村	被塞进钱褡	打了县官

③讲述故事：根据表格复述，重点是说得清楚和有条理。

④讲演故事：现在枣核就在你的拳头里了，他最会干什么？做个"蹦"的动作。枣核会蹦到哪些地方？边演边讲故事。

（2）发现"麻烦与办法"的结构，续编故事。

①发现叙事结构：这是一个民间故事，我们要"偷"学讲故事的方法。

结合梳理的表格，发现人物先是遇到麻烦，接着是想到办法，然后有一个结果（可能是暂时的）。

②展开想象进行续编：牢记人物特点，填写表格，说一说故事。

续编故事

回 合	第 一	第 二	第 三
麻烦	淹死枣核	小偷偷米	……
办法			
结果			

（3）运用"麻烦与办法"的结构，联类阅读。

阅读民间故事《阿凡提的故事》。

①阅读故事，填写表格，讲讲故事。

②借助表格，续编故事，创编故事。

《阿凡提的故事》情节梳理

回 合	第 一	第 二	第 三
麻烦			
办法			
结果			

2. 活动二：误会与巧合

（1）绘制逃跑路线图，具体讲述故事。

①绘制逃生路线：老虎和贼被老公公和老婆婆说的"漏"吓坏了，开启了逃生之旅，一起画一张他们的逃跑路线图。

②完整讲述故事：按照老虎和贼逃跑路线图讲，根据学习《枣核》时讲述故事的经验，一只拳头代表老虎，一只拳头代表贼，把故事讲完整、具体。

提示：老虎和贼分分合合，先讲老虎，再讲贼，故事交替讲述。

③发现雨中误会：这天晚上，下着蒙蒙小雨，这场雨非常有意思，为什么？

例：

从"下着蒙蒙小雨"到"跑着跑着，雨大起来了"，再到"雨越下越大"，没有这场雨，老公公、老婆婆就不会说"漏"；没有这场雨，老虎和贼在逃跑过程中就能看见对方了，也不会把对方当作"漏"了。这场雨，让老虎和贼之间有了误会，故事之中有了巧合。

（2）绘制"心理变化图"，生动讲述故事。

①人物对话配音：老虎和贼在心里说了些什么话？请为他们配音。

②把握心理变化：老虎和贼的心理一直在变化，就像心电图一样，我们一起来画一画。

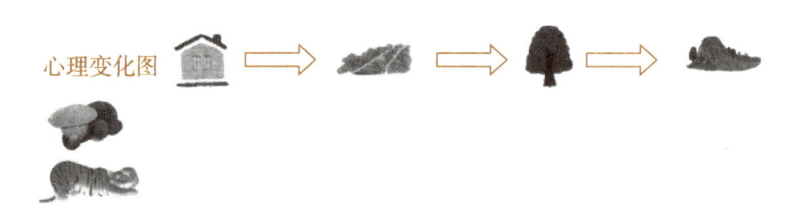

③生动讲演故事：把人物的语言放进去讲，按照心情的起伏讲，故事才能讲具体、讲生动，这样才能吸引人。

（3）链接不同版本的"漏"，创造性讲述。

①链接不同版本的"漏"：出示不同地区关于"漏"这个故事的不同版本，用听读的方式阅读。

老虎怕屋漏

在很久以前，通道到处是深山老林，在这深林中住着老两口，无儿无女，生活十分贫寒，身边只有一头老牛相伴，人和牛同住在一间破草房里，老牛睡一头，老两口睡一头。

一天夜里突然狂风四起，大雨倾盆，破草屋到处漏雨。这时从山上下来一只大老虎，朝着这间破草屋走来，进屋就朝老牛睡的那头走去。因为天黑得伸手不见五指，两个老人也没发现老虎进屋来了。这时老婆婆对老公公说："这场大雨下得太可怕了，只怕老虎会来。"老公公说："老虎我不怕，就怕屋漏。"老虎一听吓了一跳，心想老虎他们不怕，就怕屋漏，难道"屋漏"比我还厉害？就在这时，只见一个黑影闪了进来，老虎以为是"屋漏"来了，吓得一动也不敢动。那个黑影就去摸老牛的鼻子，谁知却摸到了老虎的鼻子，他赶忙用绳子把老虎鼻子穿住，拉出来，老虎只得顺从地跟着黑影走出门外，黑影便骑在老虎背上向前走去，走过了一条又一条小路，穿过一片又一片树林，翻过一座又一座高山。

这时天已麻麻亮了，这黑影原来是个偷牛的贼，他正为自己偷得了一头牛而高兴，谁知低头一看，自己骑的不是牛而是一头凶恶的大老虎，吓得脸色煞白，为了逃命只好跳下虎背，一口气爬到一棵大树上躲起来。这时老虎慢慢转过头来想看看"屋漏"是不是走了，谁知没看见"屋漏"，却看见一个人在树上，才知道自己上了当，调转身子猛向大树扑去。因为老虎不会爬树，就拼命地咬树干，偷牛贼吓得魂不附体，屁滚尿流。说来也巧，尿正好流在老虎的眼睛里，老虎的眼睛被尿水淋得睁不开了，偷牛贼趁机逃得无影无踪。从此以后，老虎怕屋漏的故事便在侗乡传开了。

②发现"漏"的秘密：说一说这些版本的"漏"的相同之处与不同之处。

提示：同样内容的民间故事，在各个地区流传的过程中会有不同的变化。

③讲自己的"漏"的故事：如果是你来讲"漏"这个故事，你会讲出怎样的版本？

学习任务三：
故事结局：好人胜坏人

学习情境：民间故事为什么会一代一代讲下来？是好人战胜了坏人。无论是《枣核》《阿凡提的故事》,还是不同版本的《漏》,故事结局都是好人战胜坏人,这是为什么呢?

1. **活动一:故事结局的秘密**

(1)话题探讨:在这些民间故事中是什么让好人战胜了坏人,使老百姓过上了幸福生活?

要点:坏人的贪婪与愚蠢,好人的智慧与勇敢,老百姓想过上好日子的愿望,等等。

(2)母题揭示:民间故事是老百姓讲述自己的故事,希望过上幸福的好日子,像这个单元学习的民间故事都有"惩恶扬善"的愿望。

2. **活动二:不同样子的故事**

(1)讲述家乡好人胜坏人的故事。

①听爷爷奶奶讲述家乡的好人胜坏人的民间故事。

②自己给弟弟妹妹们讲述家乡的好人胜坏人的民间故事。

③整理家乡的好人胜坏人的民间故事。

(2)认识民间故事的不同传讲方式。

①认识戏曲表演中的好人胜坏人的民间故事。

②认识影视作品中的好人胜坏人的民间故事。

(作者单位:江苏省江阴市夏港实验小学)

在视角转换的讲述中培育儿童的叙事力
——三年级下册《剃头大师》创意教学

■ 钱军伟

一、创意解说

《剃头大师》是统编版小学语文三年级下册第六单元的一篇精读课文，节选自秦文君的小说《开心男孩》。课文讲述了"我"给表弟小沙剃头的故事，展现了童年生活的纯真与有趣。

本单元人文主题是童年生活。语文要素是运用多种方法理解难懂的句子，写一个身边的人，尝试写出他的特点。结合单元要素以及故事类文本的特点，在设计学习任务时，可彰显以下教学要义。

（1）在故事讲述中培育叙事力。通过梳理人物关系把握故事内容和文本结构，并立足不同的视角、创设真实的情境来讲述故事，在故事的讲述中体认人物形象，提升叙事能力，丰富童年经历。

（2）在语言品咂中润泽鉴赏力。紧扣富有个性的短语和难理解的句子，进行朗读、比较、品析，感知语言特色，滋养鉴赏能力，体验文学阅读的乐趣。

（3）在话题探讨中锤炼思辨力。根据人物、情节等设置富有思维张力的话题，在话题的探讨中思辨、交流、分享，涵育理性思维，获得精神成长。

二、学习目标

（1）学习生字词，积累"看仇人一样""跟受刑一样"等短语，联系上下文、结合生活经验理解难懂的句子。

（2）厘清人物关系，把握课文内容和文本结构。依托"吐槽""调侃"等任务，能转换视角、清楚生动地讲述或表演故事。

（3）借助角色代入、话题探讨等任务，有理有据地表达对"付双倍钱""谁是剃头大师"等的观点和看法。

三、学习任务设计

> **学习任务一：**
> 梳理称呼，概述故事大意

1. 解题目，走近作者

（1）理解"大师"：（板书：大师）怎样的人可以被称为"大师"？

要点：某个方面造诣特别深、成就特别大的人。

（2）认识"大师"：书法特别厉害的——（如欧阳询、颜真卿、柳公权……）

绘画特别厉害的——（如齐白石、徐悲鸿、达芬奇……）

（3）（板书：剃头）剃头大师，就是——

揭题，读题。

（4）简介作者：秦文君，1954年生于上海，儿童文学作家。代表作有《男生贾里全传》《女生贾梅全传》《开心男孩》《开心女孩》等。

追问：这段介绍中你重点关注了什么信息？

提示：《剃头大师》选自《开心男孩》。

【设计意图】开篇由题眼"大师"切入,从书法、绘画等不同视角引领学生全方位地感知"大师",而后结合课文预习、勾连生活经验,谈谈对"剃头大师"的理解与认识。解读完题目顺势带出作者,根据其代表作初步推测文章的叙事风格,为后续学习定好基调。

2. 捋关系,感知结构

(1)聚焦人物和事件:课文中主要讲了哪几个人物?(板书:老剃头师傅 小沙 "我")他们之间发生了怎样的故事?(板画箭头ɜ)

(2)感知结构:哪几段讲的是老师傅给小沙剃头?哪几段讲的是"我"给小沙剃头?默读,思考,交流。

要点:第2—6自然段讲老师傅给小沙剃头,第7—18自然段讲"我"给小沙剃头。

追问:第1自然段讲的是什么?

【设计意图】学习故事类文章,首要任务是厘清人物的出场、关系以及所做的事。文中出现了多个人物,但主要人物是三个,且都围绕"剃头"这件事发生关联。因此,可借助人物和事件,梳理叙事结构。

3. 说称呼,概览故事

(1)解读称呼:故事中的人物有很特别、很好玩的称呼,有的是别人给他起的,有的是自己给自己起的。故事中的"我"称自己是……其他人呢?(板书:害人精)

过渡:小沙好像没有。我们来看第1自然段。(屏显:我的表弟小沙天生胆小,他怕鬼,怕喝中药,怕做噩梦,还怕剃头。)

①指名读。你想给小沙起一个什么称呼?为什么?

②交流并小结:作者先总说小沙"天生胆小",再具体介绍他胆小的四个表现,也就是四个"怕",让我们充分感受到了小沙的"胆小"。

③这四个"怕"当中,作者把"怕剃头"放在了最后。如果把"怕喝中药""怕做噩梦""怕鬼"放最后,猜一猜下面会讲什么故事。

④交流并小结:调换一下词语的顺序,故事也就不一样了。

（2）引出故事：小沙为什么怕剃头，还把老师傅称作"害人精"？"我"为什么称自己是剃头大师，结果如何？

> **【设计意图】**秦文君小说寓庄于谐，以幽默风趣的语言和诙谐揶揄的笔调来讲述故事、表现人物，使文章充满幽默感和喜剧性，使读者在轻松愉快的笑声中思考、领悟，获得美的感受和思想的熏陶。她的这一语言风格从主要人物那别出心裁的称呼就能——洞察。三个人物中，小沙的称呼需要学生结合第1自然段中的四个"怕"细加揣摩。这"四怕"堪称一绝，不仅凸显了人物性格，而且暗藏了行文密钥。此处，引领学生在读中反复咀嚼文字的味道，通过调换词序体悟句段之间的内在逻辑，教法与文法相融共生。

学习任务二：
转换视角，讲述童年故事

1. 读"小沙与老剃头师傅"的故事，明"害人精"由来

（1）朗读思考：读第2—6自然段，边读边想小沙为什么怕剃头。

（2）交流原因：

一怕：老剃头师傅的工具。（屏显：锃亮的剃刀　老掉牙的推剪）

①认读"锃亮的剃刀"。注意"锃"的读音，读好"的"字短语。（出示图片）

言说感受：看到这样的剃刀，你有什么感受？

勾连故事：所以，老师傅给小沙剃头的时候，他只得规规矩矩听从老师傅摆布——叫他抬头，他只得——叫他把头转到左边，他只得——

②认读"老掉牙的推剪"。（出示图片）

理解词语："老掉牙"是说这个推剪——

言说经历：这老掉牙的推剪让小沙吃了哪些苦头？

③小结：老师傅的剃头工具一个快得要命（板贴：锃亮的剃刀），一个钝得可怕（板贴：老掉牙的推剪），让小沙吃尽了苦头，怪不得小沙称老师傅——

二怕：老剃头师傅耳朵不好，眼神差了点儿。

①勾连故事：老剃头师傅的耳朵不好，所以——（板贴：耳朵不好）眼神还差了点儿，所以——（板贴：眼神差了点儿）

②小结并过渡：小沙被搞得一会儿痛，一会儿痒，就像在吃官司一样。怪不得小沙称老师傅——因此，每次被姑父"押"进理发店剃头，小沙的表情和感受是这样的。（屏显：看仇人一样　跟受刑一样）

（3）积累短语：看仇人一样、跟受刑一样。

①指名读。注意"仇""刑"的读音。

②演中体会：一生上台表演"看仇人一样"的目光。移情体验：说说什么时候你也有"跟受刑一样"的感受。

③小结：秦文君用"……一样"的短语，给我们描绘了或苦大仇深、或幽默风趣的画面，读着读着我们忍不住就笑了。

【设计意图】如果品咂人物称呼是对秦文君小说风格的浅尝辄止，那么，学习积累文中一些极具特色的"秦式"词语称得上是重锤敲打。第一类是描写剃头工具的——铗亮的剃刀、老掉牙的推剪，一个快得要命，一个钝得可怕，从词语的"两极"戏谑地道出了小沙内心恐惧的原因；第二类是描写剃头师傅的——耳朵不好、眼神差了点儿，用否定的词语再次印证小沙怕剃头的缘由；第三类是描写小沙的——看仇人一样、跟受刑一样，用比喻的手法形象、诙谐地写出了小沙内心的"崩溃"。三类词语，犹如三幅鲜活灵动的画卷，呈现在学生面前，供他们触摸、品鉴。

2. 借由"吐槽"任务，站在小沙的视角，评述童年经历

（1）回读重点段落：课文第4—6自然段写得特别有意思，再好好地读一读、品一品。

（2）创设"吐槽"任务：小沙被老师傅整得这么惨，有一次，他忍不住和自己的表哥，也就是文中的"我"吐槽。根据板书，结合插图说一说。（出示插图）

①指名一生讲。

情境中点拨：小沙，有两点感受最深的地方你没说清楚。就是——（屏显："最痛苦的是""最耿耿于怀的是"）

②再指名一生讲。

情境中评价：小沙，听了你的吐槽，表哥"我"真的感同身受。

（3）话题探讨：对于这样的害人精，姑父为什么还要付双倍的钱呢？这件事小沙一直憋在心里，怎么也绕不过去。

①角色代入：假如你是小沙的爸爸，你怎么向他解释？

②同桌讨论，演绎，交流。

③小结：进行换位思考，就能走进人物内心，帮小沙打开心结。

> 【设计意图】将老师傅剃头的过程做了"生活化包装"，把讲述替换成了"吐槽"。这一改变，既契合文本特点，又联结了学生的现实生活。其中预设了两个回合：第一回合，借助插图，紧扣板书中的关键词语"吐槽"剃头工具以及剃头师傅的可怕；第二回合，提供句式支架"最痛苦的是""最耿耿于怀的是"，添加剃头过程中小沙的真切感受。这两个回合，从讲完整、讲清楚进阶到讲生动，相互观照，共同指向学生叙事能力的发展。"吐槽"完毕，启发学生站在不同立场发表对"付双倍钱"的不同看法，巧妙地进行思辨性阅读与表达。当然，这也是对学生认识观、价值观等的正确引领。

3. 读"小沙与'我'"的故事，明"剃头大师"由来

（1）过渡：心结是打开了，但小沙再也不愿去理发店受折磨了，便央求"我"替他剪头发。默读课文第7—18自然段，想想"我"为什么称自己为"剃头大师"。

（2）交流。

要点："我"又是剪又是修，架势很像，最关键的是，自我感觉也很好。

（3）品读感悟：再读，用"＿＿＿"画出"我"剃头的动作，用"～～"画出内心的感受。

关注剃头动作。

①（板贴：嚓嚓两剪刀）理解体会：由"嚓嚓"这个拟声词，你体会到了什么？

②（板贴：这儿一剪刀　那儿一剪刀）理解体会：从"这儿""那儿"这两个表示方位的词，你又体会到了什么？

深入体会：这样剪产生了什么样的结果？（屏显：姑父的睡衣就像一张熊皮，上面落满了黑头发。）

追问：姑父的睡衣为什么会像一张熊皮？

小结：联系上下文、结合生活经验，就能读懂难理解的句子。

③（板贴：修了修）比较辨析：如果把"修了修"改成"修了一下"，可以吗？

要点：不行。"修了修"表示修的次数比较多，所以才会导致"越修越糟、越修越短，甚至露出了头皮"。

深入品析：这样修的结果如何？（屏显：一眼望去，整个头上坑坑洼洼，耳朵边剪得小心，却像层层梯田。）

追问："坑坑洼洼"是说头发被剪得怎么样？"层层梯田"呢？（出示"梯田"图片，帮助学生理解。）

小结：根据图片进行合理想象，也能读懂难理解的句子。

关注内心感受。

①圈点批注：给小沙剃头的过程中，"我"的心情犹如过山车一样，一会儿上、一会儿下。在感受旁写写"我"当时的心情。

②交流并板画心情线：

自鸣得意　　　　　　　故作镇定
　　　　　担心受惊

关注剃头结果。

圈点勾画："我"给小沙剃头的最终结果如何？用括号标示出来。（屏显：像见了鬼一样　和电灯泡一样　捉跳蚤一样）

追问：读着读着，你为什么笑了？

小结：秦文君又一次用"……一样"的短语把我们征服了。

【设计意图】关注剃头动作—关注内心感受—关注剃头结果，由行为到内心，从过程到结果，层层深入，引领学生感知"我"给小沙剃头的全过程，感悟"剃头大师"名称的由来。在来回复沓的学习中，学生不知不觉被裹挟进故事情境中，心绪也随着故事中的人物一起跌宕起伏。

4.依托"调侃"任务，站在全知视角，表演童年趣事

（1）十几年过去了，"我"和小沙每次见面还会彼此调侃几句。

> "我"：表弟啊，想当年我给你剃头，动作还是蛮熟练的……
> 小沙：哼，你倒是剃得爽快，我的头发可遭了殃……
> "我"：哈哈，还有姑父的睡衣……
> 小沙：你还好意思说。那几天夜里，我爸……
> "我"：小沙啊，虽然你最后被迫剃了个光头，但我敢说，世界上再也没有比你更优秀的顾客了！
> 小沙：唉，说真的，我也是没办法呀……

①根据提示、结合板书，同桌试着说一说、演一演。
②指名两位同桌表演。
提示：用上"……一样"的短语就更有调侃的味道了。
（2）小结：多姿多彩的童年生活让人回味无穷。

【设计意图】这里创设的调侃任务，不仅与文本幽默诙谐的语言风格相契合，而且与之前的"吐槽"相辉映，陌生化的富有情味的讲述方式也洞开了学生自由言说的大门。全知视角的调侃中有对故事情节的回顾，也有对难懂语句的参悟，更有对童年生活的回味。正如冰心所说，"童年啊，是梦中的真，是真中的梦，是回忆时含泪的微笑"。在对童年的回忆中，学生的精神生命也逐渐朗润起来。

学习任务三：
话题探讨，涵育创造性思维

（1）话题探讨：故事中的老师傅和"我"，谁才是真正的剃头大师？结合两人的剃头过程和小沙的感受议一议、说一说。

要点：从剃头的结果来看，老师傅是剃头大师；从剃头过程中顾客的感受来看，两个人都不是。观点不唯一，有理有据即可，亦追求创意表达。

（2）深入思考：课文为何用"剃头大师"作为题目？

要点：激发阅读兴趣，凸显幽默风格。

> 【设计意图】用"谁是真正的剃头大师"这一话题，引导学生从不同方面进行推理、分析、判断。得出结论是话题探讨的基础目的，但最高目的是能有中心、有条理、有创意地表达自己的观点和看法。

课后作业：

拓展阅读《开心男孩》或《开心女孩》。

（作者单位：江苏省江阴市晨光实验小学）

"文学阅读与创意表达"任务群的教学要点与实施要义

■ 管贤强

"2022年版语文课标"提出"文学阅读与创意表达"任务群。"文学阅读与创意表达"对接"审美创造"这个语文核心素养内涵，蕴含着发现美、感受美、欣赏美、创造美等一系列内容。如果说"实用性阅读与交流"重在强调阅读与交流的"实用性"，旨在为了满足日常生活需要，"思辨性阅读与表达"关注阅读与表达的"思辨性"，目的在于培养学生的逻辑思维和辩证思维，让学生获得深邃的理性力量，那么，"文学阅读与创意表达"，重在升华"审美"能力，点燃生命的内核"情感"动能。"2022年版语文课标"专门设置"文学阅读与创意表达"这一任务群，旨在发挥其在发展审美素养、积淀文化底蕴、重构精神世界等方面的无可替代的功能，也希冀改变学生文学学习的方式，促进学生的深度文学学习。蔡燕老师设计的《角色代入：品味诗歌情韵，提升言语品质》，蔡海峰老师的《当好人遇上坏人》，钱军伟老师的《在视角转换的讲述中培育儿童的叙事力》，都体现了其实施要义，值得借鉴。

一、"文学阅读与创意表达"着力于培养学生的审美能力和审美情趣

不同于传统小学语文的文学教学"文以载道"的价值取向，"文学阅读与创意表达"任务群回归文学教学的"审美"本质属性，从"感知、鉴赏、

表达"三个方面架构完整的文学学习过程,围绕"审美经验、审美品位、审美表达、审美观念"四个方面来整体设计,着力于培养学生的审美能力和审美情趣。审美经验离不开语言文字的感知过程,这个感知过程是积极的感受,需要结合自己的经验,理解、欣赏和初步评价文学作品,丰富自己的情感体验和精神世界。审美品位便是要从感知、经验上升到知觉、理解的过程,文学的知觉过程离不开欣赏评价,是对文学阅读和审美经验进行深度加工的过程。审美表达和审美创造,不仅体现在学生能运用祖国语言文字展现自己的审美体验,表达自己的情感、态度和观念,表现和创造自己心中的美好形象,还体现在学生能够讲究语言文字表达的效果及美感,具有一定的创新意识。审美观念意味着要涵养高雅情趣,形成健康的审美意识、观念。文学的学习起点在于整体感知、获得审美体验,加工过程离不开审美鉴赏、提高审美品位,终点是要进行审美创造,形成审美观念。

蔡燕老师的《角色代入:品味诗歌情韵,提升言语品质》围绕《祖先的摇篮》展开教学设计。这篇课文是统编版教材二下第八单元的第一篇课文。单元以"世界之初"为主题,重点在于培养学生根据课文内容想象画面的能力。课文以儿童的视角,通过"好奇发问",推想祖先在古老的原始森林里质朴、自由的生活场景,勾勒出人与自然和谐相处的画面。在蔡老师的设计中,文学想象能力的培养,体现在文学想象质量、文学想象的情感体验、文学想象的语言表达等多个方面。

蔡老师深知,文学想象能力离不开学习动机的激发,因此,设置了"学习任务一:朗读童诗,进入诗歌意境";文学想象能力作为一种高阶能力,离不开整体感知、审美体验,因此,设置了"学习任务二:品诗歌之味,我是小小朗读者",学生在朗读中体验诗歌的"韵味""趣味""情味";文学想象能力需要在整体感知、审美体验的基础上还原画面,进行"欣赏评价",提高审美品位,因此,设置了"学习任务三:探'摇篮'之趣,我是小小欣赏者",学生以欣赏者的角色寻找和还原诗歌中的画面,感受诗歌语言的变化,积累富有情趣的动词,获得审美乐趣;文学想象能力也需要在言语的表达和文学的写作中得以外化,因此,设置了"学习任务四:学诗歌之言,我是小小表达者",学生以创作者的角色在情境中展开想象,学着诗歌中的表达方式，通过创编、创作，提升言语表达品质，实现审美创造。

在上述任务的设置中，学生化身为"朗读者""欣赏者""创作者"。通过这些不同角色的代入，学生参与整体感知、鉴赏评价、表达创作等文学实践活动，构建个性化的"审美意识""审美体验""审美情趣""审美品位和审美创造"。学生在学习的过程中，逐步掌握感知美、鉴赏美、发现美、表现美、创造美的方法。整个设计包含着有序发展的文学学习的心智层级：感知—体验—鉴赏—评价—表现—创造……，也基本覆盖了文学教育从低级到高级、由简单到繁复的过程，其最终目标在于表现美、创造美。

二、"文学阅读与创意表达"需要恰切的言语实践活动来促进学生素养的发展

既往的文学教学，教师通过对文学作品的分析和讲解，向学生传递文学知识。这种被动的文学学习方式，不仅让学生丢失了文学学习主体地位，还让学生文学鉴赏、文学评价、文学创作、文学创新等高阶能力的发展受到了阻碍。针对这一现实问题，"文学阅读与创意表达"强调以具有内在逻辑关联的语文实践活动来帮助学生积累和反思文学学习经验，真正促进其核心素养的发展。那么，如何理解文学学习中学生的言语实践活动，以及将这些言语实践活动结构化？"文学阅读与创意表达"要"注意整合听说读写，引导学生综合运用朗读、默读、诵读、复述、评述等方法学习作品"，要"引导学生成长为主动的阅读者、积极的分享者和有创意的表达者"。这可以归纳为三类活动：文学阅读活动，梳理探究活动，创意表达活动。这些活动的设计和组织，必须突出三个要求。

一要突出文学性。文学的特质含义复杂。从历史角度说，文学的不断演变形成了不同时代的文学特质及其理解；从逻辑角度看，文学特质是包含了文本、读者、作者、语境等不同要素的文化系统，文学文本是文学特质的核心，其他皆是围绕着文学文本而形成的特定结构关系。在相关活动的设计和组织中，要注重"三导"：一是以鉴赏"导入"，学生在诵读、赏读等活动中，感受文学作品语言、形象、情感等方面的独特魅力和思想内涵，提升

审美能力和审美品位；二是以创意表达为"导向"，学生在口头交流和书面创作中，运用多样的形式呈现作品，发挥自己的创造性；三是以形象思维为"导航"，从学生的个体经验感受出发，运用联想、想象，感受并走进文学作品，再现文学文本的形象，在此基础上进一步走进文学作品的情境，感受作者的心绪表达，体会语言细微处的百般滋味，培养语言直觉，提高语言表现力和创造力。

二是突出适切性。文学有诗歌、民间故事、小说等多种文本类型，文本类型不同，学习内容各异，言语实践活动就需要具备针对性。《祖先的摇篮》是诗歌类型，学习内容是"品味诗歌情韵，提升言语品质"。针对诗歌的抒情性特点，蔡燕老师的言语实践活动以"诵读""赏读""创作"为主，学生经历了诵读者、鉴赏者、创作者的角色代入。统编版语文教材三下第八单元以"有趣的故事"为人文主题，蔡海峰老师通过对教材自然单元的重组，构建了民间故事的学习单元。民间故事是具有时间、地点、人物、情节的民间口承文学，具有类型化特征。这种类型化体现在：人物方面，二元对立；主题方面，赞扬良善讽刺愚钝；结构方面，遇到困难—困难发展—困难解决；等等。因为民间故事的类型化，其学习内容便是"当好人遇上坏人"，情节为好人遇坏人、好人斗坏人、好人胜坏人。因此，蔡海峰老师的言语实践活动设计侧重于"梳理探究"，特别注重利用思维导图等工具来进行归类整理。学生绘制人物关系图，在此基础上发现好人遇坏人的出场方式，简单、完整、连贯地讲述故事；绘制故事情节图，发现好人斗坏人的基本方法，具体、生动、创造性地讲述故事；在此基础上探讨故事结局的秘密，发现好人胜坏人的根本原因，搜集家乡的民间故事，认识民间故事的不同传播方式。《剃头大师》为小说，选自秦文君的《开心男孩》。与诗歌抒情不同，小说重在叙述故事，读者重在听讲故事，"叙述"是小说的核心特征之一，在叙述中"谁讲故事"便涉及了叙事视角的问题。小说采用了第一人称"我"这一叙述视点，"我"不仅作为故事的叙述者来叙述故事，还作为参与者推动了事件的发展。"我"既超然局外又身在局中，所谓超然局外，便是以一个旁观者来介绍小沙并且讲述老师傅给小沙剃头的事；所谓身在局中，便是作为当事人给小沙剃了头。针对小说的叙述性特点，钱军伟老师设计的言语实践活动以"创意表达"作为突破口，创设真实情境，让学生们以不同的视角来讲述故事，在故事的讲述中体认人物形象，提升叙事能力，丰富童年经历。在故事的讲述中，学生们需要领会小说幽默风趣、略带调侃的语言风格，需要符合表弟小沙、剃头老师傅和"我"的形象特征。

三是突出连贯性。将学习主题分解为各个学习任务，需要顺应学生文学学习的心理，遵循文学学习的逻辑，由易而难，由浅入深，形成任务学习的进阶。蔡燕老师的《角色代入：品味诗歌情韵，提升言语品质》从动机激发、整体感知到鉴赏评价、表达创造，设置了四项学习任务，渐次为"朗读童诗，进入诗歌意境""品诗歌之味，我是小小朗读者""探'摇篮'之趣，我是小小欣赏者""学诗歌之言，我是小小表达者"。蔡海峰老师的《当好人遇上坏人》聚焦民间故事的情节类型化，关注到了"好人遇坏人"的情节特点，从故事的开端、发展、结局三个方面，设置了三项学习任务，分别为"人物出场：好人遇坏人""故事发展：好人斗坏人""故事结局：好人胜坏人"。钱军伟老师的《在视角转换的讲述中培育儿童的叙事力》聚焦小说讲故事的特点，关注讲什么，这便是"学习任务一：梳理称呼，概述故事大意"；更重视"怎么讲"，这便是"学习任务二：转换视角，讲述童年故事"；在视角的转换及其比较中，领会小说的艺术魅力，也有对话题的深入思考，这便是"学习任务三：话题探讨，涵育创造思维"。

三、"文学阅读与创意表达"既要与时俱进，又要守根固本

随着"文学阅读与创意表达"的提出，探索基于任务群的文学教学成为学界关注的焦点。"2022年版语文课标"对"文学阅读与创意表达"任务群给出了具体的教学提示。第一，根据该任务群各个学段的学习内容，教师要设置多样的学习主题，创设丰富的文学阅读与创意表达的学习情境；第二，组织开展学习活动，提供丰富的学习支架；第三，学习评价，一方面要聚焦学段的要求，另一方面要基于学生文学学习的过程，开展过程性评价。正是在这样的背景下，"主题学习""情境学习""单元学习""教学评一致性"成为文学教学的新命题。蔡燕、蔡海峰和钱军伟等老师的案例设计，有助于我

们认识单篇教学、单元教学之间的关系，也可以帮助我们更好地认识任务与问题的相互关系。

从单篇教学与单元教学的关系看，单元教学的"单元"并非教材的自然单元，而是学生的学习单元，教师需要遵循教材自然单元，基于学生学习需求，灵活组合单元内外文本，采用单篇、群文、专题等多种形态设计教学方案。单元教学不是追求容量之大、难度之大，而是要求教师要以促进学生完整发展为目标，对教学进行"整体观照"。单篇教学是单元教学的基础，单元教学是单篇教学的统整。《角色代入：品味诗歌情韵，提升言语品质》《在视角转换的讲述中培育儿童的叙事力》这两个案例，分别就单篇《祖先的摇篮》和《剃头大师》展开，在"创意解说"部分，教师注意从学习单元的整体中观照单篇文本的育人价值。《当好人遇上坏人》是单元整体教学设计，教师以《枣核》《漏》为基础，拓展延伸阅读《阿凡提的故事》和不同版本的《漏》，以及学生搜集的家乡民间故事等，在单篇教学、群文教学的基础上，激活了单元教学的育人功能。三个案例的"学习设计"部分，无论是单篇教学，还是单元教学，教师都关注到了任务实践，还注意到了真实情境、实践共同体等方面，注意引导和鼓励学生多参与言语实践，在实践中活化知识、活化技能。义务教育语文课程所强调的核心素养，是在学生积极的语文实践活动中积累、建构，并在真实的语言运用情境中表现出来并得以发展的。

就任务与问题的关系看，在注重语文知识和语文技能的"双基"时代，教师的提问重在解决学生懂不懂知识、会不会技能的问题。在"文学阅读与创意表达"中，教师仍然会提问，但重在帮促学生完成学习任务，开展言语实践活动。在《角色代入：品味诗歌情韵，提升言语品质》这一案例中，围绕"学习任务二：品诗歌之味，我是小小朗读者"，蔡燕老师设置了"三读"活动，即"读出诗歌的'韵味'""读出诗歌的'趣味'""读出诗歌的'情味'"。"读出诗歌的'趣味'"，聚焦对"祖先的摇篮"的赏析，或提问，"祖先的摇篮指的是什么呢？"或交流，"播放原始森林的相关视频，让学生说说自己的感受"，或追问，"祖先的摇篮就是原始森林。当天真可爱的孩子听了爷爷的话，内心会觉得怎么样"，或朗读，"朗读诗歌的第1小节、第4小节，读出'我'内心的感受"。

　　如上三个案例，来自小学低段和中段基于单篇、基于单元的教学实践。它们都着力于培养学生的审美能力和审美情趣，并通过恰切而丰富的言语实践活动，来促进学生整体语文素养的发展，可以说既与时俱进，又守根固本。

　　[管贤强，教育学博士，苏州大学文学院副教授，硕士生导师，主要研究领域为：语文教育史、语文课程改革与实践。近年来参与语文核心素养可行性测试、高考作文语文试题分析、中小学教师资格考试国家标准研制、初中语文教育质量督导改进等工作。已在 *The Language Situation In China* 和《日本语言文化研究》《光明日报》《中国社会科学报》《课程·教材·教法》《教育学报》《编辑之友》等刊物发表论文 30 余篇。主持、参与国家社科基金重点项目、教育部人文社科项目、江苏省教育科学"十三五"规划专项课题项目、江苏省级教改项目等。出版《2013 年全国中高考语文试题研究报告（高中卷）》《国学经典诵读》《民国经典国文课》《民国初期中学国文教科书外国翻译作品研究》等专著。]

第四编

"思辨性阅读与表达"
任务群的理解与教学

培养理性的读者和表达者
——"思辨性阅读与表达"任务群内涵解读与设计要义

■ 梁昌辉

"思辨性阅读与表达"是"2022 年版语文课标"六个学习任务群中，直接指向思维能力培育的任务群，且其重点指向的是理性思维的发展。注重思辨性，学会重证据地阅读和负责任地表达，在社会发展越来越呈现出复杂性、不确定性的大趋势中，显得尤为必要而关键。

一、"思辨性阅读与表达"任务群的内涵与价值

1. 从过于偏重感悟走向重视理性

考诸百年现代语文教育史，第一次出现关于"理性"教学要求的是 1950 年的《小学语文课程暂行标准（草案）》，它在"教学方法要点"中提出："不论读、说、作、写，都要从综合的实践中进行教学，使儿童手脑并用，使儿童具有从感性认识提高到理性认识的基本习惯，并能随时发现问题。"[1]第一次出现"思维"一词的是 1955 年的《小学语文教学大纲草案（初稿）》，它指出："在阅读教学中，教师必须做种种工作指导这个过程，启发儿童的

---

[1] 课程教材研究所.20 世纪中国中小学课程标准·教学大纲汇编：语文卷 [M].北京：人民教育出版社，2001：68.

思维……"①后期的语文课程标准虽也间或出现"思维""思维能力"等词语，但都没有明确提出"理性""理性思维"或类似的概念以及相关的具体要求，这不能不说是一种缺憾。这种缺憾是跟我们长期偏向感悟式的教学传统密切关联的。

随着信息化时代的到来，科学技术特别是网络、信息技术突飞猛进，对人类的生活方式、交往方式以及沟通交流方式产生了深刻而巨大的影响。海量的信息，不同的声音，随时随地考验着人的甄别、判断、综合的能力，对人的思维品质、逻辑水平提出了更高的要求。因应时代命题，培养适应现在和未来社会发展需要的语文核心素养，需要我们的语文课程和语文教育作出相应的改变。因此，"思辨性阅读与表达"进入到了语文课程的素养目标和内容领域。张克中老师说："这既是语文学科核心素养之一'思维发展与提升'要素本身的要求，也是祖国语言文字课程学习的要求，更是对我们之前祖国语言文字教育轻视思维训练的一种纠正。在过往的祖国语言文字教育中，我们有对直觉思维、形象思维的不自觉强调与运用，但少涉及抽象思维，基本没有逻辑思维教育。如果从文化传统的视角去审视，我们对逻辑思维教育的欠缺几乎是先天性的基因问题。"②张老师分析的是"思辨性阅读与表达"学习任务群在高中语文课程中的价值意义，这同样适用于义务教育语文课程。

安排"思辨性阅读与表达"任务群是语文课程具有历史意义的理论与实践突破。它突出了对理性思维的培养，有利于培养和发展学生重证据、会推理的逻辑思维能力，"保持好奇心和求知欲，养成勤学好问的习惯"③，以及负责任的表达力和实事求是、崇尚真知的理性精神与态度。

2. 从注重"让人信"走向促进"学会思"

好的语文教学应该是教学生学会思考。而语文教学中长期存在着一种做法，就是把课文当作一种"崇拜物"，让学生盲目相信课文中的表达是唯一

---

① 课程教材研究所.20世纪中国中小学课程标准·教学大纲汇编：语文卷[M].北京：人民教育出版社，2001：84.
② 陆志平，张克中.思辨性阅读与表达[M].北京：语文出版社，2021：10.
③ 中华人民共和国教育部.义务教育语文课程标准（2022年版）[M].北京：北京师范大学出版社，2022：29.

正确的，是"一字未可易"的。这是一种"印证式"的教学，即教学是为预设结论服务的，一旦结论出来了，印证了课文的表达，教与学的过程就终止了。对此现象，著名特级教师黄厚江老师抨击道："教学就是'教答案'，教学过程就是老师提问题，学生找答案。知道答案，完成板书，一堂课就算大功告成。"①这样的做法，忽视了课文作为学习资源的价值，忽略了学生应有的选择、甄别、解读、质疑、辨析等思维过程，对培养学生的主体性和独立思考能力都是有百害而无一利的。

"思辨性阅读与表达"任务群导向的就是让学生学习思考，爱思考，会思考。如"2022年版语文课标"中第一学段提出，"大胆提出生活和学习中遇到的问题，通过阅读、观察、请教、讨论等方式，积极思考、探究，乐于分享自己解决问题的办法，说出一两个理由"。按照这个要求来设计学习任务，学生经历任务的完成，不仅能学习如何提出问题，学习怎样解决问题，主动提问的勇气和习惯也能得到有效保护和鼓励，从而走向独立思考、独立判断与有证据地表达。作家狄马认为，"一个人如果真的养成了独立、自主、理性和思辨的思维习惯，那他已经是个现代公民了，语文教育的任务也就完成了大半"②。由此可见，"思辨性阅读与表达"任务群对发展理性能力、培育现代公民素养有重要价值。

3. 从侧重"接受性"学习走向创造力培育

与讲解、坐听式的"接受性"学习不同，"思辨性阅读与表达"的本质是主动性的，创造性的。在"课程内容"的本学习任务群部分，每个学段都出现"发现"一词，"自己"一词至少出现一次，其中第二学段三条要求中都有对"自己"的表述。反复出现"自己"与"发现"，强调的是学生作为学习主体对文本、日常事物与日常生活要有自己的思考，主动质疑，提出问题，探究问题，主动阅读与负责任表达，获得新知与习得理性思维交融共生。

思辨性学习与创造力培育密切相关。教育家鲁洁教授早在1996年就明

---

① 黄厚江.共生教学：看得见学习成长的课堂［J］.语文建设，2018（8）：40.
② 狄马，余党绪.学生阶段培养出的批判性思维能力可用终生——关于"批判性思维与写作教学"的对话［J］.语文学习，2014（10）：5.

确指出："教育的着眼点不在于使人'接受'、'适应'已有的，而在于为'改造''超越'的目的而善于利用已有的一切……"① "善于利用已有的一切"就是一种思辨性学习，是一种"为'改造''超越'的目的"的学习，指向创造力的培育。这也从一个侧面突显了"思辨性阅读与表达"任务群的必要性与独特育人价值：既是"立事"的，更是"立人"的。

二、"思辨性阅读与表达"学习内容的编排特点

1. 内容：载体、问题与主题

本任务群的学习载体主要是各类文本，包括科普性文章，如科普性故事、科技发明故事等，重在分清现象与发现；生活问题解决类故事，重在理解道理与学习思维方法；评论性短文，重在辨别观点与事实，学习有理有据地表达。

除文本外，本任务群的学习载体还包括日常事物、自然现象、生活现象和语言现象，向外做范围的拓展、向内做程度的深入，与文本一样，呈阶梯状安排，体现了学习进阶的特点。

无论是文本，还是事物与现象，都属于学习资源，目的在于引发学生主动质疑，提出问题，发表看法，养成观察、思考、提问的意识与习惯，学习比较、分析、归纳、推断等思维方法，学会发现问题、分析与解决问题，理性表达自己的观点。

思辨性学习的关键是问题意识。正如明代学者陈献章所说："学贵有疑，小疑则小进，大疑则大进。"对于问题意识的培养，任务群在不同学段又有不同的侧重点。第一学段，侧重对好奇心、自信心的保护，鼓励学生大胆提问、自由表达；第二学段，注重引导学生就具体问题提问，分清事实与观点，尝试用证据支持自己的观点；第三学段，重点引导学生分析证据和观点之间的联系，有条理地表达自己的看法。

学习载体与资源，学习中的提问与问题解决以及表达，需要用主题来统

---

① 鲁洁. 论教育之适应与超越［J］. 教育研究，1996（2）：3.

整。本任务群的"教学提示"采用列举的方法给出了很多有意义的学习主题，如，第一学段"生活真奇妙""我的小问号"，第二学段"大自然的奥秘""生活中的智慧""我的奇思妙想"，第三学段"社会公德大家谈""奇妙的祖国语言""科学之光""东方智慧"等。无论哪一个学段，都高度重视学生自主提问、自主质疑能力的培养，注重问题意识和思考习惯的养成。学习主题把文本阅读与自主探究结合起来，形成情境性的学习任务，是学生可以广泛思考、充分表达的理想学习时空。

2. 方式：循证阅读与理性表达

"思辨性阅读与表达"包括思辨性阅读与思辨性表达两部分。相较其他类型的阅读，思辨性阅读更重视理解的逻辑性，是一种基于证据的阅读，即循证阅读。第一学段要求"阅读有趣的短文""说出自己的想法"，想法来自短文，准确理解才可能产生适切的想法。第二学段，阅读文章，"发表对文本的看法，尝试表达自己的观点"，要求学生"从文本中寻找证据支持自己的观点"。阅读中进行思考、质疑、提问与表达看法，无论是问题的提出，还是观点的表达，立足的基点都是来自文本的"事实与细节"。第三学段，开展评价性阅读，要求"分析证据和观点之间的联系"，带有研究性阅读的意味，关注证据、证据之间的关联以及对观点的支持度。

思辨性表达是一种理性表达，任务群要求"负责任、有中心、有条理、重证据地表达"。逻辑性是理性表达的条件，证据是理性表达的物质基础。第一学段，虽然重在"鼓励学生自由表达，充分表达，以表扬为主"，但也有对理性表达的初步要求："乐于分享自己解决问题的办法，说出一两个理由。"第二学段，对表达的证据提高了要求，"尝试运用列提纲、画思维导图等方式"对证据进行记录、整理、辨析，来"表达故事中的道理""自己的观点和思考"。第三学段，要求"简洁清楚地表述科学家发现、发明的过程"，学习"猜想、验证、推理等思维方法"，"结合校园或社会生活中的实际事例"，"有理有据地"表达自己的观点，从对理、据关系的把握到思维过程与方法的严谨，都提出了更高的要求。

在本任务群中，思辨性阅读与思辨性表达因思考、辨析而紧密融合，因证据而高度耦合。思辨是一个完整的逻辑链，它起始于问题，即观察、思考后的质疑与提出问题；中间是探究的过程，有比较、辨析、推断、请教和讨论等；后程是对问题解决的表达与反思，整体构成一个完整的探索、求证的过程，具有鲜明的实证性。在这个过程中，文本、事物、自然、生活、语言现象都是求证的触发器与证据库，而阅读和表达作为重要的活动方式伴随求证的全过程。因此，设计教学时要创设适宜的学习情境，把阅读和表达整合起来，达成任务目标。

3. 立场：站稳立场与视域融合

把"立场"作为学习的目标与内容，正是"思辨性阅读与表达"学习任务群的独特之处。根据《现代汉语词典（第7版）》的解释，立场，指"认识和处理问题时所处的地位和所抱的态度"。本任务群提出"辨析态度与立场"，就是要区别不同人物的态度与立场，通过辨析进一步达成对是非、善恶、美丑的辨别。

思辨的前提是有自己的态度与立场。鲁迅先生在《拿来主义》一文中指出："我们要运用脑髓，放出眼光，自己来拿！"从思辨性学习的角度来看，"自己来拿"突显了主体性和主动性，即站稳自己的立场。三个学段反复提出"自己（的）"，就是为了引导学生用自己的"眼光"来看文本、事物和生活，用自己的"脑髓"来比较、分析，作出自己的判断，形成自己的观点。因此，教师不能越俎代庖，而应设计学习任务，让学生在阅读、资料搜集、比较、推断、质疑、讨论等积极的言语实践活动中，习得理性思维方法，逐步建立用证据构筑自我态度与立场的理性思维能力。

任务群提出的阅读文本中也包含着不同的立场，如中华智慧故事中古代杰出人物的立场，科学家发明创造故事中科学家的立场，中华传统美德、社会公德等方面的短论中评论者的立场，以及潜藏的作者立场、编者立场等，都需要引导学生辨析。辨析活动包括在文本内部进行的对事实与观点的区分，在文本之间展开的对原始资料与间接资源的区分，对同一事实（或事物、现象）不同表述的区分，对信息来源的关注，对文本、生活经验的比较，等等，以此来识别不同的立场与态度以及情感。立场的识别，为是非、善恶、美丑的辨别提供了证据，有助于磨砺和提高学生的理性思维水平。自己的立场，区分出的不同的立场，来自师生交流分享的立场，相互涤荡，让学生在站稳自己立场的同时，认识到立场的差异性及其背后的原因，既明辨是非、善恶、美丑，树立正确的价值观，又理性地包容立场之间存在的差异，实现视域的融合，从而变得"沉着，勇猛，有辨别，不自私"（鲁迅语）。

三、"思辨性阅读与表达"任务群教学设计要义

"思辨性阅读与表达"任务群的设计，既有与其他学习任务群共通的要素，也有其独具的关键要素，主要有三条。

1. 营建高挑战低威胁的教学环境

思辨本身就是高挑战的学习活动，只有在宽松、有安全感的教学环境中才可能充分展开。如果要求比较严苛，宽容度不够，容错度较低，这样的教学环境对学生的"威胁度"较高，学生会出现"思维降档"，"身体和大脑的注意力都集中在如何降低面前的威胁上，大脑几乎没有余力来开展严谨、专注的高阶思维"[①]。

对于思辨性学习来说，营建高挑战低威胁的教学环境涉及的因素很多，以下是必须具备的：一是设计真实性的、贴近学情的学习任务，吸引学生参与到学习活动中来；二是给予学生充分的思考、辨析、讨论的时间和机会保证，让思考充分展开，让不同构想相互交锋；三是教学评价具有激励性和期待感，尤其是对待不同的甚至异于常规的看法，要慎重、宽容和多加鼓励；四是教师自身的儿童观、教育观以及引导、点拨的艺术，总是隐藏在教学行为背后，时刻发挥着深远的影响。我们揣摩于漪、于永正、钱梦龙等语文教育家的教学实践，总会获得更深切的领悟。比如，在教学《死海不死》一课时，面对同一学生的四次敷衍性的"不良对话"（四次的回答依次是："不知道""不知道""我是瞎蒙的""我心里没有样子"），钱梦龙老师不断地调整问题角度，征询鼓励，宽容引导，终于激活了学生思维。毫无疑问，教师作为教学的重要资源和人际要素，对推动学生打开思维、开展思辨性学习，具

[①] R. 布鲁斯·威廉姆斯. 高阶思维培养有门道[M]. 刘静, 译. 北京：教育科学出版社, 2021：107.

有不可替代的重要作用。

2.提问与筛选问题

爱因斯坦曾说："提出一个问题往往比解决一个问题更为重要，因为解决一个问题也许只是一个数学上或实验上的技巧问题。而提出新的问题、新的可能性，从新的角度看旧问题，却需要创造性的想象力，而且标志着科学的真正进步。"这个道理同样适用于思辨性学习。提问是思考与思考力的表现，提出独到的或者质疑性的问题，本身就是思辨及思辨的过程。

把提问作为思辨性学习的重要活动，需要注意学段要求的阶段性，即从放胆问开始，逐步到联系具体的文本、事物、生活现象来提问，再到提出有价值的、深入思考型的问题，呈现一个大致的进阶性安排。下面联系统编版小学语文教材来具体阐述。

二年级下册第六单元，包括五篇课文：《古诗二首》（《晓出净慈寺送林子方》《绝句》）、《雷雨》、《要是你在野外迷了路》、《太空生活趣事多》，以及"语文园地六"（写话：心中的小问号）和"我爱阅读：最大的'书'"（《最大的"书"》是一篇科普故事）。教师可以以"大自然的奥秘"为主题，构建一个大单元教学，让学生阅读奥秘、发现奥秘、提出疑问、表达疑问、分享疑问和尝试解决问题。虽然"写话：心中的小问号"被安排在了五篇课文的学习之后，但"提问"应该贯穿于单元学习始终。课文内容本身表达的就是对大自然的观察与发现，课后练习也提示着要观察和思考。如《雷雨》课后要求："说说你见过什么样的雨，当时是怎样的情景。"《要是你在野外迷了路》课后有一道选做题：生活中还有哪些辨别方向的办法？有了这样的基础，写话时只要着力在具体情境上指导，就能有效地引导学生把平时对"身边的鸟兽虫鱼、花草树木"等的思考写下来，再按照例文的样子排列起来，以问题卡片的形式与小伙伴或其他人分享，并请教问题的答案。这个单元的学习，学生主动观察、思考、产生疑问最为关键。因此，"2022年版语文课标"指出，"第一学段，重在保护学生的好奇心、自信心，……鼓励学生自由表达、充分表达，以表扬为主"。那种把重点放在疑问词的变化、问句的新颖有趣上，显然属于"操之过急、求之过深"了。

四年级上册第二单元是提问策略单元，要求"阅读时尝试从不同角度去思考，提出自己的问题"。相较第一学段，提问的要求提高了。教学时要以提问为主线活动，构建提问学习的进阶任务：第一级，自主提问，对问题进行整理，形成问题清单，发现提问可以针对课文的某一部分或全文；第二级，在第一级的基础上练习提问，梳理问题清单，发现提问的角度：针对课文内容、写法并结合生活经验；第三级，整理问题清单，筛选出对理解课文最有帮助的问题；第四级，对问题进行分类，筛选出最值得思考的问题，并尝试解决。学生"主动记录、整理、交流自己发现的问题和思考，学习辨析、质疑、提问等方法"，经历了发现、探究和解决问题的思维过程，也体会到了学习的乐趣。

六年级下册第五单元以"科学精神"为主题，语文要素是"体会文章是怎样用具体事例说明观点的"。根据单元主题和语文要素，结合单元学习内容的编排和课后的练习，提问的重点是引导学生"分析证据和观点之间的联系""有条理地表达自己的观点"。这里，可以进一步对"提问"本身进行探究，整理和形成结构化的理性思维的方法和能力。

《高阶思维培养有门道》一书梳理了有助于发展理性思维能力的问题，对我们应该有所启发：

- 是什么信息使你得出这个结论？
- 产生这些结果，还有哪些其他潜在的原因？
- 在所有的解释中，哪一条原因与已知信息联系最紧密？
- 你如何检验自己分析的准确性？
- 根据你收集的信息，你猜测这些信息可能产生什么结果？换句话说，如果把这些已知信息作为起因，那么它们将来可能会产生什么结果？
- 假如实验结果与你当初的假设有差异，请找出差异产生的三个原因。[1]

3. 议题设置与循证表达

主题是"思辨性阅读与表达"学习任务的聚焦点与凝结剂，问题是学生思考的关注点与思维的阻滞点。在教学中，还需要把主题和问题联系起来，

---

[1] R. 布鲁斯·威廉姆斯. 高阶思维培养有门道[M]. 刘静, 译. 北京：教育科学出版社, 2021: 113.

把儿童、文本和世界联结起来，建构儿童可以运用理性思维方法去探索、去做的事情，这就是议题。

议题是需要讨论的题目，这就为思维的深入与各方观点的交锋提供了空间。学生要表达得充分，让别人相信或说服别人，就必须寻找有力的证据支持自己的观点；学生要发表与人不同的看法，或者提出反驳的意见，就应该先对他人表述中的事实与观点进行区分，分析证据和观点之间的联系，关注信息的可靠性和权威性，找到可以支撑自己新观点的证据。

基于文本内部的评价性议题，可以避免琐碎分析，并引导学生展开循证阅读与表达。比如四年级上册《普罗米修斯》一课，可以设计这样的议题：什么样的人才能被称为英雄？这个故事当中，你认为还有哪位神也可以被称为英雄？一个是对主角普罗米修斯人物形象的把握，并进而概括提炼，建立"英雄的评价标准"；一个是运用标准来评价其他人物，检验对"英雄"的理解，加深对英雄品质的把握。学生只有深入文本，把人物、事件和主题联系起来，才能有理有据地作出评价，从而把感性化的故事阅读与理性化的梳理探讨整合起来，进入到深度阅读的层次。

当把文本阅读与丰富的生活联系起来设计议题，我们常常能让思维充分打开，创造新的理解、认识与观点。比如五年级下册《自相矛盾》，探讨人物的思维过程，对楚人的教训有了领悟之后，可以设计这样的议题：我们学了"自相矛盾"的故事，在生活中可以用它来做什么呢？引导学生顺着想，发现可以用来准确分析和劝诫类似的反面现象，比如用乱涂乱画制止乱涂乱画，用脏话来制止脏话等；引导学生反着想：生活中有没有让"自相矛盾"发挥正作用、正效应的事情呢？

生活中的议题，不仅可以讨论，还可以进一步转化为说服性的表达任务。比如对于养小动物的议题，孩子和家长由于立场的不同，往往持有不同的看法和态度。可以将之转化为说服性的写作任务，如二年级下册的写话："写写养小动物的理由"；或者说服性的口语交际任务，如统编版小学语文六年级上册的口语交际："请你支持我""意见不同怎么办"等。

（作者单位：江苏省江阴市晨光实验小学）

在思维的迭代中成长

——一年级上册《大还是小》创意教学

■ 孙秀君

一、创意解说

《大还是小》是统编版语文教材一年级上册第七单元的课文，主要写了儿童在成长历程中，时而觉得自己已经长大，时而觉得自己还小的矛盾心理。本文贴近学生生活，能使他们在与文本对话的过程中产生情感共鸣，同时进行哲学思辨，认识自我。

本单元人文主题是"儿童生活"，启迪学生关联现实生活，打开内心世界，敢于自主表达。从语文要素看，要求学生正确、流利地朗读课文，能运用"……的时候""觉得""自己"这些词语，表达自己的想法和感受。

依据文本特点，本课尝试进行思辨性阅读与表达。学习过程中，侧重对好奇心、自信心的呵护，鼓励学生勇于质疑、有条理地表达。同时，引领学生试着透过现象思考本质，大胆假设、小心求证。整堂课中的思与辨，犹如草蛇灰线，伏脉于每一个任务活动中。在设计学习任务时，力求彰显以下教学要义。

（1）与文本对话。围绕课文中的"我"梳理文本内容，从具体的行为表现探究怎样是"大"，怎样是"小"，让学生成为合格的阅读者。

（2）与生活对话。借助课后练习中的插图，立足不同角度思考究竟是"大"还是"小"，让学生成为具有理性趣味的表达者。

（3）与自己对话。点明本文主旨，探讨要"长大"还是不要"长大"，守护童心，发展理性思维。

二、学习目标

（1）学习12个生字，会读"时候""衣服"等轻声词语，能从视觉、听觉等多角度了解"觉得"的意思，并进行说话练习。

（2）正确流利地朗读课文，借助插图，体会并言说"我"的成长中的烦恼。结合生活体验，借助文中句式，说说自己什么时候觉得很大，什么时候觉得很小。

（3）依托文本内容和生活经历，思辨究竟是"大"还是"小"，要"长大"还是不要"长大"。

三、学习任务设计

> **学习任务一：**
> **组块学词，体认主人公的烦恼**

（1）今天这堂课，我们要认识一位新朋友，（出示插图）他的名字叫——明明。跟他打个招呼吧。

（2）看到小朋友们这么热情，明明也想跟大家说几句。（出示音频）最近比较烦，比较烦，比较烦……

①你听到了什么？

②你有什么想问他的吗？

（3）你们看，课文的题目，也代表了明明内心的矛盾与纠结，一起来读一读。

①读课题，注意节奏：大/还是/小。

②读出疑问的语气。

（4）明明的烦恼究竟是什么呢？让我们去文中找找答案吧。读一读课文，注意读准字音，读通句子。

（5）学习第一个词串：

觉得　时候　衣服

①（出示"觉得"）读准轻声 de。

觉得可以用眼睛看：我觉得这里的空间（很大），我觉得我们班的同学（很多）。

觉得可以用——耳朵听，觉得声音（很大，很小）；

觉得可以用——舌头尝，觉得柠檬（酸酸的），糖果（甜甜的）；

觉得可以用——鼻子闻，觉得味道（很香，很臭）；

觉得也可以——用手摸，摸摸自己的桌子，觉得（硬硬的，凉凉的）；

觉得还可以——用心去体验，今天，我觉得（很开心，有点紧张）。

小结：当我们用眼睛、耳朵、手……用心去感觉的时候，就会发现世界是那么丰富多彩。

②（出示"时候"）老师觉得这个词语应该有好多小朋友会读。指名读，读准轻声 hou。

a. 不同的时间，我们会做不同的事情。比如：

太阳从东方升起，就是我们——起床的时候；

月亮挂在树梢，那是我们——睡觉的时候。

b. 不同的时间，我们还会遇到不一样的惊喜。比如：

什么时候，妈妈会给你买一个大蛋糕？

什么时候，爷爷奶奶会给你包一个大红包？

小结：不管在什么时候，相信小朋友都能做好自己的事情，在生活中慢慢长大。

③（出示"衣服"）谁会读？读准轻声 fu。

a. "衣"是个生字，在甲骨文中，"衣"就像一件衣服。（出示图片 仌-衣）上部的"人"表示衣领，两侧的开口处就是衣袖，下端像衣服的下摆。

b. 衣服的种类有很多。

春天的时候，我们穿什么衣服？（毛衣、衬衫……）

夏天的时候，我们穿什么衣服？（短袖、裙子……）

秋天的时候，我们穿什么衣服？（卫衣、风衣……）

冬天的时候，我们穿什么衣服？（棉衣、羽绒服……）

小结：不同的季节，我们会穿不同的衣服。

④出示词串（觉得 时候 衣服）。

小结："得""候""服"作为单个字的时候，有自己的读音，放在这些词语里要读轻声。读一读这些带有轻声音节的词语。

（6）学习第二个词串：

穿衣服 系鞋带 够不到门铃 听到雷声喊妈妈

①把轻声音节的词语送到课文中，你还会读吗？打开书，读读课文，把字音读正确，再想一想，明明做了哪些事情？读完可以圈一圈。

②交流板贴：

穿衣服

系鞋带

够不到门铃

听到雷声喊妈妈

a. 读准词组。

b. 这些事情都是谁做的呀？（明明）对，是他"自己"做的。

要点：强调"自己"，把"自己"放到词串前面，再来读一读。

③做这些事情的时候，明明有不一样的感觉，读一读题目——"大还是小"，请根据他的感觉把这些词组分分类。

穿衣服 够不到门铃

系鞋带 听到雷声喊妈妈

④用上这些词语，谁来说说明明的感受？

要点：代入角色，以第一人称"我自己"来说。由简单的一个事例，叠加为两个事例。

⑤小结：这就是明明的烦恼。有时候，觉得自己_____；有时候，又觉得自己_____。

⑥齐读第1—4小节。

【设计意图】一年级是语文学习的初始阶段，识字写字是核心任务。所以这一板块的教学，以语言文字的积累与梳理为主。两组词串，根据词语特点、立足不同价值，组块学习。第一组词语，先梳理与探究轻声音节词的读音规律，以达到举一反三之效果；再引导学生在语境中、在联结中理解比较抽象的词"觉得""时候"，特别是"觉得"一词，启发学生依托视觉、听觉、嗅觉等多重感觉来体会、感受、表达，不仅丰富了词语的含义，更使字词教学充满了思维的张力。第二组词语，是学生在熟读课文的基础上，提取出来的"我"的一系列具体行为表现——"穿衣服""系鞋带""够不到门铃""听到雷声喊妈妈"。词语的学习，不仅要积累，更要运用。因此，预设了多次活动来积累词语、化用词语：其一，在问题的解决中触摸词语；其二，在顺序的摆放中确认词语；其三，在内容的梳理中理解词语；其四，在矛盾的思辨中印证词语。学生在"词语"与"内容"水乳交融般的学习中，积累了言语材料，丰富了言语经验。在与文本来回复沓的亲密接触中，学生逐渐成为合格的读者。

学习任务二：
勾连自我，诉说生活中的烦恼

（1）你也有这样的感觉吗？什么时候觉得自己很大？

①（出示课后插图1）运用"我自己_____的时候，我觉得自己很大"这个句式，和同桌说一说，什么时候你觉得自己很大。

图1

要点：热心帮助别人，为同学打伞等。

②（出示课后插图2）说说什么时候你觉得自己很大。

图2

要点：自己的事情自己做——独立睡觉。

③你能像明明一样，一下子举两个事例来说说自己的感受吗？

④生活中，还有什么时候，也让你觉得自己很大？

力气大：背书包……

本领大：理书桌……

品质优：爱劳动……

……

提示：把自豪的感觉放进去说，才是真正的"很大"！

⑤（去掉句式）你能根据插图，看着板书来说一说吗？

⑥（去掉插图）你还会说吗？

（2）什么时候，你又觉得自己很小呢？

①（再次出示课后插图1）运用"我自己_____的时候，我觉得自己很小"这个句式说一说。

提示：站在女孩的角度说感受。

②（出示课后插图2）说说什么时候你觉得自己很小。

提示：关注细节，有小熊的陪伴才敢睡觉。

③你能一下子举两个事例来说说什么时候觉得自己很小吗？

胆子小：怕黑、回答问题声音轻……

能力小：不会做……不会做……

自制力差：管不住……管不住……

……

④小结：同样一幅图，站在不同人物的角度思考，感受就截然不同。

（3）现在，你觉得明明是"大"还是"小"呢？

（4）你自己呢，是大还是小？

（5）小结：一个人能做成事的时候，会觉得自己很大；做不成事的时候，会觉得自己很小。不管有没有把事情做成功，都不要紧。只要我们大胆去尝试，去感受，就会慢慢成长。

【设计意图】根据之前搭建的言语支架，这一板块由两大核心活动构成：首先，对接"生活中的我"，尝试立足不同的角度，用具体的事例来言说"大"和"小"，引导学生进行思辨性阅读与表达；其次，思考、分析、判断这样的行为表现究竟是"大"还是"小"，助推学生进行思辨性阅读与表达。需要说明的是，课后练习中的两幅插图，随着角色的转换、视角的更迭，表达的意思也不尽相同。这也成了思辨性阅读与表达的又一资源。插图资源的正、反使用，是对思维的磨砺，在这种辩证的思考中学生也许会颠覆已有的认知，豁然开朗，思接千载。

学习任务三：
代入角色，思辨成长的意义

（1）现在，爱思考问题的明明又有了一个新烦恼。
出示句子：

有时候，我希望自己不要长大。更多的时候，我盼着自己快点儿长大。

指名读。

（2）采访：明明，你说这话是什么意思呀？你到底是怎么想的呢？

（3）研讨：你觉得是长大好，还是不长大好？
同桌讨论后交流。

要点：不管是长大，还是不长大，都会遇到这样那样的烦恼。但人总是要成长的，就像小小的蒲公英，总要离开妈妈撑着小伞去世界各地旅行；又像可爱的小鸟，总要学会在蓝天展翅飞翔，独自欣赏美丽的风景。

（4）成长的过程中，总会伴随高兴、难过、成功、失败……这些矛盾的感觉值得我们来体验，来思考。想着想着，你会突然之间明白，这些其实就是我们人生路上的宝贵财富。

> **【设计意图】** 成长是永恒的话题，更是哲学命题。本板块通过研讨要不要"长大"，引导学生进行哲学思辨。如此高挑战的思辨性任务，要一年级的孩子当堂呈现高品质的回答，实属不易。因此，此处搭建了两个支架：第一个，在感性的采访中深度理解文本内容；第二个，在哲学的思辨中初步感受成长的意义，从而让学生在感性和理性之间"走了个来回"，促使他们逐渐成长为主动的阅读者，睿智的思考者，理性的表达者。

学习任务四：
学习生字，认识成长的自己

（1）（出示生字：自己）正音。

（2）在"自己"的手心里书空笔顺。

（3）提醒"自己"哪个笔画特别容易出错，需要注意。

自：里面有两横；

己：竖弯钩不出头。

（4）再次扣题："大"还是"小"？希望小朋友们多和自己比一比，今天的我是否长大，是否有进步。

（5）小结：怎样才能长大？保持一颗好奇心，拥有更多的自信心，我们就会在课堂上、生活中慢慢成长。

> **【设计意图】** 学完生字后启迪学生再次紧扣课题，"三省吾身"，在与自我的对话中活泼泼地生长。该活动既是对生字教学的补充，更是对本文主旨的内化："自己"是世界上独一无二的个体，保持好奇心，拥有求知欲，养成勤学好问的习惯，"自己"就能变得很"大"。同时，也将发展学生的言语能力和言语思维这一核心目标从课堂延伸到了课外，打破了时空边界，进入更广袤、更自由的思维空间，积淀更有意思、更有意义的生活经历，培育理性、辩证的思维和精神。

（作者单位：江苏省江阴市晨光实验小学）

有理有据说"态度",合情合理看"长短"

——《鹿角和鹿腿》创意教学

■ 曹红燕

一、创意解说

《鹿角和鹿腿》是统编版小学语文三年级下册第二单元第三篇课文。故事的主人公是一只追求漂亮的鹿,他喜欢自己的角,讨厌自己的腿。但是在逃脱狮子的追击中,好看的角差点儿让他送了命,难看的腿却让他狮口逃生。故事荒诞而有趣,引人深思。

本单元是寓言故事单元,其人文主题为"寓言是生活的一面镜子"。语文要素有两个:读寓言故事,明白其中的道理;把图画的内容写清楚。阅读寓言的关键,不仅要感受到故事的有趣,还要领悟故事中包含的做人做事的道理,从而学会更好地生活。根据教材和学生年龄特点,本课的教学以展开思辨性阅读为主,着力提升学生思维能力。总体构想如下。

(1) 还原故事情境,引发思考。走进故事是走进寓言的路径。结合课后练习要求,引导学生用自己的话讲述故事,根据提示把故事内容讲清楚,抓住鹿的内心变化,把故事讲生动。学生在讲述中进入故事语境,体验鹿对自己的角和腿的态度的前后巨大变化,并产生疑问,引发对背后原因的探索。

(2) 理解人物"态度",辨析"长短"。创设鹿角和鹿腿的情境对话,角色代入,情理兼顾说"态度"、论"长短"。回归读者身份,思考辨析,有理有据地表达自己的观点，深化认识。

（3）链接生活实际，发展思维。联系生活实际，用故事中学得的道理，对生活中的人和事发表自己的看法，学会辩证看待"美"与"丑"、"有用"与"无用"等问题，不偏执，不固守。

二、学习目标

（1）学习生字新词，能正确流利有感情地朗读课文，通过对一系列感叹词的揣摩以及联系上下文，能读出鹿的心情变化。

（2）能根据三次不同要求，分层次讲好故事，知道鹿角和鹿腿在故事结局中所起的作用，理解鹿说的话："两只美丽的角差点儿让我送了命，可四条难看的腿却让我狮口逃生！"

（3）能用自己的话说说寓意，并联系生活实际，有理有据地表达对"美"与"丑"、"有用"与"无用"等问题的观点。

（4）拓展阅读其他寓言故事。

三、学习任务设计

> 学习任务一：
> 学习词语，认识故事主人公

1. 学习第一组词语

出示：

鹿　鹿角　鹿腿

指名朗读。

出示"鹿"字字形演变过程，学生找一找鹿角和鹿腿在甲骨文、金文和小篆中的样子，说说自己的发现。

甲骨文　　金文　　小篆　　楷书

指导学生书写"鹿"字，重点掌握半包围结构和"广字头"内部的笔画。

2. 学习第二组词语

出示：

美丽　欣赏　精美别致　两束美丽的珊瑚　差点儿送命

难看　抱怨　太细　有力的长腿　狮口逃生

（1）指名读词语，读准字音。

要点："差""看"是多音字，这里分别读：chà 和 kàn。"狮"，读好翘舌音。

（2）学生交流对两组词语排列的发现，读出鹿对自己身体的两个部位的不同态度。

提示：第一组都是和鹿角有关的，第二组都是和鹿腿有关的，它们包含着故事主人公鹿的不同态度。提醒学生读出第一组词语中鹿对鹿角的"欣赏"，读出第二组词语中鹿对鹿腿的"抱怨"。

相机出示珊瑚和鹿角图片，理解"精美别致"。

（3）选用词语说说对故事的了解和疑问。

示例：在丛林中，一只鹿遇到狮子，两束美丽的鹿角差点儿让他送命，最后靠着细长的鹿腿狮口逃生。

提示：疑问具有开放性，不做统一要求。

【设计意图】以故事主人公"鹿"为中心点组织词语教学。在识字写字上，通过字形演变，把字形和字义联系起来帮助学生突破"鹿"的字形这个难点；在认识事物上，把鹿角、鹿腿与鹿联系起来，认识三者之间的关系；在故事把握上，借助两组词语，初步感受到鹿角和鹿腿在鹿眼中的样子和鹿的不同态度，让词语学习板块置于整个故事框架和语境之中，体现整体性和情境性。

学习任务二：
情境讲述，体会鹿的态度变化

1. **活动一：抓住脉络讲清楚**

情境：鹿最后终于狮口逃生。回到家，鹿爸爸和鹿妈妈看着他气喘吁吁，就问他怎么回事。鹿会怎么向鹿爸爸、鹿妈妈讲事情的来龙去脉呢？

（1）默读全文，想一想，鹿这一天经历了哪些事？

提示：根据学生交流，梳理故事脉络：池塘喝水，欣赏鹿角，抱怨鹿腿—撒开长腿，甩开狮子—鹿角挂住树枝，险些送命—鹿腿拼命奔跑，狮口逃生。

（2）根据这样的脉络讲一讲故事，注意先后顺序，可以试着加上表示先后顺序的词，如，一开始、接着、然后、最后等。

提示：做到主要内容不遗漏，先后顺序不混淆。

2. **活动二：抓住"回合"讲具体**

情境：鹿爸爸、鹿妈妈非常关心鹿，想知道他是怎么狮口逃生的，鹿应该怎么讲呢？

（1）学生默读第5、6两个自然段，圈画鹿遇到的两次危险，以及鹿怎么逃跑的语句。

要点：第一回合，狮子悄悄地逼近；鹿撒开长腿就跑、蹦来跳去、把狮子远远地甩在了后面。第二回合，鹿角被树枝挂住了，狮子猛扑过来，快要追上了，鹿使劲一扯，拼命向前跑去，狮子再也没有追上了。

（2）角色代入讲具体。

提示：学生根据梳理，边想象边讲述狮子遇到的危险和逃生的过程，可以适当加上动作。

3. **活动三：聚焦心情讲生动**

情境：鹿爸爸、鹿妈妈特别想知道，鹿在狮口逃生之前和之后对鹿角和鹿腿的态度有什么变化。

（1）找出描写鹿的心情的句子，画出感叹词，体会鹿的心情。

结合学生交流，出示句子，有感情朗读：

咦，这是我吗？

啊！我的身段多么匀称，我的角多么精美别致，好像两束美丽的珊瑚！

唉，这四条腿太细了，怎么配得上这两只美丽的角呢！

哎呀，一头狮子正悄悄地向自己逼近。

他叹了口气，说："两只美丽的角差点儿让我送了命，可四条难看的腿却让我狮口逃生！"

提示：根据感叹词，说说鹿的心情，读出鹿心情的起伏。如"咦"，尾音上扬，表示鹿看到自己的影子那么漂亮时感到惊讶，不敢相信，又带有一点惊喜的味道。

（2）联系生活实际，给第五个句子加一个感叹词，再读一读。

他叹了口气，说："两只美丽的角差点儿让我送了命，可四条难看的腿却让我狮口逃生！"

要点：如唉、嗐等。

（3）加上表示心情的词，你的故事一定能让鹿爸爸、鹿妈妈听得更有意思。学生讲述。

追问：鹿爸爸、鹿妈妈，你们听出来鹿对鹿角、鹿腿的态度有什么变化了吗？

提示：经历狮口逃生事件后，鹿对鹿角和鹿腿的态度发生了巨大变化——对鹿角，从开始的欣赏变为抱怨；对鹿腿，从开始的抱怨变为欣赏。

【设计意图】创设情境，让学生走进故事，走进故事主人公的内心，设身处地地去体会、去猜想，是学生产生自己的感受和思考的前提。三个故事的讲述，是三次不同要求的任务，意在通过相应的言语实践活动锻炼学生的思维能力和口头表达能力；并且，在这个过程中，学生化身为鹿，切身体会角色心情，感受到鹿对鹿角与鹿腿的不同态度及其变化，为领悟寓意做好铺垫。

**学习任务三：
角色对话，辩证理解"态度"变化**

1. 创设情境

夜深了，疲累的鹿睡着了，此时，鹿角和鹿腿这一对好朋友说起了悄悄话……他们会说些什么呢？

2. 角色对话

（1）针对池塘边鹿的表现，鹿角和鹿腿会怎么对话？

出示：

啊！我的身段多么匀称，我的角多么精美别致，好像两束美丽的珊瑚！

唉，这四条腿太细了，怎么配得上这两只美丽的角呢！

提示：抓住欣赏和抱怨来对话，有理有据地猜测鹿角和鹿腿的心情。

（2）针对狮口逃生后鹿的表现，鹿角和鹿腿会怎么对话？

出示：

他叹了口气，说："两只美丽的角差点儿让我送了命，可四条难看的腿却让我狮口逃生！"

提示：抓住欣赏和抱怨来对话，有理有据地猜测鹿角和鹿腿的心情。

3. 讨论：鹿的态度为什么会发生这么大的变化

要点：平常时，鹿看的是美不美，美的就喜欢，不美的就抱怨；逃生时，看的是作用，有作用的就喜欢，没什么作用甚至碍事的就抱怨。

【设计意图】继续运用故事思维，创设鹿角和鹿腿的情境对话，在角色对话中进一步体验鹿的态度变化，从而将思考的焦点聚焦到美与丑、有用与没用上，从故事的有趣上走向理性的思辨之路。

> 学习任务四：
> 链接生活，理解和运用寓意

1. 辨析鹿的"态度"，读懂故事中的道理

（1）理一理鹿的态度变化：美丽的角值得欣赏，细长的腿让人讨厌—美丽的角不重要，实用的鹿腿才是最重要的。

（2）你理解鹿的态度变化吗？说说理由。

提示：关注点不同，就有不同的态度。

（3）用"既要……也要……"的句式来劝一劝鹿。

示例：我们既要看到一个事物的美，也要看到一个事物的用处；美很重要，有用同样很重要。

小结：事物各有所长，各有所短，不要因为它的长处而看不到它的短处，也不要因为它的短处而否定它的长处。美丽和实用在不同的环境、不同的条件下都有存在的价值。

2. 链接生活，运用寓意

学校举行运动会，有个同学胖胖的，他不能参加跑步比赛为班级争光，觉得很难受。你能根据今天学的故事与道理劝劝他吗？

学生尝试"劝说"。

小结：读寓言，记住故事、懂得道理很重要，更重要的是能运用这个故事、道理来解决生活问题，这样就能越读越聪明，越学越智慧。

3. 拓展阅读

本文选自《伊索寓言》，课后拓展阅读《伊索寓言》，也可以读读《克雷洛夫寓言》《中国古代寓言故事》等，进一步感受寓言故事的有趣，领悟故事中的道理，学会更智慧地做人做事。

布置作业：将《鹿角和鹿腿》的故事讲给父母听，并采访父母对这个故事中的鹿角和鹿腿有怎样的看法。

【设计意图】 对于美丑，对于有用无用，不同的人有不同的看法，不同的情况下看法也会发生变化。联系生活实际，让寓言学习回归生活，从文本走向现实生活，学会辩证地思考和看待事物，领悟生活的智慧。这是思辨性阅读的根本价值所在。同时，鼓励学生读更多的寓言故事，学习独立思考和领悟故事中的道理。

（作者单位：江苏省锡山高级中学实验学校第二小学）

思辨爱的真谛，把握成长航向
——五年级上册《"精彩极了"和"糟糕透了"》创意教学

■ 朱嫣然

一、创意解说

《"精彩极了"和"糟糕透了"》是统编版语文教材五年级上册第六单元的一篇略读课文。课文讲述了巴迪八九岁时写了第一首诗，妈妈说"精彩极了"，爸爸说"糟糕透了"。后来，巴迪在妈妈的鼓励下和爸爸的批评中，成了一名真正的作家。

本单元的人文主题是"舐犊情深"，语文要素是："体会作者描写的场景、细节中蕴含的感情""用恰当的语言表达自己的看法和感受"。结合思辨性阅读文本的特点，在设计学习任务时，主要彰显以下教学要义。

（1）讲述故事，感受"烦恼"。抓住时间顺序梳理课文内容，完成填表，并用自己的话讲述作者的烦恼，在讲述中整体感知全文，提升概括能力。

（2）揣摩心情，理解变化。品读描写作者心情变化的语句，用恰当的线条来呈现，在揣摩中体会作者的心路历程，以及对"爱的不同表达方式"的理解与认识。

（3）选取意象，表达领悟。选用合适的事物来比喻作者的成长过程，在描述中体会父母表达爱的方式不同，但都饱含爱的力量。

（4）联结自我，引航成长。引出"成长的烦恼"这一话题，在探讨与分享中比较、分析，思辨爱的真谛，把握成长航向。

二、学习目标

（1）通过语气、语速的变化，读出父亲与母亲评价方式的不同以及巴迪听了不同评价后的情感变化。

（2）依托"心情描画"和"意象讲述"，感受父亲和母亲爱子方式的不同，体会作者是怎样逐渐理解父母不同评价中饱含着的爱的。

（3）借助联系实际、话题探讨等任务，有理有据地表达自己对父母表达爱的方式的看法和感受，学会正确把握人生航向。

三、学习任务设计

> **学习任务一：**
> 借助表格，梳理并讲述故事

1. 谈话导入，倾诉烦恼

大家在成长过程中，遇到过哪些烦恼呢？

2. 走近主人公，揭示课题

（1）今天我们来认识一位外国朋友。小时候，他也有一个烦恼。这位新朋友的名字叫——巴迪。

（2）齐读课题。

【设计意图】开篇由"成长的烦恼"这个话题导入，鼓励学生结合成长经历畅所欲言，谈谈自己学习和生活中遇到的烦恼，与主人公巴迪的情感世界实现联结，并借助移情体验快速进入新课学习。

3. 梳理故事，比较"看法"

（1）理结构：巴迪遇到了什么烦恼呢？快速默读课文，圈出表示时间的词句。（板书：八九岁　几年后　现在）

小结：八九岁，是巴迪的孩童时期；几年后，巴迪长大了一些，但未满12岁，是少年时期；现在，巴迪已经长大成人，是成年时期。

知烦恼：在这几个阶段，巴迪都经历了什么事？父母是怎么看待的？他的反应又是怎样的？默读课文，填写表格。

梳理巴迪的成长阶段

时　间	事　件	父母的看法		巴迪的反应
		母　亲	父　亲	
八九岁（孩童）				
几年后（少年）				
现在（成年）				

①以"八九岁"为例，交流学习。

八九岁时，巴迪经历了一件什么事？巴迪的父母如何看待他写的第一首诗？巴迪的反应又是怎样的？

圈画第1—14自然段中"巴迪的反应"，交流，并连起来完整说一说巴迪八九岁时的经历。

要点：得意扬扬—自豪—满怀信心—等不及—紧张极了—头沉重得抬不起来—失声痛哭。

小结：八九岁时的巴迪面对父母的评价，他的反应由最初的"得意扬扬"变成了最终的"失声痛哭"。他的心情就像过山车一样，一波三折，跌宕起伏。

②迁移方法，自主学习。

再次默读课文，说说巴迪在少年、成年两个阶段，又分别经历了什么？

要点1："几年后"，巴迪写了一篇短篇小说，母亲一如既往地鼓励他，父亲却说写得不怎么样，但也不是毫无希望。于是巴迪根据父亲的批语，学着进行修改。

要点2：巴迪成年了，他出版了一部部小说、戏剧和电影剧本，母亲依然说"精彩极了"，父亲依然说"糟糕透了"。巴迪越来越体会到自己当初是多么幸运。

（2）议题探讨：观察表格，巴迪父母的看法一样吗？为什么他的父母会有不同的看法？

> **【设计意图】** 借助表格，聚焦时间、人物、事件等，厘清文章结构，梳理故事内容。然后，再一次以表格为支架，抓住关键语句，讲述巴迪不同时期的经历，在讲述中体认他人的烦恼。由于巴迪八九岁时的心路历程比较曲折而丰盈，故学习过程中应重点进行梳理、分析与求证。讲述完毕，第三次聚焦表格，在研读与比较中，初步感受父母表达爱的不同方式。三个回合，引领学生从故事外走进了故事中，从人物外部走进了人物内心，从而与"我"的情感一次次汇聚、交融。

学习任务二：
聚焦评价，体会心情变化

（1）活动一：成长的不同阶段，面对父母截然不同的评价，巴迪在心情上也随之发生了变化。用合适的线条来表现巴迪的心情，并说说理由。

示例：七八岁时，心情线是一根曲线（板画：⌒）；几年后，变成了一根起伏不大的、比较平直的线（板画：⌢）；现在，是一根向上的线（板画：↗）。

要点：因为八九岁时，巴迪的心情就像过山车，从"得意扬扬—自豪—满怀信心—等不及—紧张极了—头沉重得抬不起来—失声痛哭"，所以用波澜起伏的曲线来呈现比较妥帖；几年后，巴迪会"根据父亲的批语，学着进行修改"，可见，他基本能心平气和地接受别人的意见了，所以用比较平直的曲线来呈现；现在巴迪取得了大成就，心中觉得"当初是多么幸运"，对自己的父母充满了感恩，所以用向上的线来呈现。

（2）活动二：如果你是巴迪，在写作上获得成功后，最想对父母说什么？

小结：巴迪感谢母亲一如既往地赞扬他，鼓励他，让他有信心坚持写作；也感谢父亲用批评来提醒他不能满足于现状，要不断提高自己的写作能力。

（3）感受心路历程：巴迪从八九岁时不理解父母（板书：不理解），到几年后接受了父亲的批评（板书：接受），再到现在懂得感谢父母（板书：感恩）。三条线组合成了巴迪积极进取、不断向上的成长阶梯（板画阶梯：▁▁）。

小结：巴迪的心情变化像一根线藏在他成长过程中的不同阶段，让我们的心情也随之起伏。巴迪的成长过程虽然有磕磕碰碰，但在父母的批评和鼓励下他不断成长。

【设计意图】主人公巴迪的心情变化其实就暗含了他在成长过程中对父母不同方式的爱，从不理解到接受，再到感恩的变化过程。为了让学生深切体悟作者的心路历程，教师设计了用线描摹巴迪心情变化的学习任务。任务完成过程中，学生依托文本细读，描画出巴迪不同阶段的心情线，并能有理有据地陈述理由，将自己从课文中获得的情感体验转化为重证据、有条理的口头表达，也就能够与主人公巴迪产生共情，在情感的共鸣中再次体察母爱、父爱的不同表达方式。

**学习任务三：
依托意象，体悟父母之爱**

（1）活动三：如果要用某样事物来比喻巴迪的成长过程，最恰当的是什么？同桌讨论，并用自己的话说一说。

（2）点拨交流：

①像小树。母亲的赞扬就像阳光雨露滋润着巴迪，而父亲的批评则像园丁的剪刀修剪着小树的小枝丫，让巴迪不断成长。

②像小船。母亲的赞扬就像一股顺风，推着巴迪向前驶去；父亲的批评像一股逆风，让巴迪能够顶得住压力。

小结：父母双方的力量都对巴迪的成长很有帮助，少了哪一方都不行。母亲的力量是爱的力量，父亲的力量是批评的力量，不管是爱的力量还是批评的力量，都有一个共同的出发点，那就是——爱。（板画：♡；板书：爱）天下所有的父母都爱自己的孩子，只是父母表达爱的方式不同。

【设计意图】由用线条描摹人物心情，进阶到用某种事物来比喻人物的成长过程，恰如从"散装"变成了"线装"，再由"线装"变成了"套装"。拾级而上的学习任务，让学生的思维由单点结构向多点结构、关联结构，乃至抽象扩展结构无限靠近，这样的学习充满了挑战性和思辨性。

学习任务四：
联结自我，体认成长真谛

（1）回顾自己的生活：你们有过类似巴迪的经历吗？谁经常表扬你，谁又经常批评你？结合事例与同学分享。

提示：从家庭层面看，可以是父母、爷爷奶奶等；从学校层面看，可能是老师，也可能是同学。

（2）活动四：对于批评，你以前的感受是怎样的？学了这篇课文后，你的认识又有了什么变化呢？

（3）交流分享：你想向曾经当面抱怨或在心里悄悄抱怨过的他/她说些什么？把你们的心里话写下来。

（4）链接作者：文中的巴迪就是这篇文章的作者巴德·舒尔伯格，美国著名的畅销书作家。在他68年的写作生涯里，共创作了34部作品，其中13部被拍成电影或搬上舞台。由他担任编剧的好莱坞影片《码头风云》，荣获第27届奥斯卡最佳影片、最佳导演、最佳改编剧本、最佳男主角等8项大奖。正是因为有了母亲的鼓励和父亲的批评，巴德成长为了一名真正的作家。

（5）布置作业：把你写下的心里话说给你想诉说的那个人听。

【设计意图】此环节回应本节课最初设置的话题"成长的烦恼"。其实，学生不是没有烦恼，而是需要一些相似的经历唤醒他们成长过程中类似的情感体验。通过本节课的学习，学生不再"无话可说""无事可讲"，而是能够勾连自己以往的经历，有理由、有根据、有逻辑地诉说自己的心里话，真正做到"有话说""会表达"。唯有在对他人、对自我的烦恼的体认与言说中，学生才能真正理解成长的真谛——所谓成长，就是在自我的兴趣与他人的评价中，在严厉与温情的校正中，把握好人生航向。

（作者单位：江苏省江阴市晨光实验小学）

"思辨性阅读与表达"任务群教学案例评析

——让思辨过程可见，促思辨学习发生

■ 魏 星 李 新

"2022年版语文课标"以学习任务群的形式呈现和组织课程内容，其中"思辨性阅读与表达"任务群成为本次课标修订的亮点。它旨在培养学生的思辨能力，锤炼学生的思辨精神，发展学生的思辨品质。语文知识的背后隐藏着特定的思维方式，必须引导学生在"思辨性阅读与表达"中进入知识，获得逻辑与理性。"思辨性阅读与表达"任务群既承担"培育有见识的阅读者和负责任的表达者"之育人功能，又蕴含"素养导向的学科实践"的语文学习方式转型。那么，如何在教学实践中落实"思辨性阅读与表达"任务群？

孙秀君、曹红燕、朱嫣然三位老师的课例设计，聚焦统编版小学语文"思辨性阅读与表达"教学，立足文本，聚焦情境，凸显过程，让思辨过程可见，促进了思辨学习的真实发生，可以说找到了"思辨性阅读与表达"的教学突破口。基于这些课例设计，结合"思辨性阅读与表达"的学习内容、学习方式和学习目标要求，本文拟从思辨文本、思辨情境和思辨过程三个方面来探讨相应的教学方法与教学策略。

一、选择契合的思辨文本：由浅入深，遵循认知规律

在"思辨性阅读与表达"的文本类型上，第一学段提出"阅读有趣的短文"，第二学段提出"阅读有关科学的短文"，第三学段提出阅读"短论、

简评""科学发现、技术发明的故事"以及"哲学故事、寓言故事、成语故事"等,随着学段的上升,文本中的思辨内容由浅入深,理性思维的要求逐级增加,螺旋上升;表达方面的要求,从"乐于分享自己解决问题的办法"到"运用口头和图文结合的方式,表达自己的观点和思考",再到"有理有据地口头或书面表达自己的观点"。教学应根据不同学段的文本契合性,逐渐引导学生思考"我与生活""我与自然""我与社会""我与科学"等关系,从形象思维过渡到理性思维,发挥不同文本对学生思维能力发展、进阶的功能。

《大还是小》(一年级上册)是一篇聚焦儿童生活的短文。孙秀君老师在教学中侧重对学生好奇心和自信心的呵护,鼓励学生勇于表达。教学内容注重和学生生活的关联,在引导学生比较"大"与"小"的任务活动中找到思辨点,通过"比较"这一思辨策略,学生的思维经历了"梳理—比较—分析"的过程。

《鹿角和鹿腿》(三年级下册)是一篇寓言故事。作为意象的鹿角和鹿腿,内蕴着培育理性思维的多种思辨性内容、方法与资源。曹红燕老师在教学中引导学生将故事中的学习道理与生活实际联系起来,发表自己对生活中的人和事的看法,在鹿角和鹿腿的辨析中,聚焦美与丑、有用与无用等社会问题,从故事文本走向现实生活,学会辩证地思考和看待事物。这是批判性思维发展的启蒙。

《"精彩极了"和"糟糕透了"》(五年级上册)是一篇记叙文,朱嫣然老师引导学生运用比较、分析和评价等思辨策略,感悟父亲和母亲表达爱的方式的不同。教师的教学从故事外到故事中,从人物外部到人物内心,思辨性拾级而上。

三位老师的单篇课例设计,都根据学生思维发展的规律和不同学段文本的适宜性,思辨性教学内容由浅入深,从"我与生活"到"我与社会",再到"我与他人"以及"我与自我",体现了指向学生思维能力发展的思辨性教学进阶。

二、创设真实的思辨情境：角色体验，深入思辨内核

"思辨性阅读与表达"教学需要创设真实的任务情境，以之引导学生参与思辨性阅读和表达活动。在真实的任务情境中，设计多种活动类型，让学生通过沉浸式的角色体验等方式，置身其中，换位思考，投入到思辨性学习中，层进式地深入思辨内核。

在《大还是小》的教学中，孙秀君老师设计了"角色代入"的活动，引导学生思辨成长的意义。首先，让学生代入"明明"这个爱思考问题的人物角色；其次，设计采访活动，让学生思考"快点长大还是不要长大"这个问题；最后，组织学生通过同桌讨论来回答"要不要长大"这个问题，并分享自己的看法。对一年级学生来说，思考这样高挑战的问题并给出高品质的回答具有一定的难度，孙老师注意引导学生通过感性的活动深度理解文本内容，在具有哲理性的问题思考中自由地表达对成长的想法和观点，从感性理解走向理性表达，初步感受和领悟长大的意义。

在《鹿角和鹿腿》的教学中，曹红燕老师设计了鹿角和鹿腿的"角色对话"活动，创设了鹿在池塘边和从狮口逃生后两种不同的情境，并有意识地设计了思辨性阅读与表达的训练点，引导学生抓住"欣赏"和"抱怨"两种对立的态度展开对话，从两种不同的情境对话中辩证分析鹿的态度变化，并产生质疑，进一步探索和揭示背后原因。从思考问题的表面现象逐步上升到美与丑、有用与没用等辩证性议题的探讨，从阅读有趣的寓言故事走向理性的思辨之路。学生在深度理解文本和情境的基础上，经历比较、分析、推测、质疑、反思等多种思辨性策略，运用准确的语言和恰当的证据，有逻辑地表达和阐发对鹿角和鹿腿的态度变化的观点。学生走进角色，走进情境，是产生思考的前提。学生化身为鹿进行角色对话，在对话交流中增强思辨力度，在言语实践中运用多种思辨方法，从角色对话中提炼主题和表达观点，很好地发展了思维能力和口头表达能力。

在《"精彩极了"和"糟糕透了"》的教学中，朱嫣然老师让学生代入主人公"巴迪"这一角色，设计任务让学生回答"在写作上获得成功后，最

想对父母说什么"。学生代入巴迪角色，将自己置身于巴迪的家庭生活环境中，能深切地体悟他的心路历程，依托文本细读，揣摩巴迪在成长的不同阶段面对父母评价时的心情变化，从心情变化中分析他对父母爱的方式的态度的变化过程，建立事实和观点之间的联系。学生根据巴迪不同阶段的心情变化，以及自己通过角色代入所获得的情感体验，重证据、有条理地就巴迪对父母评价方式的理解进行口头表达，在与角色产生情感共鸣的过程中辩证分析和看待父母表达爱的方式的不同，表达自己对父母表达爱的方式的看法和感受。学生从感性的心情体验走向理性的思辨分析，在比较、分析、推理和反思中思辨父母爱的真谛。

需要指出的是，教师创设真实的思辨情境，应在文本留白处驻足，展开思辨训练；在文本矛盾处探讨，激活思辨意识；在文本高潮处激荡，碰撞思辨火花。

三、经历完整的思辨过程：多元切入，鼓励批判思考

"思辨性阅读与表达"教学务必要引导学生经历完整的思辨过程，在真实的思辨情境中整合重要思维倾向和具体思维方法。对不同学段的学生而言，思辨的深度、广度和关联度有差异，但都需要经历质疑与批判、分析与论证、生成与运用、反思与评价等完整的思辨过程，实现读写迁移，促进思辨表达，以培养理性思维和理性精神。

在《大还是小》的教学中，孙秀君老师巧用关联对比，联结生活中的事例来言说"大"和"小"。一年级学生以形象思维为主，孙老师整合课文插图与文本内容，引导学生通过阅读、观察、比较等方式，思考、分析和判断何为大、何为小，并鼓励学生大胆地说出自己的真实想法。教师在完成识字教学任务后，引导学生联系自己的生活和成长经历，与自己对话，保持好奇心和求知欲，延展了思辨空间。小学阶段并未提出"批判性思维"的概念，而是要建立思维的批判性。对一年级学生而言，教师要引导他们在阅读、理解、倾听、比较的基础上表达自己的观点，分享、交流自己发现的问题和产生的困惑，经历基础的思辨过程，初步掌握思辨方法。

在《鹿角和鹿腿》的教学中，曹红燕老师引导学生在读懂寓言故事的基础上，对鹿的态度转变产生质疑，在理解、识别、比较和判断的基础上，从多个角度合理分析鹿态度变化的原因，并将鹿的故事与生活实际相联系，学会辨别美与丑、有用与无用，运用口头的方式表达故事中的道理和自己的看法。从进入故事，到走出故事，再到超越故事，思考、辨析故事所体现的生活哲理，学生经历了观察、比较、质疑、猜想、推理、概括等思维过程。教师让学生根据三次不同要求，分层次讲好故事。学生在深度理解故事的基础上，展开想象、猜测和推理，并进行有理有据的表达。

在《"精彩极了"和"糟糕透了"》一课的教学中，朱嫣然老师让学生在阅读课文的基础上，完成表格填写的任务，帮助学生梳理观点、事实与材料及其关系。学生在研读中对巴迪不同时期的经历进行了比较、梳理、分析与求证，初步感受父母表达爱的不同方式，通过总结归纳，生成了厘清文章结构和逻辑的表格。教师进一步引导学生充分地读、追问地读、求证地读，用描画心情线的方式作为辅助，简单直观地表述巴迪不同阶段的心情及其变化，并让学生有条理、有证据、有逻辑地口头表达理由，分析心情变化背后的原因，反思父母表达爱的不同方式对他成长的影响。描摹的心情线，既是学生思辨性阅读的结果，也是学生思辨性表达的载体。学生掌握了多种思维方法，利用表格和心情线等思辨性学习工具，思维从一元结构向多元结构、关联结构和抽象结构发展，助推了理性思维的生成。

（魏星，江苏省小学语文特级教师，正高级教师，江苏省无锡市梁溪区教师发展中心副主任，无锡市梁溪区课程教学改革研究所所长，南京师范大学硕士研究生导师，江苏省基础教育专家委员会小学语文专家。著有《魏星：言语生成律》《语用：语文教学的新坐标》等，系列学术成果获得首届江苏省基础教育教学成果奖一等奖。）

（李新，湖南师范大学教师，博士。）

第五编

"整本书阅读"
任务群的理解与教学

培养终身阅读者和积极分享者

——"整本书阅读"任务群内涵解读与设计要义

■ 梁昌辉

把"整本书阅读"纳入学习任务群，是"2022年版语文课标"对我国语文教学重视整本书阅读的传统的继承和发展。其显著表现就是将其作为独立的一个任务群，清晰、稳定、明白地确立了整本书阅读作为课程内容的价值和地位。因此，我们需要进一步厘清和阐释整本书阅读的内涵与价值，探讨如何根据"2022年版语文课标"的精神更好地指导学生进行整本书阅读，真正发挥好本任务群的特殊功能。

一、"整本书阅读"任务群的内涵与价值

1. 经历阅读挑战，积累阅读经验

◎认知挑战

这是整本书阅读不同于单篇文章阅读的一个显著的不同。整本书篇幅长，信息量大，故事的时间跨度大、人物关系复杂，将极大地磨炼学生的阅读意志力和信息认知能力。要应对这样的挑战，首先，需要学生能够从整本书大量的信息中筛选出比较重要的信息，如重要人物、核心形象、关键性情节等；其次，需要学生能够选择一定的角度，对重要信息进行组织，形成对整本书主要内容的结构化把握。如"2022年版语文课标"第三学段要求"阅读叙事性作品，了解事件梗概"，对整本书阅读来说，就需要学生付出一定

的认知努力才能实现对事件梗概的"了解",从而积累较为深刻的阅读体验。

◎方法综合

很大程度上说,整本书阅读是单篇阅读经验的综合运用。单篇阅读时,接触的文本表达方式可能相对较少,而整本书往往是叙述、描写、议论、抒情、说明等多种表达方式的大量的复合式的使用,阅读时把单篇的文体阅读经验结合起来,才可能达到理解整本书的目的。整本书的容量以及个人阅读兴趣的差异、阅读状态的动态变化,使得学生会自觉不自觉地交替运用精读、略读、跳读、回读等阅读技巧,以及联结、预测、比较、推论、整合等阅读策略。教师指导下的整本书阅读,能使学生对各种阅读方法、策略的使用日趋自觉,对学生自我监控、自我反思等元阅读能力的发展,也极为有利。

◎体验深刻

认知的巨大挑战,方法的综合运用,加上比较长时间的努力付出,往往使得整本书阅读能够在学生的心智中产生比较厚实的阅读体验。在阅读文学性的整本书时,情节的跌宕起伏让人废寝忘食地追踪,革命领袖、革命英雄的爱国情怀与人格魅力令人崇敬与感动,人物命运的悲欢离合使人掬一捧热泪或与之一起幸福微笑,生动的形象沉淀在心灵深处,给人以勇气和力量。科学类书籍,因其对习焉不察的科学现象的揭示,让人在恍然大悟中领悟科学的力量;对未来科技,对未来科技背景下的生活、学习方式的绚丽想象,使人灿然神往。尤其是师生共读、同伴共读等读书共同体的构建,朗诵会、故事会、戏剧节等言语实践活动的组织,使得具有耐力与认知双重挑战的整本书阅读,增添了"勇气"和趣味,这是又一份丰厚而宝贵的阅读体验。

2. 养成良好习惯,做终身阅读者

帮助学生养成良好的阅读习惯,是基础教育阶段"整本书阅读"教学的重要内容,而好的习惯也将为学生成为终身阅读者提供持续的动力。开卷有益的前提是,图书文质兼美,即思想、情感、语言等方面都具备高品质,因此有没有选择图书的意识与习惯就十分重要。一是注意出版社,由于编校质量的高低,不同出版社的图书质量会有差异;二是关注版本,如全本与节本,原文与改编版,不同年代的版本等,有的差别还比较大;三是留意引进的图书,此关系到译本的不同,好的译本的标准是"信、达、雅"。统编版语文六年级下册第二单元在"语文园地"中安排了一个练习:"比较不同译者笔下《汤姆·索亚历险记》译文的不同",即通过这样的练习,培养学生区分、选择不同译本的意识与习惯。

◎阅读有计划

"整本书阅读"任务群的实施基础是学生沉浸式的阅读,指向学生自主阅读习惯与能力的培养。要读得完、读得好,就需要做出合理的阅读规划,内容包括阅读的时间、进度,也包含阅读方法以及如何呈现自己的理解、通过怎样的形式与伙伴或者其他人进行交流分享等。

◎爱护书籍

爱护书籍既是对图书的保护,更是一种珍视的态度,本质是对阅读的兴趣、热爱与尊重。对小学生来说,爱护书籍的习惯培养,应该从一开始就重视并贯穿始终,大体应包括呵护书籍,不污染、损伤书籍;小心拿取或存放,注意清洁;自己的书,可以圈画、批注,但不胡乱涂抹;借阅的书籍,不折页、不写画;能按一定分类对自己的图书进行整理,能主动请求他人帮助修复有损坏的书籍。

◎乐于交流分享

整本书阅读既需要个人独立地沉浸阅读,也需要与他人交流分享,交流、分享的快乐常常是对整本书阅读的一种有效且温暖的激励。讲出来,是对阅读体会的梳理;阅读感受相互碰撞,读书见解相互激发,能够取长补短,增益理解,丰富方法。"2022年版语文课标"在第一至第三学段"阅读与鉴赏"中提出了具体要求:用自己喜欢的方式向他人介绍读过的书;主动和同学分享自己的阅读感受;积极向同学推荐并说明理由。从"介绍"到"分享"再到"推荐并说明理由",渐次提升。在本任务群中,要求教师"应创设自由阅读、快乐分享的氛围,善于发现学生阅读整本书的成功经验,及时组织交流与分享""建立读书共同体,交流读书心得,分享阅读经验",交流分享的方式可以是口头的,也可以是书面的。

3. 汲取精神养料,丰富精神世界

一个人的精神发育史就是一个人的阅读史。把学生培养成为终身阅读者和积极的分享者,是语文教学的应有之义,对"整本书阅读"任务群来说更是非常重要的目标。当一个学生习惯阅读并以读书为乐的时候，他就可以自主地从整本书这个不竭宝库中吸收成长的精神资源，丰富自己的精神世界。长期阅读，人的精神世界会得到潜移默化的滋养，变得丰盈、坚定、开阔。

文以载道，不同的书籍给予学生不同的精神营养。反映革命传统、表现革命领袖和英雄的作品，能让学生在革命先辈们抛头颅洒热血的奋斗追求的故事中，感受家国情怀，理解和传承爱国强国的精神。科普、科幻类作品，在增长知识的同时，更多地指向实事求是的求真精神和对自然、世界怀有好奇之心的滋养。文学作品特别是儿童文学作品，有利于提升学生的审美情趣，在温馨烂漫的故事与富有趣味的语言中，学生向善向美的童心不断得到润泽和呵护。中国古今寓言、中国神话传说中蕴含着丰富精深的中华智慧，可以让学生在有趣、好玩的故事中，感受和领悟中国文化智慧的魅力，学习如何更好地生活。

二、"整本书阅读"任务群学习内容的编排特点

1. 阅读内容上，规定书目与自主选择相结合

在阅读内容上，"2022年版语文课标"有规定的书目，如《小英雄雨来》《雷锋的故事》《稻草人》等，也有框定的类型或主题，如第一学段要求阅读"富有童趣的图画书等浅易的读物""优秀的儿歌集"，第二学段阅读"中国古今寓言、中国神话传说"等。这样安排，既明确了"规定动作"，也为"自选动作"确定了方向。学校和教师可以在此方向下，根据具体学情和本地实际，自主选择，开展富有特色的阅读活动。

"2022年版语文课标"重视学生阅读的主体性，在选择读物上注意保护学生的阅读兴趣及差异，如要求，"本任务群旨在引导学生在语文实践活动中，根据阅读目的和兴趣选择合适的图书"，"选择"的主体即是学生。学生选择图书的习惯与能力的培养，需要教师在教学时长期坚持，循序渐进。如阅读儿童文学名著，就要结合具体著作、出版社和版本，指导学生了解名著是经过长时间检验得到广泛认可的，学习如何选择优质且合适的图书。

在图书类型上，"2022年版语文课标"注重多样性，强调让学生获得多

样化的阅读滋养和经验积累。一是突出向学生推荐阅读"反映革命文化和社会主义先进文化的作品";二是文学性作品与非文学性作品兼顾,既安排了文学性作品,也有非文学作品,包括"各类历史读物、文化读物,以及介绍自然科学与社会科学常识的普及性读物等"。

"2022年版语文课标"还强调了"阅读资源"意识。"教学提示"中指出,"根据开展读书活动的实际需要,合理推荐和利用适宜的学习资源,如拓展阅读的书目、参考资料,以及相关音频、视频作品等",内含了"1+N"专题式的阅读,还涉及跨媒介阅读,体现了积极呼应时代特点的开放性。

2. 阅读指导上,更加突出自主阅读

作为课程内容,"整本书阅读"需要教学,需要教师的指导。教师的指导,既包括阅读活动前,"指导学生认识不同类型图书的特点和价值,根据自身实际确定阅读目的,选择图书和适宜的版本",规划阅读进程;也包括阅读活动中,"引导学生了解阅读的多种策略",帮助学生有效展开阅读活动;还包括阅读活动后期组织多样的语文实践活动,搭建展示、交流和反思的平台。教师的有效指导,对如何确定阅读目的、选择图书、制订阅读计划等自主阅读能力还较低的小学生来说,十分必要和重要。

"整本书阅读"教学的基础是学生对书的了解与理解,目的是"积累整本书阅读经验,养成良好阅读习惯",做终身阅读者,这些都需要学生经历实实在在的阅读过程,让书中的内容、人物在自己的心灵中经过。离开学生的亲身阅读,"整本书阅读"教学就成了"无本之木",不能生根,也无从生长。因此,要"兼顾教师指导和学生自主阅读",并"以学生自主阅读为主"。不仅课外阅读是学生自己的阅读,同时也要"保证学生在课堂上有时间阅读整本书",即"整本书阅读"教学的关键是学生的读,学生有时间读,沉浸式地读,在故事的起伏中、情感的激荡中、思维的运转中、思想的启蒙中,读进去,走出来,成为一个在内心深处与昨日不同的自我。在读中学会读,在读中不断成长,而教师的指导正是为了支持和保障学生有时间读,能读得进去。

3. 阅读活动上,注重交流分享

与心智成熟的成人读者不同,处于阅读成长期的小学生需要更多的阅读

支持；与纯粹个人性的自由阅读不同，"整本书阅读"是语文课程内容，有其相应的规定性，需要教学指导与同伴互动。而这种支持、指导与互动的具体表现就是阅读活动的设计与组织。

本任务群在"教学提示"中，列举了多种阅读活动。从活动的组织形式或艺术形式看，有朗诵会、故事会、戏剧节等，是对"整本书阅读"所得的一种展现，是把"读进去"转化为"做出来"，具有表现性评价的性质。朗诵会、故事会、戏剧节还同时兼具跨学科的特点，因此受到"跨学科学习"的青睐，如"跨学科学习"任务群第二学段要求"富有创意地设计并主动参与朗诵会、故事会、戏剧节等校园活动"。

"整本书阅读"教学中的阅读活动，具有社会性学习活动的性质，强调人际互动，如师生共读、同伴共读，意在建立"读书共同体"。读书共同体的价值之一是有利于形成自由阅读、结伴而读的读书氛围，激励学生阅读，在一次次的共读活动中把阅读行为稳固起来，成为阅读习惯，造就终身阅读者；价值之二是促进交流分享，共读让交流分享有共同的话题，个性体验与独到见解让学生相互激发，阅读经验正是在这样富有趣味、富有期待感的共读活动中，得以积累和增长。

三、"整本书阅读"教学设计要义

1. 整体规划阅读进程

"整本书阅读"内容丰富，结构相较于单篇更为复杂，对学生心智的挑战性更大，同时又因为用时长而考验着学生阅读的耐力，因此需要格外重视阅读计划的制订，统筹阅读目的、书目、时间、活动、自主阅读与集中交流分享、拓展阅读等多方面因素，整体规划阅读进程，保障阅读的有序推进。阅读计划表是呈现阅读规划比较经济的方式，可以在集体讨论后由教师用电脑制作，再打印，张贴在教室内，也可以由学生自主制作后粘贴在笔记本上，以便时时对照，循序完成。

以高尔基的《童年》为例。整本书的阅读可以分沉浸式自主阅读、交流式分享阅读和迁移式拓展阅读三个阶段来整体规划阅读任务。沉浸式自主阅读安排在课外进行,主要包括制订阅读计划,运用所学方法适当批注,添加故事情节式的目录。学生自主阅读必须充分,可以安排两周的阅读时间。

交流式分享阅读可以设计三个活动。

第一个活动,主要是交流对故事内容的把握,包括:(1)交流对目录的认知,介绍故事梗概,制作阿廖沙成长大事记或轨迹图,感受成长路上的"笑"与"泪";(2)探讨关键事件对阿廖沙成长的影响;(3)谈谈自己成长路上的关键事件。

第二个活动是对人物形象的交流:(1)给人物分类,探讨"两个上帝"(祖母式的,祖父式的)对阿廖沙的影响;(2)讨论其他人对阿廖沙成长的影响;(3)联结自我,发现自己成长的引路人。

第三个活动是集中对小说环境的认识:(1)找出阿廖沙"家"的变迁,交流阿廖沙生活的变化;(2)说说小说中的景色描写,探讨景色与阿廖沙心情变化之间的关系;(3)交流:如果给自己的成长故事选一处景色描写,你会选择什么?

交流式分享阅读在课内进行,以利于集中指导与交流,可以安排3~5个课时。

迁移式拓展阅读阶段可以安排2~3个课时,主要开展以下活动:(1)自主选择一个话题写一篇读后感;(2)对比阅读《爱的教育》,交流对不同成长经历的发现;(3)自主观看同名电影《童年》,发现电影与小说的异同。

2. 整合设计任务落点

"整本书阅读"学习任务的设计要突出整合性,即设计需要学生认真通读全书、理解全书才能完成的事情,这样的任务才能驱使学生在书中多走几个来回,促进学生经历信息梳理、事件概括、整合推论等思维活动过程。如《童年》的"整本书阅读"中,制作阿廖沙成长大事记的设计任务,就需要学生在通读全书的基础上,找出与阿廖沙有关的事件,再区分出哪些是"大事",然后按照一定的顺序排列出来,形成一个结构化的对主要情节的表征。这样的任务就具有比较强的整合性。统编版语文教材六年级下册第二单元有两条语文要素:

● 借助作品梗概，了解名著的主要内容。

● 学习写作品梗概。

两条要素一读一写，围绕"作品梗概"这个中心，形成互相关联的两个活动。教材中编排了《鲁滨逊漂流记》的梗概，以"案例式教学"的方式，展示了如何借助作品梗概来了解整本书的主要内容。学生在阅读梗概的过程中，可以感受到梗概的大致样子，体验到梗概的价值。在习作中，教材以"图示讲解"的方式，指导学生写好梗概需要做好三个步骤：读懂内容，把握脉络；筛选概括，合并成段；锤炼语言，连贯表达。

这个单元的编排对我们设计整本书的阅读任务具有很好的示范性。类似的任务还有为书中人物写评论、推荐一本书、比较不同书中的人物等。序言、目录、后记、推荐语、名家评论等，对整本书阅读都很有价值，可以据此设计阅读任务，比如给没有目录的书添加目录，就是一项整合性很强的任务。

整合性的任务设计需要"关注整体与局部、局部与局部之间的关系"，避免纠缠于细枝末节的碎片化信息。如阅读《鲁滨逊漂流记》，要求"找出鲁滨逊一个人在荒岛上待了多少年"，这是一个孤立的信息，对学生把握整本书的主要内容，理解鲁滨逊作为一个敢于冒险、不怕困难、积极乐观的人物形象帮助不大。

3. 全程考察阅读表现

整本书的阅读，历时较长，可以分解为若干个相互关联的学习任务与活动，构成一个独立的学程。对"整本书阅读"的评价，要贯穿这个学程的全程，这样才能起到推进阅读进程、提升阅读质量的目的，评价本身也才可能真实、有价值。

"整本书阅读"以表现性评价为主，主要看阅读过程中的关键表现和"作品"。评价要从学生的阅读兴趣与习惯、阅读方法策略、交流分享的意识与表现、阅读数量和阅读质量等多个维度，综合设计评价表进行评价。

如阅读《小英雄雨来》，其中，"讲述雨来成长中的关键事件""给电影《小英雄雨来》的片段配音"等任务，可以设计这样的评价表：

讲故事评价表

序　号	评价标准	自我评价	小组评价
1	内容上能做到主要情节不遗漏☆☆☆☆		
2	条理上能按照一定的顺序讲☆☆☆☆		
3	主题上能突出雨来的小英雄形象☆☆☆☆		

电影片段配音评价表

序　号	评价标准	自我评价	教师评价
1	符合人物的身份☆☆☆☆		
2	能传达出说话的意图☆☆☆☆		
3	能表现出人物的特点☆☆☆☆		

根据任务实施的情况，可以由教师、小组同学和学生自己进行组合式评价。

阅读过程中的"作品"，包括读书笔记、阅读小报、思维导图、推荐海报、改写、续写等。"作品"的评价主体可以更加多元：或是班级的语文教师、同学；或是其他班级的教师、同学；如果在校外展览，还可以是参观者。评价方式可以是填写评价单，也可以是更加趣味化的，如把玩具、弹珠等投放在相应写有"作品"序号的盒子里。

（作者单位：江苏省江阴市晨光实验小学）

读读"儿童"故事，播下"愿望"种子

——二年级下册"快乐读书吧"创意教学

■ 蔡海峰

一、创意解说

儿童故事讲述的是儿童的生活或经历，是写给儿童看的故事。学生阅读儿童故事，故事内容一读就明白，一般无需教师指导；但是如何讲故事的艺术，如果教师不加指导，学生往往很难发现和领会其中的奥秘。儿童文学家朱自强认为：一个具有情节展开过程的好故事，往往有一个牵一发而动全身的动力源，这个动力源不仅把一个故事里的各方面因素凝聚在一起，而且推动这些因素向前发展。学生在阅读故事的过程中，要努力地去寻找那个故事创作和人物活动的动力源。"愿望"是儿童故事创作的主要动力源，当故事中的儿童拥有"愿望"的时候，故事就开始了。

学生贴着"愿望"读故事，跟着故事中的人物去体验不同的成长经历。在阅读中，学生沉浸在儿童故事所营造的世界中，自觉不自觉地关联自己的生活经历，可以从中找到成长的力量。

一是联类阅读，发现故事的"愿望"种子。在多篇儿童故事的联类阅读过程中，学生通过比较，"举三反一"，发现和捕捉故事创作和人物活动的动力源："愿望"。

二是角色代入，贴着"愿望"读儿童故事。学生将自己想象成故事中的主角，贴着主角的"愿望"进行沉浸式阅读，去经历一段特别的旅程。

三是比照生活，书写自己的"愿望"故事。在阅读故事的过程中，学生往往也在幻想的世界与现实的世界之间来回穿梭，并在自己与别人的联系中获得成长。

二、学习目标

（1）能在故事的阅读中，发现"愿望"的种子。
（2）能依据人物的愿望，猜测故事的情节。
（3）能联系自己的生活，遇见美好的"愿望"。

三、学习任务设计

> 学习任务一：
> 发现故事中的"愿望"种子

任务情境：爱读和会读故事的孩子都特别聪明，这学期我们将继续开启故事阅读之旅，一起走进故事的世界，去看看这些故事有什么相同的地方。

1. 认识儿童故事

（1）从封面和目录中了解故事。

①出示：《神笔马良》《七色花》《愿望的实现》《一起长大的玩具》等几本故事书的封面，读读这些故事书的名字。

②提问：我们读一本故事书，不仅要看封面，还要看目录，读读目录，你发现了什么？

要点：以《神笔马良》为例，发现书中有好多故事，这些故事的书名用的是第一个故事的题目；再比较《七色花》《愿望的实现》《一起长大的玩具》的目录，发现这几本故事书中也有很多故事，故事的书名用的也是第一个故事的题目。

提示：读这些书的时候，想读哪个故事，可以看目录，再找页码。

（2）在比较中认识儿童故事。

①合上故事书，再看看书的封面。书的封面一般都有插图，这些插图往往画的就是故事的主人公，《神笔马良》《七色花》《愿望的实现》《一起长大的玩具》这些书封面上的插图，画的都是谁？他们有什么共同点？

要点：都是和我们差不多大的小孩子。

②揭示：这些都是儿童故事。

提示：儿童故事中的主人公是儿童，故事也是他们的生活或经历的故事，是写给我们这样大的孩子看的。

2. 发现"愿望"种子

（1）听故事，讲故事。

①教师结合插画简单讲述故事。

a.《神笔马良》这个故事，你的爸爸妈妈小时候应该读过、听过，也许你的爷爷奶奶小时候也读过、听过，今天该轮到我们来读、来听了，想读、想听吗？

b. 教师出示《神笔马良》连环画的插图和文字，讲述故事，学生认真听故事。

②学生根据插画试着讲述故事。

a. 故事听完了，老师想问问小朋友，马良有一个什么愿望？

要点：马良的愿望是想得到一支笔。

b. 当马良有了这样一支画什么都会活的神笔之后，他做了些什么事？

要点：马良用这支神笔帮助穷人，惩治县官。教师相机形成故事结构图。

c. 谁能根据插图和故事结构图，试着讲讲这个故事？

马良 ⟶ 神笔 ⇢ 穷人
           ⇢ 县官

（2）猜故事，做目录。

①学生根据开头预测故事。

a. 认识珍妮：出示《七色花》的封面。教师介绍《七色花》这个故事的主人公是一个叫珍妮的小女孩，提示学生一读名字就知道珍妮是一个外国小女孩。

b. 教师讲述故事开头：

有一天，珍妮买面包圈回来的路上，面包圈被狗偷吃了，她就去追狗，不小心迷路了。她心里害怕极了，哇哇大哭起来。

一位老奶奶看珍妮哭得可怜，就送给她一朵七色花，告诉她想要什么就摘下一片花瓣，愿望就会实现。

c. 这朵七色花是一朵神花，有七种颜色，分别是黄、红、蓝、绿、橙、紫、青，每一种颜色的花瓣都能帮珍妮实现一个愿望。猜猜看，珍妮实现的第一个愿望是什么？

要点：带着面包圈回家去。

d. 珍妮要实现自己的愿望，还会这样念：

飞哟飞哟，小花瓣哟，

飞到西来飞到东，

飞到北来飞到南，

绕一个圈儿哟，打转来。

等你刚刚儿挨着地——

吩咐吩咐如我意。

吩咐吧，叫我带着面包圈回家去。

要点：引导学生边念边演，促进学生走进故事的情境。

e. 珍妮还实现了什么愿望？猜猜看。我们也可以这样念：

飞哟飞哟，小花瓣哟，

飞到西来飞到东，

飞到北来飞到南，

绕一个圈儿哟，打转来。

等你刚刚儿挨着地——

吩咐吩咐如我意。

吩咐吧，……

要点：同桌或小组间共同边猜、边念、边演，然后交流。

②学生根据故事制作目录。

a.珍妮到底实现了哪些愿望，我们只有到书中去寻找答案了。

b.这个故事比较长，我们读的时候，可以一边记录，把每一种颜色的花瓣实现的愿望记下来，这就成了"我的《七色花》小目录"。

（3）比故事，找愿望。

①比故事：《神笔马良》和《七色花》这两个故事有什么相同的地方？

要点：两个故事的主人公都是儿童，他们都有愿望，中间都有人送东西，帮他们实现愿望等。

②找愿望：马良用一支神笔实现自己的愿望，珍妮用一朵七色花实现自己的愿望。

学习任务二：
贴着"愿望"读读儿童故事

任务情境：故事中的马良和珍妮实现了自己的愿望。在生活中，你有什么愿望？也许是我要长大，我要自由……在故事中，有些主人公的愿望和你们的是一样的，他们是怎么实现自己的愿望的？就让我们把自己当作故事里的主人公，开始读故事吧！

1.贴着"我要自由"的愿望，读读故事《蜗人》

（1）读读《蜗人》中"我"的愿望。

①教师讲述一：每天放学回家，完成老师布置的家庭作业后，你都做些什么呢？

要点：学生根据自己的生活体验进行交流。

②教师讲述二：会不会像我一样——

放学后的课表

赵老师教的钢琴课

钱老师教的绘画课

孙老师教的书法课

李老师教的舞蹈课

要点：从中找到共鸣的学生，讲一讲自己的故事。

③教师讲述三：好不容易跟同学借来一本童话书，爸爸把书没收了，爸爸会说什么？

要点：学生根据自己的生活经历，发现爸爸一定会说少看"闲书"，要把心思放在学习上。

④教师讲述四：那天，我专心完成了所有的课程，可是我爸爸又说："早睡早起，还看什么'闲书'！"我向妈妈求援，妈妈会说些什么？

要点：结合生活，学生发现妈妈会和爸爸站在同一个阵营。

⑤教师讲述五：我第一次发了脾气，边哭边回房间了。然而那天晚上，我在床头的椅子上发现了一本"闲书"。我想读，哪怕是没意思的书。我就是要表达我的抗议！

提示：这是我第一次发脾气，因为我要自由，这是我的愿望。

（2）贴着"我要自由"的愿望，去读一读故事《蜗人》。

①接下去，故事中的"我"会如何实现自己的愿望呢？

要点：教师出示绘本《蜗人》的封面和小目录。

《蜗人》小目录

我第一次发脾气

从一本书里我认识了一只蜗牛

蜗牛给我朗诵了一首诗

变小变小变小

②根据绘本封面和故事小目录，猜猜"我"是如何实现自己的愿望的。

要点：我会变小，来到蜗牛的壳中，那里有很多书籍和玩具，我每天都能自由快乐地玩耍。

2. 贴着"我要长大"的愿望，读读故事《愿望的实现》

（1）找找"小苏希"的愿望。

①你每天早上是怎么起床的？

要点：被家长很早就喊起来，早早地去上学。

②教师讲述：小苏希是一个非常顽皮的孩子，每天早上醒来，总是被爸爸老苏巴催着去上学，可是他并不愿意去上学，于是他就有个愿望——我要长大。

要点：讲述时，要顺着学生的情绪，与学生共情，引导学生走进小苏希的内心。

（2）贴着"我要长大"的愿望，读一读《愿望的实现》。

①马良是老爷爷给了一支神笔，珍妮是老奶奶给了一朵七色花，那小苏希会由谁来帮助他实现愿望呢？

要点：学生猜测后，出示"愿望仙子"的图片。

②当愿望仙子降临后，小苏希的愿望真的实现了，他真的长大了，接下来会有什么故事发生呢？

要点：根据自己的生活经验，从长大后的好处和坏处两个方面进行交流。如长大后就不用上学了，可以自由地过大人的生活，但长大后要工作，要赚钱养家糊口……

> 学习任务三：
> 读到生活中的"愿望"故事

任务情境：除了这些故事，还有许多关于愿望的儿童故事，其中有一个是老师最想推荐给你们读的故事。我们可以给自己制定一份阅读单，根据阅读单走进这些故事。

1. 推荐"愿望实现"的儿童故事

（1）出示目录页，教师提示，在这套书中还有很多关于愿望实现的故事，如《校庆日》《十二个月》《曼曼钓鱼》等。

（2）在我们班上，有很多同学也读过米小圈、马小跳、姜小牙这些"小伙伴"实现了愿望的故事。

要点：出示米小圈、马小跳、姜小牙的图片让学生辨认，出示相关故事书的封面，也可请读过的学生讲讲其中一两个关于愿望实现的故事。

（3）小结：读这些故事，要边读边想，他们的愿望是什么？他们是怎么实现自己的愿望的？看看对自己有什么启发。

2. 交流自己的"愿望"故事

（1）其实老师最想推荐给大家读的儿童故事是另一本书，故事的主人公是谁呢？

要点：出示一面镜子，先请一位同学上来看这个故事的主人公是谁，然后让其他同学猜，最后提示故事的主人公其实是我们自己。

（2）说说自己生活中关于"愿望"的故事。

要点：学生交流自己生活中关于"愿望"的故事，可以是实现了的，可以是没有实现的。

（3）师生一起制作儿童故事阅读单。

我的儿童故事阅读单

1.《神笔马良》

2.《七色花》

3.《十二个月》

4.《蜗人》

5.《曼曼钓鱼》

6.《愿望的实现》

7.《校庆日》

8.《米小圈》

9.《我的愿望实现的故事》

……

（4）总结：在儿童故事的阅读中，既要读别人关于"愿望"的故事，也要读自己关于"愿望"的故事。读着别人的故事，智慧的人总能从中看到自己的过去、现在和将来，或者学着别人的方式去解决这些难题，或者找到更好的方式去面对这些难题。

（作者单位：江苏省江阴市夏港实验小学）

探寻英雄成长的密码

——《小英雄雨来》"整本书阅读"创意教学

■ 梁昌辉

一、创意解说

《小英雄雨来》讲述的是抗日战争时期，冀东还乡河边的少年雨来和全村男女老少一起，以自己的方式保家卫国，与日本鬼子进行了顽强斗争，从一个乡村小娃成长为一名英雄游击队员的故事。

"成长的烦恼"是一个永恒的主题。如何帮助儿童应对"成长的烦恼"？用同伴的故事为儿童提供解决烦恼的参照系，可以温润地助力学生的成长。小英雄雨来的身上蕴含着丰富的成长因素。阅读《小英雄雨来》，可以从情节、人物、语言等多个角度，去探寻英雄成长的密码。

一是情节的梳理与概括。通过梳理和概括，发现雨来成长中的关键事件，理解关键事件对雨来成为抗日小英雄的作用。注意事件之间的联系，发现情节的起伏，体会小说叙事的艺术，联结自己阅读时的心理起伏，感受阅读作为文学性作品的小说的快乐。

二是人物的把握与分析。对人物形象的把握要联系关键事件，发现关键事件中人物在思想、心理、情感等方面的变化，刻画人物成长轨迹，发现小英雄成长动力的来源。经历人物形象建构的过程，体验文学性阅读的快乐，同时，联结自己，获得成长的启迪。

三是言语的感受与迁移。通过对景物描写文段的朗读与感受，体会祖国山河之美，理解作者蕴含其中的强烈的爱国情感。分角色朗读对话，感受语言的时代特色和冀东方言的特点，相机进行理解。《小英雄雨来》的传播形式除了小说外，还有电影、连环画等，可以进行不同艺术形式之间的勾连，如给连环画配文字等，以富有吸引力的方法引导学生进行言语的迁移运用。

二、学习目标

（1）了解抗日战争时期的小英雄故事，联系时代背景理解人物。

（2）借助表格梳理信息，探讨影响雨来性格的因素，理解雨来是如何成长为一名优秀的游击队员的。

（3）感受、学习雨来的勇敢无畏和机智灵活，受到爱国主义教育。

三、学习任务设计

学习任务一：
制订阅读计划，有序自主阅读

1. 回顾四年级课文《小英雄雨来（节选）》，介绍作者、时代背景

（1）简要说一说课文《小英雄雨来（节选）》的主要内容。

（2）观察封面，了解时代背景。

出示：

抗日战争（1931—1945年），共14年抗战，是中国人民抵抗日本侵略

的一场民族性的全面战争。面对侵略者，中华儿女不屈不挠、浴血奋战，直到彻底打败日本军国主义侵略者。日本帝国主义在1945年宣布无条件投降。

介绍：雨来就是抗日战争时期成长起来的一位抗日小英雄。

（3）进一步了解作者。

出示：

作家管桦，1940年参加革命工作，就在雨来生活的冀东做随军记者，发表过多部文学作品。深受大家喜爱的歌曲《听妈妈讲那过去的事情》《我们的田野》《快乐的节日》，就是由他作词的。

2. 制订阅读计划

出示学习单，小组讨论后，制订个人阅读计划。

个人阅读计划

日　期	进　度	批注或摘记
＿＿月＿＿日	至＿＿页	
＿＿月＿＿日	至＿＿页	
＿＿月＿＿日	至＿＿页	
＿＿月＿＿日	至＿＿页	
＿＿月＿＿日	至＿＿页	
＿＿月＿＿日	至＿＿页	
＿＿月＿＿日	至＿＿页	

然后根据计划，自主阅读。

学习任务二：
梳理小说情节，感受叙事艺术

1. 读目录，找出关键事件
（1）出示目录，回顾故事内容。

雨来这孩子

夜校

雨来被抓住了

扁鼻子军官

河沿上响了几枪

军事演习

我们就是到这儿埋地雷的

危险的侦察

特务

"这儿是中国的土地！"

愤怒的土地！

他们这是到哪儿去呢？

杨大娃

像八路军那样爱自己的同志

渡河

我不累呢，我是撒尿来着

跳进人来啦

来了个骑自行车的人

杜绍英

妈妈决心拖住特务

"一定救回自己的同志！"

打呀！开枪！

芦花村好不热闹

腮帮上有"酒窝"的战士

再有二百个柜还不够呢

东屋住满了鬼子兵

快走吧

放羊的

越胆小越害怕，越胆大越不怕

谁？站住！

"快让我进去吧！"

"敌人来了！"

一场大战

钻进网里的小鹰

"我要有枪早把你们打死了！"

"这个小八路"

怎么逃跑呢？

就是李大叔

牛车上坐着个小媳妇

战斗开始了

小英雄的故事多着呢

（2）小说的主人公是雨来，找一找雨来成长中的关键事件，用简洁的短语概括。

示例：①夜校读书学识字；②英勇掩护李大叔；③带鬼子进地雷阵；④带领伙伴要参军；⑤送信救下杜队长；⑥智救八路伤病员；⑦摸黑勇送鸡毛信；⑧误闯敌营不屈服；⑨获救参加游击队。

（3）围绕主角雨来，用简洁的语言说说小说的主要内容。

示例：小英雄雨来聪明机智，勇敢地和八路军一起抗日。面对鬼子，他毫不畏惧，几次成功逃脱鬼子的魔爪，最后成为一名游击队队员。

2.感受雨来的血与火的特殊生活

（1）讨论：雨来成为一名游击队员经历了哪些困难？

要点：对黑夜的恐惧，忍受敌人的拷打，冒着死亡的危险……

（2）12岁的雨来为什么会经历如此危险的斗争生活？联系时代背景说一说。

小结：日寇侵略我国，民族存亡之际，每一个中国人，包括孩子，都要站起来抗击侵略，保家卫国。

3.体会情节的惊心动魄

（1）回看9个关键事件，想一想，读到哪些地方自己的心会悬起来？读到哪里心才会放下来？

（2）把关键事件做成卡片，根据阅读感受摆一摆，连一连。

（3）小说与电影相印证，领悟叙事艺术。

观看电影《小英雄雨来》片段，说说体会。

提示：看到雨来被敌人拷打，心就悬起来，担心雨来出危险；看到敌人受到惩治，雨来机智逃脱鬼子的魔爪，觉得特别解气，特别开心。

小结：情节的起伏深深地吸引着读者，主人公的安危始终牵挂着读者的心。这是小说叙事的艺术魅力，也是我们阅读小说的乐趣所在。我们关心主人公，说明我们也和雨来一样，是一个热爱祖国的人。

学习任务三：
把握人物形象，发现英雄密码

1.说说英雄印象

（1）小组合作，用若干词语描述自己对雨来的印象。

示例：勇敢顽强、聪明机智、胆大心细、聪明顽皮。

（2）对比封面插图，说说自己认为哪一幅"雨来图"更符合自己对雨来的印象。

提示：抓住"小英雄"这个中心定位来交流。

2. **话题讨论：雨来是怎么成长为小英雄的**

（1）小组讨论，列出哪些人的哪些事影响着雨来的成长。

要点：父母的榜样作用，八路军、游击队英勇杀敌的影响，对同龄人杨大娃参加八路军的羡慕……

（2）追问：找一找小说中写到的坏人，他们对雨来有着怎样的影响呢？

要点：日本鬼子、特务、伪军等坏人烧杀抢掠，激起了雨来的仇恨，也从另一方面激励着少年雨来勇敢地站出来，与侵略者斗争。

3. **感受爱国主义精神**

（1）"我们是中国人，我们爱自己的祖国"这句话出现了几次？分别出现在哪里？说说体会。

提示：第一次、第二次在"夜校"一章中，第三次出现在"扁鼻子军官"一章中，第四次出现在"怎么逃跑呢？"一章中。它们分别出现在小说的开头、中间和临近结尾的部分。开头部分，雨来念出了这句话；中间部分，雨来被鬼子毒打，鲜血滴在书中的这句话上面；临近结尾，雨来梦到了这句话。这种反复的手法，充分体现了雨来牢记自己是中国人，深深热爱着自己的祖国。

（2）找一找，小说中还有哪些用文字表现雨来爱国的地方。

提示："这儿是中国的土地！"分别出现在"我们就是到这儿埋地雷的""'这儿是中国的土地！'"两章中。雨来用粉笔在地上写这句话和故意带鬼子经过写有这句话的地方，凸显了雨来热爱祖国、憎恨侵略者、立志保家卫国的情感与志向。

4. **小组讨论，总结"英雄密码"**

要点：热爱祖国、敢于斗争、坚强不屈、不怕牺牲、聪明机智……

> 学习任务四：
> 欣赏小说语言，情境迁移运用

1. 欣赏小说中的风景

（1）出示四年级课文《小英雄雨来（节选）》中描写还乡河的句子，朗读、想象，说说其表达上的作用。

（2）选择欣赏小说中的一处景色，体会景物描写的作用。

出示：

①芦花村西的几亩高粱，竖着长长的高粱秆儿，像一支支红缨枪，把深红色的大穗儿举向天空，在风中抖动。

②一块没有刨掉的玉秫秸，哗啦哗啦地抖动着干叶子。还乡河水打着漩涡，阳光下闪耀着发白的浪花，以及水鸟的叫声，都使鬼子心惊肉跳。

③旷野被寒冷的夜雾笼罩，四周一片漆黑。群星在深远的天空里，一明一灭地闪动着它们宝石一样的亮光。

选择一处读一读，想象句中描写的画面，和同桌说说自己怎么理解风景描写的作用。

要点：

第①处，富有动态的描写，形象地展现出一幅壮丽的画面，表达了对敌人的痛恨，与敌人斗争到底的坚定决心。

第②处，景物描写所营造的是比较凄凉恐怖的氛围，衬托出了鬼子进入地雷阵时的恐惧，侧面表达了作者强烈的痛恨之情。

第③处，描写的是冬夜的景色，带有神秘和寒冷的色彩，为下文写雨来一个人摸黑送鸡毛信内心的害怕做了铺垫。

2. 感受言语特色

（1）分角色朗读，感受冀东方言。

出示：

为什么我们的阵地上还没有人吭声？为什么杜绍英还不发命令开火？为什么机关枪像个哑巴一样不叫起来？

再过一刻钟，敌人就从眼前过去了，进白风寺村里去了。雨来到底没有进村里去。他走到趴在最后的一个战士身旁："叔叔，我在你这行不行？"

战士眨着眼睛，上下地打量着雨来，问："趴在我这儿干什么？"

"看你们打仗啊！"

"什么？看我们打仗？快走你的吧！你以为这是随便闹着玩儿的是怎么的？"

雨来用受了委屈的声调，说："我又不捣乱你们，这么在顶后头趴着看看都不行？"雨来嘴里说着就趴在这个战士的身边了。

战士着急地叫道：

"你这算干什么？出了事谁负责任？不行，请你快走吧！"雨来拿胳臂肘推了这战士一下，使了个眼色，于是这个战士看见了出现在大路上的敌人。

要点：①形象化表达，往往用比喻，如"为什么机关枪像个哑巴一样不叫起来？"②口语化，如"快走你的吧！你以为这是随便闹着玩儿的是怎么的？"③方言词，如"顶后头"。

（2）找出一些"时代词"，理解时代背景。

示例：跑反的、主力部队、游击队、鸡毛信、鬼子、特务、伪军……（都跟战争或抗日有关）

3. 仔细阅读小说，为下列六幅画各配上一句话

（1）摘录文中原句或者用自己的话。

① ②

③　　　　　　　　　　　④

⑤　　　　　　　　　　　⑥

（注：插图作者为江苏省江阴市晨光实验小学胡艳华。）

（2）连起来，给家人讲讲"小英雄雨来"的故事。

学习任务五：
多文本比较阅读，深化主题领悟

1. 人物与结局

（1）对人物进行分类，发现小说在人物结局安排上的特点。

要点：

①正面人物：雨来、爸爸、妈妈、李大叔、杜绍英等。

②反面人物：扁鼻子军官、特务、指挥官、山田大佐等。

③结局：侵略者肯定失败，正义者（人民）必定胜利（鲜明的爱国主义和正义的战争观）。

（2）讨论：警备队的李四喜是个怎样的人？联系李四喜的行为表现说一说。

提示：李四喜可能是有正义感、爱国心的中国人，只是暂时做了伪军；可能是打进伪军内部的游击队员或八路军战士。

（3）欣赏歌曲《我的祖国》，感受强烈的爱国之情，接受爱国主义教育。

2. 电影趣配音

（1）小组合作，选用书中语言给电影片段配音，具身化感受人物形象与小说主题。

附：《小英雄雨来》的电影。

（2）比较小说与电影，说说两者的异同。

3. 续写故事

（1）阅读最后一章"小英雄的故事多着呢"，预测雨来还会参加哪些"战斗"。

（2）小组合作，想象雨来的"后来"，写一个小故事。

提示：变化的是故事，不变的是雨来是一位"英雄"。

学习任务六：
英雄故事主题阅读，联结自己激励成长

1. 主题阅读，传承红色精神

1998年，"小英雄雨来纪念园"在还乡河公园落成了。《小英雄雨来》的作者管桦为"小英雄雨来纪念碑"写了碑文。

出示：

1937年，日本法西斯侵略中国，中国进行全民族抗战。青壮年参加八路军，拿起枪抗击日本侵略者，冀东还乡河两岸各村的民兵、老年人、妇女、少年儿童，为保卫祖国家园与敌人进行顽强的斗争。在那个战争年代，像雨来那样站岗放哨、手拿红缨枪、挺起小胸脯、给八路军送信、带路的情况是很多很多的……

学生朗读碑文，说说自己知道的抗日小英雄。

2. 主题阅读

阅读《小兵张嘎》《潘冬子》《鸡毛信》《王二小》等，进一步感悟战争年代少年英雄的不同成长经历。

3. 发现作者的"成长"

出示：

　　作者管桦从小就和村里的儿童一起站岗放哨，给八路军送鸡毛信，上树瞭望，捕捉敌情。1940年，他离家奔赴抗日战场，长年转战南北。他参军以后，童年时代的情景常常浮现眼前。于是，他创作了以雨来为主人公的小说《小英雄雨来》，发表在《晋察冀日报》上。

　　读一读，说说自己的发现。

　　提示：作者结合自己的成长经历创作了这部小说，主人公雨来的身上，有许许多多和作者一样经历的少年成长的影子。

4. 联结自己的经历，围绕"成长"写一篇文章

　　提示：可以写自己的成长故事，也可以联系这一组少年英雄的故事写一写对成长的看法。

（作者单位：江苏省江阴市晨光实验小学）

从顽皮男孩到小英雄

——《汤姆·索亚历险记》"整本书阅读"创意教学

■ 李子裕

一、创意解说

汤姆·索亚厌恶刻板枯燥的生活，梦想着和朋友们一起到荒岛上做海盗，过一种刺激冒险的生活。一次偶然的机会，他和哈克·贝利在坟场目击了一桩杀人案。在正义的驱使下，他战胜了心中的恐惧，勇敢地揭发了犯罪者，保护了无辜的镇民。后来又在一次郊游中，与贝琪在岩洞里迷了路，凭借着乐观无畏和冷静机智，自救脱险。最终，聪明机智的汤姆和哈克·贝利找到了强盗的宝藏，成为小镇的小英雄，赢得了人们的赞赏。

学生阅读小说，往往只关注重要情节，而缺乏对故事的整体了解，容易造成碎片化印象；同时，在阅读深度上，大多只能达到了解情节、知晓人物个性的程度，对于人物之间的相互影响、推动情节发展的逻辑链等，缺乏立体的认识。因此，设计具有代入性、沉浸式、共鸣感的学习任务，让儿童乐于阅读故事，学会梳理情节图谱、理性评价人物、拓宽阅读媒介，就成了化解上述难点的"整本书阅读"教学路径。

一是历险情节的梳理：借助历险图阅读故事，绘制主人公的脱险图，合理创编主人公历险新故事。

二是关键人物的联比：从"对手"和"队友"等角度绘制人物关系网，发现形形色色的人物对主人公的成长影响值。

三是主角形象的把握：以"天平秤"的方式，发现主人公在历险中由成长到成熟的历程。

四是表现形式的比较：将原著与影视作品进行比较，从影视叙事的角度来重构和再现故事。

二、学习目标

（1）能在汤姆·索亚的历险图中梳理情节的发展脉络。

（2）能在汤姆·索亚的关系网中洞察人物的相互碰撞。

（3）能在汤姆·索亚的"天平秤"中评价人物的是非美丑。

（4）能在汤姆·索亚的影视圈中建构人物的立体形象。

三、学习任务设计

学习任务一：
汤姆·索亚的历险图

任务情境：同学们，你们想继续跟随汤姆·索亚的脚步再次开启历险之旅吗？这节课我们将回到故事的开端，跟汤姆·索亚一起走过他的历险地图。

1. 跟着汤姆·索亚一起去历险

（1）出示几种不同版本的《汤姆·索亚历险记》封面图片，提问：图片讲了一个怎样的故事？

要点：学生会看到三个孩子划船到杰克逊岛当海盗、汤姆边吃苹果边看别人帮他刷墙、汤姆与哈克鬼屋寻宝、汤姆与贝琪山洞历险等封面图。引导学生发现这本书讲述的重点是汤姆历险的情节，需要特别关注。

提示：阅读要主次分明、有的放矢，提高阅读效率。

（2）出示目录，圈出跟历险密切相关的五个重要情节和场景。

要点：出示坟场凶杀、孤岛冒险、鬼屋寻宝、山洞历险、重返山洞这五个重要历险情节的图片,引导学生重点阅读这五次历险经历。

提示:学生可以沿着既有路线重走汤姆的历险之旅,也可以读自己感兴趣的某个故事。学生在自主阅读的过程中读到哪个章节就在历险地图上进行标记,以便下次继续阅读,从而随主人公经历一次富有体验感的冒险。

2.绘制汤姆·索亚"脱险分析图"

提问:汤姆是如何在五次历险中脱险的?选择一次历险具体说一说并绘制汤姆的脱险分析图。

要点:例如,在"孤岛冒险"中汤姆和哈克、乔奇先后经历了"木筏搁浅""安营扎寨""军心不稳""夜探姨妈""参加自己的葬礼"这几个情节。脱险原因源于汤姆等一行人对回归和家乡的自我觉醒,这也让他们感受到了大人们的苦心。

提示:主人公每次脱险的原因各不相同,有的是因为对亲情和家庭的认同,有的是因为恐惧与逃避,有的是因为机智与勇敢,有的是因为正义和友爱。引导学生发现:每一个孩子都应当经历一次富有意义的冒险旅程。

3.创编汤姆·索亚历险新故事

提问:同学们,在你们的想象中,汤姆和他的小伙伴还可能在圣彼得堡的哪些地方经历冒险呢?能试着为汤姆设计"副本"或"支线"故事吗?(教堂的地下室、废弃的老医院、密西西比河的修船厂等。)

要点:学生既发挥想象,又需要合理构思"离家—历险—回归"的情节图,在不同的地点可能遇到不同的险情。

示例:在地下室迷路,在废弃医院发现强盗,在修船厂误触机关,等等。最终,故事再次回归主线。

提示:学生首先确定冒险的动机,按照"离家—历险—回归"的旅程图,设置重重困难,预设种种办法,经历一次冒险的旅程,在解决麻烦(问题)的过程中获得身与心的双向成长。

学习任务二：
汤姆·索亚的关系网

任务情境：小说中出现了很多人物，这些人物有的是汤姆的亲人，有的是汤姆的伙伴，有的是危及汤姆的反派，有的则随着情节发展跟汤姆的关系发生变化。让我们去认识认识，跟他们打个招呼。

1. 在分类整理与思维导图中认识人物

提问：有什么好的办法可以帮助我们更好地认识这些人物？

要点：可以通过分类法认识人物。

例1：按照年龄划分，与汤姆同龄的人是——贝琪、哈克、乔奇、本等；汤姆眼中的大人是——波莉姨妈、撒契尔夫妇、莫夫·波特、印江·乔埃。

例2：按照汤姆的"对手"和"队友"划分，汤姆的"对手"是大反派印江·乔埃；汤姆的"队友"则主要是爱护她的波莉姨妈、"臭味相投"的哈克、彼此喜欢的贝琪及她的父母；莫夫·波特、道格拉斯寡妇等则相对中立。

提示：外国名著不好读的一个重要原因是，外国人名很难读，也很难记住，容易混淆人物关系。通过分类整理并绘制思维导图可以帮助学生厘清人物之间的复杂关系。

2. 在情节发展与相互影响中解读人物

提问：故事围绕汤姆及其身边的人展开，他们与汤姆之间发生了什么故事，对汤姆的成长又有何影响呢？选择一个情节进行交流。

要点1：解读"队友"。

汤姆"队友"解读

	波 莉	莫夫·波特	哈克·贝利
与汤姆的关系	汤姆的姨妈和监护人，类似母子关系。	……	……
具体情节	汤姆从杰克逊岛偷偷返家，夜探姨妈。	……	……
对汤姆的影响	汤姆理解了姨妈对自己的担心和苦心。	……	……

要点2：解读"对手"。

小说中的负面人物往往对情节的发展有着巨大的推动作用，更是推动"成长中的汤姆"走向"成熟后的汤姆"的催化剂。比如，在第23章、24章中，作者将汤姆因坟地谋杀案产生的烦恼、折磨和痛苦描写得淋漓尽致。教师可设置阅读话题"要不要出手救助莫夫·波特"，引导学生聚焦这个关键事件，结合作者对汤姆的语言和心理描写，仿照鲁滨逊在荒岛上如实记录幸与不幸的形式，帮汤姆列一份清单，把出庭作证的好处与坏处全部罗列出来，直观鲜明地引导学生走进人物的内心世界。

好处和坏处清单

	好 处	坏 处
出庭指认印江·乔埃杀死了罗宾森医生，还莫夫·波特清白	使无辜的莫夫·波特脱罪。	印江·乔埃怀恨在心，自己处于危险之中。
	使自己免受良心的谴责。	万一法官或民众不完全相信指控该怎么办？
	使自己暂时脱离焦虑与惶恐。	可能会带来害怕印江·乔埃报复的长期焦虑。

提示：人物关系错综复杂，人物之间也往往相互影响，因此教师可以引导学生发现书中的其他人物，并思考这些人物与主人公的关系，形成人物关系图谱并标记他们是怎样相互影响的。

3. 在"重要他人"的影响中回顾成长

提问：在你的成长过程中，一定会有亲人、朋友、老师甚至你讨厌的人或陌生人做的某一件事，令你记忆深刻。说说这个人对你的成长有什么帮助或影响。

要点：学生结合具体事例，阐述善良、坚强、诚实、勇敢等品质的形成过程，以及关键人物在关键时刻对自己的关键影响。这种影响可能是一句话，也可能是一个眼神、一个动作。鼓励学生在"'成长中，多亏有你'人物推介会"上作介绍，分享自己的成长感悟。

提示：成长的过程中，有的爱是显性的、即时的，有的爱是隐性的、深远的。自我的成长有时需要亲人和朋友的关爱、鼓励，有时则需要在克服困难、战胜对手甚至化敌为友中实现。

> 学习任务三：
> 汤姆·索亚的天平秤

任务情境：在《汤姆·索亚历险记》的开头，作者马克·吐温是这样介绍汤姆的："我从来没有见过比这孩子更淘气的。"可是又有人说，汤姆正义、勇敢，是男孩子们的偶像。让我们借助天平来深入了解汤姆·索亚。

1. 汤姆·索亚身上的"好"与"不好"

提问：汤姆·索亚是不是好孩子呢？结合你的阅读体验，读到汤姆一次"好"的地方，就把这种"好"放在天平的左侧；读到一次汤姆"不好"的地方，就把这种"不好"放在天平的右侧。最后看看，你有什么发现？

要点：学生发现，汤姆·索亚是一个特立独行、淘气顽皮、喜欢恶作剧又有点爱慕虚荣的可爱"顽童"，在他的身上有着勇敢正义、敢于冒险、机智冷静等特点。学生也感受到，汤姆·索亚是一个逐渐成长的、不断走向成熟的孩子。

提示：汤姆·索亚的成长经历告诉我们，成长需要过程，勇于承担和守望相助是成熟的标志。而在成熟之前，亲人爱的教育与善的引导是十分重要的。

汤姆·索亚的天平秤
你认为汤姆是个好孩子吗？

善良	正义		虚荣心
机智	勇敢		淘气顽皮
友爱	重视亲情		爱恶作剧
			不守规矩

2.说说自己身上的"好"与"不好"

要点：联系自己的成长经历，将自己身上的"好"与"不好"也放到天平秤上，发现自己的成长、变化。可以结合阅读感受和生活经历，写一写读后感。

学习任务四：
汤姆·索亚的影视圈

任务情境：《汤姆·索亚历险记》这部名著，被拍成了电影，被拍成了动画片。我们一起走进汤姆·索亚的影视圈吧。

1.原著、电影比一比

提问：看看德国导演赫敏·亨特沃思改编的《汤姆·索亚历险记》，结合原著，找一找电影对哪些故事情节进行了删减或改编？你是否赞同这种删减或改编？

原著与电影情节对比

原著情节	电影情节	改编的效果	你支持电影的改编吗？为什么？
例：最后汤姆在山洞里遇见印江·乔埃时，印江·乔埃已经死了。	汤姆在山洞里看见了正在拿金子并企图杀死他的印江·乔埃，汤姆果断地用石头砸晕了他。	这样改编更可以体现汤姆的勇敢与机敏，又给故事增添了紧张、刺激感。	
……			

提示：引导学生集中注意力对照原著观看电影，激发学生兴趣，训练学生的观察力和对细节的洞察力。还可以引导学生对电影的人物塑造、对白设计、环境布景、电影配乐进行评论。在此基础上，继续探讨影视作品没有传达出的原著信息和文字表达效果，还可以探讨不同版本影视作品的区别等。

人物
塑造
10分

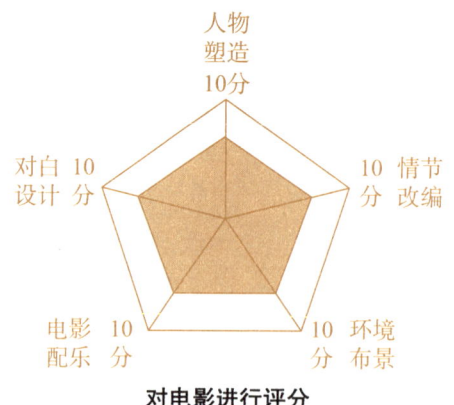

对白　10　　　　　　　　10　情节
设计　分　　　　　　　　分　改编

电影　10　　　　　　10　环境
配乐　分　　　　　　分　布景

对电影进行评分

2. 创意剧本编一编

提问：刚才同学们交流了原著与电影在情节等方面的不同，还做了一回小小电影评论员。如果让你尝试拍摄某个情节，你会怎样构思剧本？

剧本构思

我的职业准则	我想改编的原著或电影情节	我想改编成的情节	改编意图
尊重原著理性改编	我想在印江·乔埃的身世介绍上增加一些细节。	印江·乔埃的种族惨遭白人灭绝，他在小镇上总会被一些戴"有色眼镜"的人歧视和嘲笑。这加剧了印江·乔埃本就阴暗的报复和仇恨心理。	我发现电影里心狠手辣的印江·乔埃也有可以被理解的地方。例如，莫夫·波特和鲁滨逊医生都曾侮辱、取笑他的种族。

提示：作为电影的编剧，首先要尊重原著，不能对原著的重要情节进行颠覆式修改。其次，在不违背主线剧情的基础上，可以根据自己的喜好，凸显或淡化角色的表现力。

3. 招募伙伴演一演

提问：有信心把自己改编的情节演一演吗？让我们招募同伴试着演一演。在这之前，先制作一张"演员招募海报"，安排演员们"试镜"吧。

《汤姆·索亚历险记》第二十章——英雄救美	
第一幕	第二幕
时间	汤姆和贝琪争吵后的一天中午	下午第一节课
地点	教室	教室
人物	偶然路过的汤姆 好奇而又害怕的贝琪	"大义凛然"的汤姆 惊恐而又深受感动的贝琪 因心爱的书被撕坏而愤怒的杜平先生 战战兢兢的同学们

提示：在确定改编情节的基础上，先制作一张"演员招募海报"，将需要参加表演的演员的角色、数量、性格等一一列举，激发学生的兴趣和表现欲，既锻炼口语交际能力，又巩固整本书阅读的效果。

（作者单位：江苏省无锡市通江实验小学）

"整本书阅读"任务群教学案例评析
——情境设置与工具支持

■ 吴欣歆　韩再彬

蔡海峰老师的《读读"儿童"故事，播下"愿望"种子》、梁昌辉老师的《探寻英雄成长的密码》、李子裕老师的《从顽皮男孩到小英雄》等三个教学案例，均以儿童文学的关键故事情节为阅读线索，引导学生"举三反一"，掌握阅读儿童故事的基本方法与有效策略。三个教学案例结构完整，任务与任务之间逻辑链条严谨，关注学生的阅读兴趣，注重学生沉浸式的阅读体验，尤其是通过设置情境与借助工具的方法，使阅读过程活动化，有效推进了"整本书阅读"的教学。

一、设置情境，促进学生进入沉浸式的阅读状态

创设真实而又特别的情境，促进学生进入沉浸式的阅读状态，是"整本书阅读"教学实施的常见路径。《读读"儿童"故事，播下"愿望"种子》通过设置故事任务情境："故事中的马良和珍妮实现了自己的愿望。在生活中，你有什么愿望？""有些主人公的愿望和你们的是一样的，他们是怎么实现自己的愿望的？就让我们把自己当作故事里的主人公，开始读故事吧！"学生贴着"愿望"读故事，跟着故事中的人物去体验不同的成长经历。在阅读中，学生沉浸在儿童故事所营造的世界中，不断自觉关联自己的生活经历，从中找到成长的力量。《探寻英雄成长的密码》让学生真切感受

到雨来血与火的特殊生活，尤其是引导学生回看九个关键事件，让学生想一想读到哪些地方自己的心会悬起来，读到哪里心才会放下来，并把"关键事件"做成卡片，根据阅读感受摆一摆、连一连，让学生体会情节的惊心动魄。黑夜的恐惧、敌人的拷打、死亡的危险……这一幕幕场景徐徐拉开，伴随着学生的阅读，一起进入文本的中心地带，情节的起伏与波折让学生仿佛置身于事件现场。《从顽皮男孩到小英雄》通过设计具有代入性、沉浸式、共鸣感的学习任务，让学生在阅读《汤姆·索亚历险记》时，思考"如果让你尝试拍摄某个情节，你会怎样构思剧本"，同时也让学生跟着汤姆·索亚一起去历险。学生可以沿着既有路线重走汤姆·索亚的历险之旅，从而随主人公经历一次富有体验感的冒险。注重情境，设置情境，引领学生进入沉浸式阅读的状态，将阅读过程活动化，从而真实有效地推进了"整本书阅读"学习任务群的落实。

二、有序推进，引领学生体验完整的阅读过程

"整本书阅读"教学既怕碎片化的阅读，又怕事无巨细的讲解。有序推进，引领学生体验完整的阅读过程，是落实"整本书阅读"学习目标的要义所在。《读读"儿童"故事，播下"愿望"种子》一课，教师首先让学生阅读《神笔马良》《七色花》《愿望的实现》等故事，接着问道："在生活中，你有什么愿望？"最后让学生完成故事阅读单。整个过程，以愿望为线索，发现愿望、了解情节、对比自身；以任务为中心，遵循逻辑、环环相扣、循序展开，学生得以体验完整的阅读过程。《探寻英雄成长的密码》首先让学生对故事的情节进行梳理与概括，再对人物形象进行了细致的分析，最后感受并迁移与应用故事的语言，一步一步带领学生走进文本、理解文本。《从顽皮男孩到小英雄》中的问题设计极为精妙，教师首先出示几种不同版本的《汤姆·索亚历险记》封面图片，提问："图片讲了一个怎样的故事？"接着又问："汤姆是如何在五次历险中脱险的？"引导学生选择一次历险具体说一说并绘制汤姆的脱险分析图。最后再提问："同学们，在你们的想象中，汤姆和他的小伙伴还可能在圣彼得堡的哪些地方经历冒险呢？能试着为汤姆

设计'副本'或'支线'故事吗？"整组问题层层推进，具有进阶性。依托这些问题，学生了解故事的主要内容，经历了完整的阅读体验。

三、开发工具，帮助学生建构丰富的阅读策略

学习工具能够帮助学生建构丰富的阅读策略。学习工具包括思维导图、阅读任务单和读写结合活动等。

思维导图可以将学生所需要的信息和线索汇总起来，通过有依据的分类，直观地呈现整本书的线索脉络，实现思维可视化。学生可以围绕整本书中的人物关系、重要情节线索、人物成长轨迹、心理变化活动等绘制思维导图。比如读《三国演义》，可以让学生制作人物关系谱系图；读《西游记》，可以让学生画取经路线图；读《红楼梦》，可以让学生画黛玉的心路历程图。《从顽皮男孩到小英雄》一课，设计了汤姆·索亚"脱险分析图"，以及汤姆·索亚的关系网，帮助学生认识书中人物。学生在分类整理并绘制思维导图的过程中，克服了因外国人名的特点而难以厘清人物之间关系的问题。《探寻英雄成长的密码》一课的"学习任务五"，对人物进行分类，这是思维导图的一种变式建构。在学习工具的支持下，学生得以认识小说（故事）在人物布局上的特点，深化对"正义"的认知。

阅读任务单是一种指向性任务（问题）的表单，它有助于引导学生带着问题阅读整本书，帮助学生把握整本书的脉络，厘清整本书中的人名、时间、线索等关键信息，提高阅读效率和阅读质量。针对《探寻英雄成长的密码》，学生在小组讨论后，制订阅读计划，包括预计完成阅读的总天数、每次预计阅读的页数等，再进行自主阅读。《读读"儿童"故事，播下"愿望"种子》一课中，由于《七色花》的故事较长，教师引导学生一边读，一边记录，把每一种颜色的花瓣实现的愿望记录下来，生成"《七色花》小目录"，便于学生记忆和进一步讨论。《从顽皮男孩到小英雄》通过设置阅读话题"要不要出手救助莫夫·波特"，引导学生聚焦关键事件，结合作者对汤姆的语言、心理描写，仿照鲁滨逊在荒岛上如实记录幸与不幸的形式，帮汤姆列一份清单，把出庭作证的好处与坏处全部罗列出来，为生学进行整本书阅读提

供了支架。

  读写结合活动可以帮助学生提高阅读效率与写作能力。蔡海峰老师的课例中，学生通过交流生活中的愿望，制作故事阅读单，在制作的过程中，将读转化为写，加深了对文本的理解。为了帮助学生更好地理解原著，训练观察力和对细节的洞察力，李子裕老师引导学生对电影的人物塑造、对白设计、环境布景、电影配乐进行评论，探讨影视作品与原著在信息、文字表达效果的差别，学生做了一回小小电影评论员，还尝试创意剧本的编写，既发展了写作能力，也加深了对原著的阅读感知。梁昌辉老师要求学生发挥想象，续写故事，进行二次创作；还要求学生联结自己的经历，围绕"成长"写一篇文章。借助读写结合这一工具和支架，学生从关注文本转为关注自身与现实，实现"我与文本"的"双向奔赴"，从而使"整本书阅读"真正助力学习、助益成长。

  在教学理念和实施路径上，三个案例都较好地落实了"整本书阅读"的课程价值和教育意义，体现学习任务活动化、阅读过程任务化的特点，强调阅读过程中"文化产品"的生成。其情境任务的设置具有层次感，问题与问题彼此关联、有序推进，起到了激发、引导学习的作用。思维导图、阅读任务单和读写结合活动等学习工具的使用，帮助学生建构了多样化的阅读策略，提高了阅读的质量。总体而言，三个案例为我们理解"整本书阅读"，理解学习任务群的教学理念，提供了具体的示例。

  ［吴欣歆，北京师范大学文学院研究员，博士生导师，中小学（中职）语文国家教材建设重点研究基地副主任，中国教育学会中学语文教学专业委员会副秘书长，北京教育学会语文教学研究会副理事长。著有《高中语文选修课选择性的实现——执行课程层面的探索》《十年了，停下来思考》《初中写作教学实践指要》《高中语文学习任务群教学笔记》《培养真正的阅读者——整本书阅读之理论基础》《教育写作指南：语文教师的学术表达》。］

  （韩再彬，北京师范大学文学院在读博士，研究方向为语文课程与教学论。在《中学语文教学》《语文建设》《名作欣赏》等中文核心期刊发表多篇学术论文。）

第六编

"跨学科学习"
任务群的理解与教学

"跨学科学习"：建设更美好的语文生活

■ 季 勇

"跨学科学习"任务群是"2022年版语文课标"提出的六大任务群之一，是课程与教学的新领域。作为拓展型学习任务群，其旨在打通学科之间的壁垒，打破学习与生活的隔绝，培养学生跨学科运用知识、技能，解决学习和生活中的问题的能力。

对照原有的语文课标，不难发现，"跨学科学习"任务群脱胎于"语文综合性学习"，与高中"当代文化参与学习任务群"相衔接。"跨学科学习"任务群作为语文课程的新内容，占总课时的10%，是语文课程实践性、综合性的显著体现。

一、"跨学科学习"任务群的课程价值

《面向未来：21世纪核心素养教育的全球经验》这份研究报告指出，核心素养可分为学科素养（领域素养）和跨学科素养（通用素养）。"跨学科学习"对核心素养的提升主要体现在：一是在生活现场中迁移运用知识，在解决问题中加深对学科知识的理解；二是在跨学科实践过程中，促进各学科知识的意义关联，重构知识，推进深度学习；三是尊重成长规律，促进全面成长。通过提升跨学科素养，培育创新能力、实践精神和社会责任感，以期更好地、更加完整地培育高素质人才。

1. 回到生活的现场

学校学习是以分科的形式进行的，但现实生活并不是按照学科划分的，解决一个真实世界中的问题，往往需要综合运用多方面的知识和能力，仅仅运用某个学科的知识技能、思维和观念，显然是不够的。

"学校教育的目标是使学生在真实的世界能得心应手地生活。"[1]要使学生能够更好地应对真实生活问题、建设更加美好的生活，就需要从小培养运用多学科知识和技能来发现问题、分析问题、解决问题的能力。因此，根植于真实生活的学习，必然是"跨学科学习"，回到真实复杂的生活现场，在生活情境中开展学习，为着生活解决问题。

2. 回归学习的本质

学习是人在生活过程中，为了获得经验而产生的行为或行为潜能。生活开始，学习就开始了。这样的学习是与生活紧密结合的"全"学习，是不分科的。而当前的学校学习是分科学习，每个学科都有属于自己的独特的话语体系，在一定程度上带有自身的封闭性。

"跨学科学习"正是为了打破这种封闭性。它通过真实情境下的问题解决，努力回归学习的本质，为学生综合运用多学科知识解决复杂问题提供"练兵场"，学生也在真实问题的驱动下主动寻求和学习多学科知识。在解决真实问题的过程中，学习与生活、社会相互链接，这样所学得的知识，才可能是真正有生命力的、个人化的、活的知识。

3. 回应儿童的成长

儿童的精神成长和身体成长一样，需要营养丰富的"食物"。这种"食物"不能靠成人简单地"喂"进去，更要让学生自己来"吃"。因此，激发儿童学习的内在需求，尊重儿童的个体差异，培养儿童的主观能动性，是教育的重要基点。

"跨学科学习"以其生活化的主题，贴近儿童，关注儿童成长的各个角度，从自身、家庭、学校、自然、社会等多个角度引导儿童积极参与，是适

---

[1] 格兰特·威金斯，杰伊·麦克泰格.追求理解的教学设计[M].闫寒冰，等译.上海：华东师范大学出版社，2017：87.

宜儿童成长的学习方式。

4. 回馈言语的发展

除了要关注学科的融合，"跨学科学习"还应特别重视语文学科与其他学科之间的相互促进作用，充分发挥语文的基础性作用，服务其他学科的学习，也通过其他学科的学习实践，在"用语文"的情境中提升语文素养。

在"跨学科学习"的过程中，情境不同、对象不同，所运用的语文知识和技能也不同。例如，同样表达新年祝福，面对不同年龄、不同身份的人，祝福语应该不同；当面祝福和电话、短信祝福，表达的方式、内容也有所不同。同一个内容，采用说明还是描写的方法，效果也会大相径庭。"跨学科学习"有助于帮助学生学会面对真实的生活，运用语文，提升能力，促进言语发展。

二、"跨学科学习"任务群的内容编排

1. "2022年版语文课标"中"跨学科学习"内容的编排

"跨学科学习"内容编排

学　段	主要场景	主题内容	主要活动	语文能力
第一学段	图书馆、阅览室、书店、文具店	爱图书、爱文具、爱学习	借用、购买、整理图书文具	沟通交流，养成好习惯
	班级、学校、家庭	日常观察	养护绿植、小动物	观察、记录
	学校、社区	中华传统优秀文化	参与节日、风俗活动	留意文化现象
第二学段	校园	校园活动	朗诵会、故事会、戏剧节等	富有创意地设计并主动参与
	学校、社区	中华传统优秀文化	参观了解文化遗产；关注传统文化、民间文化；探寻文化意象、参加文化活动	在活动中学习语文，获得文化体验

续　表

学　段	主要场景	主题内容	主要活动	语文能力
第二学段	学校、社区	日常生活	选择问题、调查研究	调查研讨、写研究报告
第三学段	学校、社区	中华传统优秀文化	参与文化社团，参与文化活动	传承文化，分享经验感受
	学校、社会	研学	研讨、策划、设计方案	设计方案、跨媒介分享成果
	社会	奇思妙想	设计未来生活	多形式表达

通过以上梳理可以发现，小学阶段"跨学科学习"具有几个特点：一是学习场景的开放性，从传统的校园之内走向更为广泛的社会；二是话题的生活化，从日常的学习、生活，到感受中华文化，畅想美好未来，积极链接生活；三是活动的丰富性，从参观到参与，再到借用、购买、整理物品，以及种养动植物等，都具体细致、可操作；四是能力提升的阶梯性，从观察记录到体验感受，再到组织设计、成果分享、跨媒介和多样态表达，学习层层深入，能力步步进阶。

2. 统编版教材中"跨学科学习"内容的编排

现行统编版语文教材是依据《义务教育语文课程标准（2011年版）》编写的，因而没有明确的"跨学科学习"的内容安排，但其中第二学段、第三学段四次综合性学习，具有综合性特质，具备"跨学科学习"的一些基本特点。

综合性学习内容

学　段	册　次	活动名称	栏目设计	编排方式
第二学段	三下	中华传统节日	活动提示1 活动提示2 综合性学习	编排在阅读单元内，依托课文学习展开，分步推进。
	四下	轻叩诗歌大门		

续 表

学 段	册 次	活动名称	栏目设计		编排方式
第三学段	五下	遨游汉字王国	汉字真有趣	活动建议	自成体系，以单元整组的方式编排。
				阅读材料	
			我爱你，汉字	活动建议	
				阅读材料	
第三学段	六下	奋斗的历程	奋斗的历程	活动建议	自成体系，以单元整组的方式编排。
				阅读材料	
		难忘小学生活	回忆往事	活动建议	
				阅读材料	
			依依惜别	活动建议	
				阅读材料	

第一学段，统编版教材没有安排综合性学习内容。第二学段安排的综合性学习主要与阅读教学相结合，其中"活动提示"安排在单篇课文之后，而综合性学习安排在单元之后，主要是为了展示学习成果。第三学段的综合性学习是独立单元，每个单元围绕主题分为1~2个板块，由"活动建议"和"阅读材料"组成。"活动建议"提示具体的任务，组成一个任务群，"阅读材料"则提供参考资料，助力活动开展。

结合现行统编版教材编排和"2022年版语文课标"的要求，需要注意：（1）现行统编版教材虽然有相关主题和内容，但是距离"占10%的总课时"，显然是不够的，教师可以自主开发适合于"跨学科学习"的内容，尤其是在第一学段；（2）现行统编版教材安排的学习内容和"2022年版语文课标"的要求不完全匹配，需要适度地优化调整，比如三下的综合性学习内容是"中华传统节日"主题，但在"2022年版语文课标"中，相关内容是安排在第一学段的；（3）"跨学科学习"不一定集中安排，可以结合习作、口语交际，以及整本书阅读，甚至单篇课文的学习而开展。

三、"跨学科学习"任务群的设计要领

"跨学科学习"一般采用主题学习的方式，运用多学科知识解决复杂问题，提升能力，促进跨学科理解。具体说就是：围绕主题，设置真实的情境，在解决问题的过程中，运用多门学科知识，加以关联整合，促进学科理解；围绕主题，解决真实复杂的问题，开展言语实践，实施表现性评价，促进学生综合素养的提升。

1. 在与生活的关联中提炼主题

李竹平老师认为，理想的"跨学科学习"主题有三个特征：一是符合年段要求和学生年龄特征；二是指向学生关注的真实问题；三是与当时生活境遇相契合，服务于生活体验和创造的需要。那么，主题从何而来呢？

◎立足地域，感受文化生活

"跨学科学习"任务群在每个学段都安排有中华传统优秀文化的内容。中华文化，灿若星河，既有全民族的共同价值取向，又有各民族各地区的百花齐放。本地域的传统优秀文化，渗透于生活的方方面面，离学生最近，和学生最亲，影响学生的全面成长。从中寻求"跨学科学习"的主题，最具生活的真实性，也最贴近学生的内心。

比如，2022年新年，新冠疫情多点散发，为了控制疫情发展，江阴市政府提倡全体市民"留澄（澄，江阴的简称）过年"。在此背景下，我们确立了六年级的"跨学科学习"主题："我在江阴过大年"，倡导本地学生留澄过年，体验家乡年味；倡导外地学生留澄过年，感受第二故乡独特的地域文化。

◎关联教材，拓展语文生活

从教材出发，丰富学科生活，也是很好的寻求主题的方法。语言文字是载体，承载的内容包罗万象，从这些内容出发，凝聚学科主题，组织语文生活，构建小而精致的任务群，让学生从教材的阅读者，成为课程的参与者，获得真实的学习体验，让语文为生活锦上添花。

比如，依托三年级上册第三单元课文《一幅名扬中外的画》，可以设计

一个语文＋美术的"跨学科学习"主题："遍览中华名画"。先让学生搜集古今名画；然后引导学生学习课文的表达方式介绍名画：先概述，之后抓住最动人的一处细节细致刻画；最后研究流失在国外的中国名画，激发爱国热情。

◎链接日常，丰富家居生活

生活即语文，语文即生活。日常生活离不开语文，语文在生活中处处体现。从生活的实际出发，引导学生发现问题、分析问题，运用跨学科知识解决问题，在生活中体验语文，在语文中享受多彩的家居生活。

以二年级下第三单元识字课《中国美食》为例。立足自主识字，链接学生生活，我们设计了主题为"我是小小美食家"的"跨学科学习"任务群，让学生识食材，辨做法，尝滋味，做推介。通过一系列任务，让学生感受中华美食文化，同时学会点菜，"主副"结合，荤素兼备，做到合理搭配。

2. 为任务的实施设置真实情境

《面向未来：21世纪核心素养教育的全球经验》指出：结合真实生活情境、尝试选取并构建跨学科的内容主题、以学习者为中心进行课程与教学设计，已逐渐成为各经济体的普遍策略。设计一个有效的真实的问题情境，可从以下几步入手。

◎陈述问题背景

真实的情境，并不是指让学生真正处身其间——如果有条件让学生亲临现场，比如商场、车间、农田等，自然更好。事实上，多数时候，我们需要把问题情境的背景陈述给学生。当然，陈述方式可以是多样的，不局限于言语描绘，还可以通过多媒体技术再现和创造，或者多种手段的结合。

例如，"我在江阴过大年"的问题背景陈述，除了语言文字描述，教师还可以出示新闻视频，展示各地疫情地图，出示公告等，让学生一目了然地了解"留澄过年"的背景，从而自然而然地融入进来，展开探究性学习，这也是一种真实的生活体验。

◎融入合理条件

解决问题需要具备一定的条件。问题情境中条件的呈现方式最好也要有变化，有些条件可以直接揭示，也可以隐含在图表、视频等中间；还可以引导学生在真实、复杂的信息中去辨别，找出对学习有利的条件来。解决现实问题的时候，很多条件往往带有很多限制，常见的如人员、时间、经费等，适当的限制条件更能突显问题的真实性，有助于锻炼学生周全地分析、解决问题的综合能力。

例如，在"我在江阴过大年"的设计中，我们就提供了不少已知条件，引导学生关注相关公众号，关注过年信息，提示可以到图书馆、博物馆、文化馆开展学习活动，本地和外地同学可以结对，等等。当然，我们也明确了不少限制条件，要求在规定的时间内独立完成一些规定的任务，比如写春联、贴春联等。

◎设计进阶性学习任务

教学需要由浅入深。任务群中的各项任务应该有着螺旋上升的递进关系，可以让学生经历发现问题、分析问题、解决问题的一般探索过程。随着教学的开展，学生能在学习任务的引领下，由浅入深，通过做事来不断锻炼自己，从而促进素养培育。如果任务之间逻辑关系不清，或者只是平面滑行，就不利于学生保持长久的学习兴趣，学生的能力也就无法得到循序渐进的提升。

"我在江阴过大年"就呈现了这样的任务进阶：

我在江阴过大年	任务一	·留澄过年我做主 ·倡导学生留澄过年，写留澄过年倡议书。留心媒体信息，比较、选择适合自己的过年活动，列出留澄过年安排表。
	任务二	·幸福年味我创造 ·走出家门，走进社会，参与各项年俗活动，了解江阴的年俗文化，学习一项技能，过一个幸福祥和的新年。
	任务三	·多彩年俗大观园 ·阅读课内课外名家所写的年俗文章，学习课文有顺序、有重点的表达方法；搜集各地年俗，制作年俗手抄报。
	任务四	·快乐游园展身手 ·组织快乐年俗游艺街，展示自己所学的技能才艺；总结学习经验，拓展了解各地各民族风俗，增强民族自信。

"我在江阴过大年"具体任务

◎在知识的共享中开展实践

"跨学科学习"任务群，是指在问题情境中引导学生完成一个个实践性任务。学生通过做事，联结多学科知识，运用这些知识解决问题，共享经验教训，并且在此过程中提高语言文字运用能力。

（1）在亲历中联结知识。

"跨学科学习"不是知识的被动接受，而是在问题情境中，联结知识，主动建构。这是一种以学生为中心的发现式、探究式的建构学习。正如杜威所说：教育是在经验中，由于经验和为着经验的。在不断的亲历实践中，学生体验知识的发现、联结，在"动手做"中，促进"动脑想""用心学"，深化体验、体悟和体认，从而形成素养。

当在预设的问题情境和真实任务中做事时，学生自然会调动已有的知识经验来解决问题，而当旧知无法全部解决问题的时候，学生就会开始有目的地学习新知识。当新旧知识之间、学科之间、学习和生活之间有了联系，学习就进入到了迁移和创造的过程中，而知识也逐渐转化成了能力。

（2）在迁移中活用知识。

"跨学科学习"充分体现了学以致用。学生在解决问题的尝试中，不断地迁移已有知识，这种迁移不是机械搬运，而是不断完善自己的知识结构，建构属于自己的知识体系。由于个人思维方式的不同，学生在迁移运用知识的时候，往往会有自己的个人特色，这就具有了创造性，也促成了学生把静止的知识活化为能力。

例如，为自己的亲戚朋友制作电子拜年贺卡，学生除需要调动自己既有的知识，选择合适的语言编写祝福语，还要学习怎样制作动态图画或短视频。当他迁移已有知识编写个性化话语的时候，他就必须进行创造性的转化和运用；当他将制作动态图画的知识付诸实践，亲手操作的时候，死知识就成了活技能。

（3）在合作中分享知识。

由于问题情境的复杂，涉及学科知识的多元，学习任务的丰富，仅靠个体的努力，很难达成理想效果。因此，"跨学科学习"需要且必须进行合作学习。通过建设学习共同体，分工合作，共享各学科知识，共享每个个体的知识，形成知识合力，才能提高学习效率，达成问题的解决。

作为合作者之一的教师，在"跨学科学习"中作为重要的智力资源，也要积极参与，和学生共享知识。不同的任务，需要不同的学科教师提供帮助。教师之间、学生之间，为了解决问题，完成任务，做成事，而通力合作。

3.用关键表现与可视成果来评估

"2022年版语文课标"指出："跨学科学习"的评价主要以学生在各类探究活动中的表现，以及活动过程中完成的方案、海报、调研报告、视频资料等学习成果为依据。可见，"跨学科学习"的评价方式主要是表现性评价，一般包括三个维度：一是可观察的外显表现，如学生在学习过程中的言行；二是具体的学习成果，如制订的方案、呈现的作品等；三是互动交流情况，如积极地表达与倾听、追问与解释等。

◎记录表现，看到可测的素养

"跨学科学习"指向真实情境的问题解决，是开放性的，没有标准答案，很难把学生的创造性、合作能力、批判性思维能力等进行量化。所以，关注学生学习过程中的表现，记录平时表现，关注前后表现中的变化是更好的评价方式，"有效的评估不是一张快照，而是收集了纪念品和图片的剪贴簿"[1]。

记录学生表现，并不只是为了定性评价，更是为了引导学生对照标准，评估、反思、调整学习，发展自己。当然，评估主体不局限于教师，还可以是同学，或者是自己。为了帮助学生更好地改善提升，可以设置等级量表，对不同等级进行相应的表现性描述。

---

[1] 格兰特·威金斯，杰伊·麦克泰格.追求理解的教学设计[M].闫寒冰，等译.上海：华东师范大学出版社，2017：171.

三年级下册"跨学科学习"任务"中华传统节日"中收集整理资料的评价表

评价内容	评价标准	评价等级			
		总是	经常	有时	从不
收集资料	能根据任务需要,确定资料范围,采用多种方式查找、收集相关资料,并按照一定的分类进行记录,资料较丰富。				
整理资料	利用表格、手抄报等多种形式,围绕主题整理资料,做到条理清晰。				
小组交流	积极参加组内交流,愿意分享资料和自己的发现,会倾听,能从他人的发言中吸收有价值的信息,扩充自己的资料。				

◎提供作品,展示可见的成果

"跨学科学习"形成的作品,可以有多种形式,但其中的重点部分,必定包括文本材料,以文字为主、图片图画为辅的交流、表达的成果,包括各种方案、海报、调查问卷、研究报告等,这是由语文的学科特点决定的。我们关注学生综合素养的发展,也关注学生语文能力的发展,尤其关注学生在查阅资料、探究问题、凝练成果等学习环节中,对具体的语文学习方法的掌握和运用情况,同时还要对照学业质量标准,将相关作品作为开展"跨学科学习"及其评价的重要依据。

例如,第三学段,要求学生能根据校园、社会活动的需要,自己或与同学合作撰写活动计划、实施方案或活动总结。透过学生撰写的这些文本材料,才能更加科学准确地实施学业质量评价,评估学生的能力发展水平。

◎关注实效,着眼问题的解决

"跨学科学习"需要学生在问题情境中,不断地练习综合运用语文以及其他学科的知识与能力来获得问题的解决,以服务未来的生活与发展。其核心是能否准确清晰地表达自己的观点,接受别人的追问,展开讨论辩论或进行演讲。这些都需要在具体的情境中锻炼提升,检测评估,毕竟,"实践是检验真理的唯一标准"。

"2022年版语文课标"在第二学段的学业质量描述中这样说："参加跨学科学习活动，乐于观察、提问、交流，能参与简单的活动策划、组织工作；能根据不同学习主题搜集、整理信息和资料。"学业质量是否达成，最重要的检验标准就是学生的学习实效，也就是问题是否得到较好的解决。

（作者单位：江苏省江阴市月城实验小学）

变形记

——二年级"跨学科学习"创意教学

■ 杨 菁

一、创意解说

低年级学生对生活充满好奇心，对身边的任何新鲜事物都感兴趣，尤其是可爱的小动物。在大自然中，存在着这样一类动物，小时候是一种形态，长大后会变成另外一种形态：如，毛毛虫长大后变成了五彩斑斓的蝴蝶，小蝌蚪长大后变成了青蛙，蚕长大后变成了蛾子……这些现象，能充分激起学生的探究欲、学习欲、观察欲等。

依据统编版教材二年级上册《小蝌蚪找妈妈》、下册《小毛虫》，结合美术、科学等学科知识，我们选取"变形记"这个学生比较感兴趣的生命现象，作为"跨学科学习"的主题，引导学生开展阅读、梳理、探究、表达和交流活动，培养他们敬畏生命、珍惜生命的情感，提升语文素养。

二、学习目标

（1）阅读、欣赏有关动物形态变化的文学作品、音乐作品、美术作品等，感受、体会生命的奇妙，创作相关主题的童谣儿歌或美术作品，与人分享、交流对"变形"的感受与理解。

（2）收集、整理关于动物"变形"的资料，以游戏、竞赛等形式，激发学生参与的积极性，培养合作与交流、提取与整合信息等能力。

（3）描画、编写、讲述动物"变形"的过程，运用多种形式，呈现动物不同的变化过程，探讨其如何变化及变化的原因，感受生命的奇妙和珍贵。

（4）亲自饲养，实践操作，观察蚕的变化过程，学习不同的记录方式，交流饲养过程的发现与心得，创意展示观察成果，呈现动物变化的丰富多彩。

三、学习任务设计

围绕"变形记"这个主题任务，进行整体设计，具体包括"立足文本学习，读中'变'""实际劳动体验，发现'变'""综合拓展学习，寻找'变'""积极想象表达，创编'变'""联系自我成长，我之'变'"五个子任务，从阅读、观察，到拓展学习、动手制作，再到创编与交流，梯级推进，既贴近学生实际，又具有挑战性，有助于促进学生自觉运用多门学科知识解决实际问题，丰富生命感悟，加深对生命变化的了解，并在交流、分享中促进学习能力的提升。

围绕主题任务整体设计

学习任务	学习活动	活动时间	成果展示
立足文本学习，读中"变"	阅读文本，了解变化的过程； 讲述故事，分享变化的神奇； 绘本表演，交流变化的快乐； 音乐欣赏，提升情感的认知。	3课时	诵读会 故事会 绘本剧
实际劳动体验，发现"变"	查阅资料或请教他人，了解养蚕的具体过程； 尝试饲养蚕，观察变化过程； 和家人、同学交流饲养发现及收获。	1课时	观察日记 小视频 成长交流会
综合拓展学习，寻找"变"	收集故事，阅读中寻找"变"； 寻访探究，生活中寻找"变"； 融合学科，课堂上寻找"变"。	2课时	动物明信片 标本展览会
积极想象表达，创编"变"	画一画：画画其他小动物变形图； 编一编：借助变形图编童话故事； 讲一讲：借助变形图讲童话故事。	3课时	连环画 《变形记》 讲故事比赛

续 表

学习任务	学习活动	活动时间	成果展示
联系自我成长，我之"变"	寻访活动，观看视频，了解"我"是怎么来的； 发现成长，分享成长，寻找我的成长之变； 畅想未来，讨论理想，创编儿歌《将来，我想变成……》。	2课时	分享讨论会 成长统计表 儿歌《将来，我想变成……》

四、学习过程

> 学习任务一：
> 立足文本学习，读中"变"

具体要求：

阅读课文《小蝌蚪找妈妈》《小毛虫》和绘本《好饿的毛毛虫》，学习阅读的方法，了解生命变化的过程；给爸爸妈妈或者身边的朋友讲一讲故事，培养语言表达能力，分享"奇妙的现象"；组织班内同学演一演绘本剧，激发想象力，提升情感认知，发展形体表现力，展示生物变化的神奇。

过程指导：

（1）围绕小动物的"变形"，比较阅读课文《小毛虫》和绘本《好饿的毛毛虫》，了解文本是如何讲述小毛虫的变化过程的，思考：与说明文相比较，你更喜欢哪种表达方式？体会语言趣味，学习表达方法。

（2）从三个故事中选择一个故事，分小组举行"小小故事会"，比一比谁讲的故事最生动；回家讲给爸爸妈妈听，谈一谈"神奇的动物变形"。

（3）排练绘本剧《好饿的毛毛虫》，引导学生尝试自主改编、设计台词、布置舞台等，培养创意设计能力，提升想象力、语言表达能力、合作能力等。

（4）欣赏并学唱儿童歌曲《小毛虫》，在快乐的歌声中感受生命的律动，提升情感认知。

学习任务二：
实际劳动体验，发现"变"

具体要求：

学习收集资料，或者请教老师、家长，了解养蚕的具体过程；实际体验养蚕过程，观察蚕的变化，学习写一写简单的观察日记，将蚕的每次变化用各自的方式记录下来；在班级内组织一个成长交流会，分享、交流、展示饲养蚕的心得和成果。

过程指导：

（1）学习上网查找资料或者请教老师、家长，了解养蚕的具体操作和注意事项，尝试制订符合自己实际情况的、可操作的养蚕计划，做好养蚕的前期准备工作。

（2）购买蚕卵，在家中和爸爸妈妈一起尝试饲养；观察蚕的变化，可以学习写观察记录，可以拍照记录，可以用简笔画把每个变化阶段画下来，也可以制作小视频——蚕宝宝成长记……提倡多形式、多角度、有创意地记录蚕的变化过程。

（3）选出优秀的作品，在班内举办一个分享交流会，将优秀的作品展示给大家看，并介绍自己的饲养过程、心得体会和创意想法。

学习任务三：
综合拓展学习，寻找"变"

具体要求：

收集各类动物变形的故事，了解哪些动物会变形，怎样变形；走进生活，学习采访，多渠道搜集生活中会变形的动物的信息，探究动物变形的多样化，激发学生的求知欲。结合教科版"科学课堂"，观看科学微课，了解动物的生命周期，理解动物变形的原理，感受生命的神奇与珍贵。

过程指导：

（1）通过多种途径了解关于动物变形的信息、故事，比一比谁了解得多，比一比谁了解的动物变形过程最奇妙。选择有趣的变形故事，分享给同学们。

（2）成立采访小组，到生活中寻找变形的动物，结合阅读，补充、整理变形动物的种类。学习制作简单的动物明信片，画一种动物的简笔画头像，介绍其名称、外形、小时候是什么、种类、习性、产地等。

（3）学习科学学科"动物的生命周期"这个单元，观看科学微课，再现蝴蝶生长过程，直观形象地了解蝴蝶的生命周期，体会小毛虫从茧子里挣脱出来的不易；通过科学老师的讲解，理解变形的科学原理，感受生命的神奇可贵和大自然的奇妙。在科学老师的指导下，学习制作动物标本，结合明信片，在教室里举办一个展览。

学习任务四：
积极想象表达，创编"变"

具体要求：

制作连环画，画出动物变形的过程，配上简洁的语言，在愉快的绘画活动中丰富对变形的认知；借助连环画，发挥想象，创编童话故事《变形记》，发展语言运用的能力；开展讲故事比赛，比一比谁的故事最奇妙最生动，在交流中激发学生的积极性，体会分享成果的喜悦。

过程指导：

（1）在美术老师进行指导和实地观察后，选择自己喜欢并比较了解的一种动物，用绘画的形式清晰呈现其变化的具体过程，每个阶段的变化都配上简单的解释说明，用之前做的明信片作为封面，制作一本连环画，给它起个好听的名字，如《蚕宝宝的"旅行"》《变、变、变》……

（2）根据自己绘制的连环画，发挥想象，创编一个关于动物变形的童话故事，可以借鉴课文《小毛虫》《小蝌蚪找妈妈》等，可以和爸爸妈妈合作，可以和同学合作，也可以请教老师……比一比谁的故事最精彩。

（3）举行讲故事活动，让学生分享自己创编的童话故事。能清楚完整地讲述的，评为一星故事大王；能生动形象地讲述的，评为二星大王；能加上自己的想象的，评为三星故事大王。

学习任务五：
联系自我成长，我之"变"

具体要求：

观看视频，结合寻访活动，了解我们怎样从一个小小的细胞，长成"人"的样子，感受生命的珍贵和自然的伟大；分享自己的幼儿园《成长档案》，绘制"成长统计表"，发现从小到大外形的变化以及心智、能力的成长，发展信息提取、整合的能力；想想未来的我会有怎样的变化，小组讨论，创编小儿歌《将来，我想变成……》，培养语言运用和主题提炼的能力。

过程指导：

（1）开展寻访活动，观看视频《生命的孕育》，了解我们怎样从一个小小的细胞，慢慢地长成鱼一样的形状，接着孕育出尾巴，然后是手和脚，慢慢地，尾巴消失，成为"人"的样子。把自己的变化过程画下来，和爸爸妈妈聊一聊自己是怎么来的。

（2）看看自己幼儿园三年的《成长档案》，了解自己从小至今发生了哪些改变；跟爸爸妈妈聊一聊自己的变化；为自己绘制"成长统计表"，小组分享"谁的变化最大"。

（3）畅想自己的未来，小组讨论"未来的我想要有什么样的变化或者变成什么样"，学习创编小儿歌《将来，我想变成……》。

五、学习评价

"跨学科学习"任务中，学习目标并非指向某个学科的具体知识，而是聚焦学生综合运用知识解决问题的能力、团队协作沟通能力和实践创新能力。

为了引导学生在生活情境中学语文、用语文，记录学习过程中的成长，每个任务群都根据任务特点设计过程性评价表和成果性评价表，既为学生提供完成任务的目标指引，又为学生的自我评价、相互评价以及教师评价提供了基本标准，旨在引导学生在多种评价中反思"跨学科学习"的方法与质量。

针对以上五个学习任务，可以设计这样一些评价表。

"立足文本学习，读中'变'"学习过程评价表

评价指标	评价标准			我的等级
	一星	二星	三星	
信息获取	大致了解大自然中动物变形的现象。	准确了解大自然中动物变形的现象。	完全了解自然中动物变形的现象。	
信息梳理	在不同故事中发现动物不同的变化。	了解可以用不同形式表现动物的变化过程。	整合信息，合理运用信息呈现动物的变形。	
信息分享	能清晰、完整、准确地分享动物变形的过程。	能运用多种方法，正确流利地与同学分享故事。	能选择合适的音乐，运用表演形式，生动地呈现动物的变形。	

"实际劳动体验，发现'变'"学习过程评价表

评价指标	评价标准	我的等级
主动探究	较全面完整地收集养蚕知识★	
主动探究	成功饲养蚕★	
	清晰准确地记录养蚕过程★	
	自信生动地介绍养蚕过程及心得★	
创新创造	观察记录方式新颖、独特★	
	能自主策划、组织、展示★	
	能根据饲养过程反馈并作出回应或者调整★	

第六编 "跨学科学习"任务群的理解与教学　　249

"综合拓展学习，寻找'变'"学习过程评价表

评价项目	评价标准	自评	他评	师评
收集整合	选取典型故事，有针对性★			
	多途径、广范围地收集变形的动物★			
	专业学科知识获取，理解原理★			

"积极想象表达，创编'变'"学习成果评价表

评价内容	评价星级	自评	他评	师评
创编故事	准确生动地绘制动物变形过程★			
	运用语言，发挥想象，多形式创编动物变形故事★			
	借助多媒体，自信生动地讲述自己创编的故事★			

"联系自我成长，我之'变'"学习成果评价表

评价内容	评价星级	我的等级
自我成长	了解我是怎么来的★	
	从小到现在的成长★	
	未来的成长★	

根据任务的不同设计不同的评价方法，不同的评价表指向不同的任务目标，促进学生反思学习过程，改进学习方法，帮助教师实时关注学习过程，作出及时的反馈与调整。

针对"变形记"项目的学习，侧重从团队合作、言语表达和创新创造几方面，设计以下评价表，对整个项目的学习进行评价，其兼顾过程与结果，关注个体与团队，联系问题与解决，突出评价的整体性。

"变形记"跨学科主题学习评价表

评价项目	评价内容	自我评价	同学评价	教师评价
团队合作	能主动提出自己的想法。			
	愿意和组员或家人沟通和商讨。			
	积极承担活动任务。			
言语表达	能发现并学习文本语言的特点。			
	能灵活运用语言准确表达自己的想法。			
	在交流中,有自己的理解,有效提升言语表达的能力。			
创新创造	能综合运用多学科知识,提出并尝试解决问题的新办法。			
	能结合生活经验和自己的理解提出独特观点,展开多角度讨论。			
	链接社会,积极运用现代化技术,多角度、全方位进行成果展示。			

(作者单位:江苏省江阴市月城实验小学)

一朵花的故事
——中年级"跨学科学习"创意教学

■ 吴怡焜

一、创意解说

在众多文学作品中,"花"是常出现的事物,美丽的外形、美好的寓意、美妙的意境总是被人们津津乐道。只是,花开花落间,满树繁花时,人们知百花可赏,亦知百花可入药否?我国中医药典籍(如《本草纲目》)里,有多种花入药的记载。中医药学是非遗文化,人们平时虽有接触,却往往不甚了解。

从神农尝百草至今,我国相关学者一直在探究鲜花的食用、药用价值。已经有了几千年防疫历史的中医药,在抗疫期间也发挥了重要的作用。2022年12月,新闻《亮剑!发热不仅布洛芬,黄煌经方显身手》传遍江阴,江阴籍名医黄煌教授一方退热贴里赫然出现"桔梗""白芍"。哪些花能入药?花的什么部位能入药?有什么功效?这些都是值得探索的问题,更可以助推学生了解中医药文化。

因此,我们从"花"出发,以"一朵花的故事"为学习任务,引导学生展开阅读、梳理、探究、交流等活动,引发创造性思维过程,深入了解花的故事,触摸博大精深的中医药。

二、学习目标

（1）阅读有关"花"的文学作品，观赏花店里的鲜花，关注生活中常见的花，感受它们的美好，了解它们的外形、生长特点、品性，制作"花卡"，与人交流分享。

（2）收集、整理抗疫期间报道中医药发挥了重要作用的相关新闻，了解江阴本土的中药文化，并能以通信的方式向外地的亲友介绍本地特有的以花入药的中药材。

（3）调查、访问，整理、分析现在常见中成药中有哪些花的成分，听本土老中医讲一讲以花入药的故事，并实地观看中成药的制作。

（4）制作图画册《香草名录》、短视频《花的故事》，向更多的人宣传身边常见花的药性、以花入药的事例和中医药文化。

三、学习任务设计

围绕"一朵花的故事"这个主题任务，进行整体设计，具体包括"读文中花""找田间花""知药中花""说心头花"四个子任务。从阅读、寻访、梳理到述说、制作，基于实际生活，四个子任务层层推进，既有已知的信息，又有未知的领域，既有新奇性，又极具挑战性。学生需要联结多学科知识来探究问题、解决问题，并在实践活动中寻找花的故事，在交流、分享中传承中医药非遗文化。

学生任务设计展示

学习任务	学习活动	活动时间	成果展示
听"花"	读文学作品中"花"的故事； 参观本土中医大家曹颖甫故居，感受特殊年代中医救人的事迹； 听老中医讲述以花入药、治病救人的故事；	2课时	诵读会 故事会

续 表

学习任务	学习活动	活动时间	成果展示
听"花"	搜集、分享抗疫期间报道中医药发挥重要作用的新闻； 查找资料，了解以花入药的历史足迹。	2课时	诵读会 故事会
找"花"	利用网络搜索身边常见的能入药的花，并实地采摘，做成"花卡"分享； 查看家中常用药的说明书，发现入药的花； 向药剂师请教花的药用价值； 参观中成药的制作过程，记录制作方法。	1课时	"花卡" 分享
种"花"	与南京中医药大学的学生线上联系，深入了解花的属性、种植方法以及不同的入药方式； 根据江阴气候特点，选择适宜种植的入药花种，记录并观察其生长特点，写观察日记。	2课时	书写观察 日记
说"花"	制作图画册《花草名录》，向大家展示常见入药花的品类； 制作小视频《花的故事》，向大家说明一朵花的生长过程、药用价值； 给远方的亲友写一封书信，介绍自己家乡特有的花及其药用价值，说说这朵花的故事。	3课时	制作图画 册和小 视频 写书信

四、学习过程

学习任务一：听"花"

具体要求：

阅读教材内容《金色的草地》《花钟》《槐乡五月》，拓展阅读微信公众号推文《香草名录》《水仙花》《中药传说故事——槐花的故事》，从文字中了解百花不仅是四季的美丽风光，承载着人们的情谊，更有着百般妙用。参观江阴名医——曹颖甫的故居，从历史中读取先人在特殊年代治病救人的感人事迹；寻访现代江阴本土老中医，听听他们以花入药的故事；查找抗疫时期报道中医药发挥重要作用的新闻；开展诵读会和故事会，分享百花故事。

过程指导：

（1）阅读《金色的草地》《花钟》《槐乡五月》，从名家名篇中知晓不同的花有不同的花期，不同的生长特点，除了有观赏价值，还可以食用；拓展性阅读学习微信公众号推文《香草名录》《水仙花》《中药传说故事——槐花的故事》，了解花卉的药用价值。

（2）结合班队活动课，开展"一朵花的故事——寻访曹颖甫故居"活动，从历史中了解，在物资贫乏的年代，老一辈中医是如何用百草治病救人的，体会先人的伟大和前人的智慧。

（3）走访本土老中医，听听他们当年如何用花草入药，生活中又有哪些常见花卉的药用价值被忽略了。做一个有心人，采集相关花卉，做好记录。

（4）通过网络搜寻抗疫期间报道中医药发挥了重要作用的相关新闻。知晓中医药已有几千年防疫历史，增强文化自信，激发探索热情。

（5）举行班级故事会"一朵花的故事"，讲述、分享自己听到的花卉故事。

学习任务二：找"花"

具体要求：

利用网络搜索生活中常见花卉的名称及其药用价值，做成"花卡"，交流展示；查看家中常备药说明书里是否含有花卉成分，可以向药店药剂师请教其功效；参观中成药的制作过程，了解花卉入药前后的工序。

过程指导：

（1）从自己了解到的能入药的花卉着手，去田间地头找一找，采摘观察，查找相关书籍或者利用网络搜索其信息，制作成"花卡"，在班级里分享交流。

（2）留心查阅家中常备药的说明书，找一找花卉含量，做好记录，探究其药性，再与药物功效作对比。

（3）向药店的药剂师请教，哪些花卉经常被入药，实地参观药房中的半成品，以及中成药的制作过程，了解它们入药前后的加工工序。

学习任务三：种"花"

具体要求：

通过线上采访的形式，向南京中医药大学的学生了解更多花卉的药用价值，知其属性、生长要求，选取适合在江阴种植的花种；结合班级劳动教育课程，请校外劳动辅导员帮忙，栽种花卉，记录其生长过程，写观察日记。

过程指导：

（1）邀请南京中医药大学学生组成"帮帮团"，通过视频连线的方式，提出自己在前期活动中的疑问；大学生们讲述相关专业知识，帮助学生深入了解花卉的属性、生长环境、种植方法，以及不同花卉不同的入药部位，激发学生的探索、创新精神。

（2）根据江阴的气候特点，师生、"帮帮团"共同选择种植的花种；结合班级劳动教育课程，利用校外实践基地，播下花种，记录其生长过程。

（3）指导学生写观察日记，日记里要有自己的发现、思考，也可以与老师、家长、同学交流，写出自己独特的体验与感受。

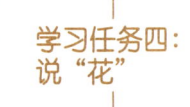

学习任务四：说"花"

具体要求：

集结前期做的"花卡"，装订成图画册《花草名录》，向其他班级作介绍；以小组为单位，选取一种花卉，合作录制小视频《花的故事》，推送至学校平台，向全校师生讲演花草的属性、结构、药用价值等；给自己远方的亲友写一封书信，介绍自己家乡特有的入药花卉，并拓宽视野，获取更多花草信息。

过程指导：

（1）整理前期做好的"花卡"，有花卉名称的介绍、属性、生长环境、结构、药用价值等关键信息，然后进行排版，制作成图画册《花草名录》，利用晨会课、班队课，向其他班级宣传介绍，分享实践成果。

（2）通过小组合作，选择一种花卉，录制小视频《花的故事》，画面中包括花卉的展示、各个部位的讲解、药用功效、入药治病的故事（传说）、中医药师的专业介绍等，做成推文发布到学校公众号，向更多的人宣传。

（3）写一封书信，向远方的亲友详细介绍自己的探究成果，说清家乡特有的入药的花卉，并向亲友请教他们家乡特有的药用花卉，拓宽视野，增长见识。

五、学习评价

语文"跨学科学习"始终不能离开语文本源，不同学科以其不同的"角色承担"或者"角色功能"，嵌入在语文实践活动中。学生在整个活动中，要综合运用多学科知识解决问题，并能与同伴之间形成合作交流的关系，运用多种呈现方式（讲演、手工、视频等）表达、分享自己的想法。

为鼓励学生形成"跨学科学习"思维，鼓励学生在语文实践活动中积极发现和创造，每个任务群根据任务特点设计过程性评价表和成果性评价表，以分析诊断学生目标的达成度，通过比较精准的反馈和干预，引导学生在自我反思中提升，不断提高"跨学科学习"的质量，关注身边事物，在生活情境中学语文、用语文。

针对以上四个学习任务，我们可以设计这样一些评价任务。

"听'花'"学习过程评价表

评价指标	评价标准			我的等级
	一 星	二 星	三 星	
信息提取	读懂名家名篇中花草的特点。	积极选取拓展性阅读文本，并大致了解花草的药用价值。	从文本中积极探索花卉背后的故事，衍生出自己的想法。	

续 表

评价指标	评价标准 一星	评价标准 二星	评价标准 三星	我的等级
信息搜集	搜集当代花卉入药的故事。	搜集当代、现代花卉入药的故事。	搜集当代、现代及特殊时期花卉入药的故事。	
信息分享	正确流利地与同学分享故事。	运用图文，正确流利地与同学分享故事。	准确运用图文，正确流利有感情地与同学分享故事。	

"找'花'"学习过程评价表

评价指标	评价标准	我的等级
主动探究	能主动找寻生活中常见的入药花卉★	
	能给找到的花卉标注基本信息★	
	能制作完整的"花卡"★	
创新意识	能主动探究含有花卉的家中常备药物★	
	能主动向药剂师请教相关知识并做好记录★	
	参观中成药的制作过程，讲述花卉入药前后的所有工序★	

"种'花'"学习成果评价表

评价内容	评价标准	自我评价	同学评价	教师评价
实践种植	能向专业人士提出自己的疑问，获取有用信息★			
	能准确选择适合本土气候种植的花卉种子★			
	能认真细致地观察，写好观察日记★			

"说'花'"学习成果评价表

评价项目	评价星级	自我评价	同学评价	教师评价
制作图画册 制作小视频	整理前期资料，装订成图画册《花草名录》，向其他班级同学展示宣传★			

续 表

评价项目	评价星级	自我评价	同学评价	教师评价
制作图画册 制作小视频	合作创新，拍摄小视频《一朵花的故事》，并发布宣传★			
	写一封书信，与远方亲友互相交流自己家乡特有的入药花卉的故事★			

任务目标不同，评价指向也不同，其旨在考察学生在语文学习过程中表现出的学习态度、参与程度和核心素养的发展水平，教师借助评价表提出指导意见，及时引导学生在学习活动中调整方式方法。

围绕"一朵花的故事"，整个项目的学习，侧重从团队合作、信息梳理、寻访实践、创意发现几方面，设计以下评价表作为对整个项目学习的评价，其兼顾过程与方法，关注个体差异与团队合作，聚焦问题与解决，突出评价的整体性。

"一朵花的故事"跨学科主题学习评价表

评价项目	评价内容	自我评价	同学评价	教师评价
团队合作	能主动提出自己的想法。			
	愿意和组员或家人、社会人士沟通和商讨。			
	积极承担活动任务，有团队合作精神。			
信息梳理	能多渠道搜集与花卉入药相关的信息。			
	能根据要求整理和评估信息。			
	能发现多种媒介中的观点，提炼有效信息，撰写文稿。			
寻访实践	能完整记录活动过程。			
	通过实地寻访，获取学习对象的有效信息。			
	能在实践过程中发掘自我潜能，学会反思总结。			

续 表

评价项目	评价内容	自我评价	同学评价	教师评价
创意发现	能综合多学科知识，提出并尝试解决问题的新办法。			
	能结合生活经验和理解提出独特观点，展开多角度讨论。			
	能运用多媒体展示自己探究学习的成果。			

（作者单位：江苏省江阴市城西中心小学）

一河通古今，一脉传千年

——五年级"跨学科学习"创意教学

■ 何雪丹

一、创意解说

大运河，始建于公元前486年，包括隋唐大运河、京杭大运河和浙东大运河三部分，是世界上开凿时间最早、河道距离最长、工程规模最大、流域面积最广的人工运河。

2014年6月，中国大运河项目成功入选世界文化遗产名录，成为中国第46个世界遗产项目。

2017年2月，习近平总书记在视察北京大运河森林公园时强调，要古为今用，深入挖掘以大运河为核心的历史文化资源。同年6月，习总书记又对建设大运河文化带作出重要指示：大运河是祖先留给我们的宝贵遗产，是流动的文化，要统筹保护好、传承好、利用好。

作为小学生，如何来保护好、传承好、利用好大运河文化遗产呢？"2022年版语文课标"在课程内容的组织形式与呈现方式中给出了思路，首次提出"跨学科学习"任务群，并阐明了这个任务群的价值、意义，罗列了学习样态，设置了学习内容等。

基于上述背景，我们以统编版教材五年级下册第七单元为基础，整合《威尼斯的小艇》《牧场之国》《金字塔》三篇课文、口语交际《我是小小讲解员》以及习作《中国的世界文化遗产》，融合地理、信息、美术、劳动等学科知识与技能，创设了"一河通古今，一脉传千年"这一"跨学科学习"学习主题。

在此学习主题中，"文化自信"是贯穿整个实践活动的宗旨。通过分组合作等形式，在采访、体验、搜集、整理、撰写、推介的过程中，让学生感受中华文化的博大精深，提升自身文化修养，发展个人核心素养。

二、学习目标

（1）收集、整理关于大运河的资料，全方位、多角度地了解大运河。

（2）阅读、观赏有关大运河的文学作品、影视作品等，感受、体会大运河所蕴含的历史意义、文化价值与社会价值，绘制有关大运河"无锡段"的手抄报、地图等。

（3）调查、采访、分享大运河"无锡段"的故事、桥梁的故事，感受大运河的魅力，培养学生的家国情怀。

（4）参与"保护大运河"的志愿活动与推介活动，积极投身到"保护、传承、利用好大运河"的行动中。

三、学习任务设计

围绕"保护、传承、利用好大运河"这个核心任务，进行整体设计，具体分为"大运河的前世今生""大运河里的'无锡段'""大运河上的无锡桥""大运河之我们在行动"四个子任务。从观看与阅读、讲述与倾听，到调查与制作，再到探究与推介，四个子任务逐渐向纵深推进，学生在真实的语言运用情境中，在丰富多样的实践活动中，自觉运用多学科知识深入了解大运河，懂得保护、传承大运河文化，当好中国文化遗产推介人。

主题任务设计

学习任务	学习活动	活动时间	成果展示
大运河的前世今生	①观看纪录片，了解大运河的历史与演变； ②参观展览，了解不同历史时期大运河沿线的城镇景观与人民生活情景； ③阅读相关作品，感悟名家名篇中的大运河景象。	2课时	大运河资料卡、分享会
大运河里的"无锡段"	①采访工作或居住在无锡的相关人士，了解他们与大运河之间的故事； ②乘船游览古运河景区，感受大运河魅力； ③绘制大运河"无锡段"的地图。	2课时	手绘地图、照片等
大运河上的无锡桥	①搜集资料，调查统计大运河"无锡段"上的桥梁； ②与长辈交流，了解桥梁背后的故事； ③与同学分享自己最喜欢的那座桥，为其制作手抄报。	2课时	桥梁手抄报
大运河之我们在行动	①搜集资料，感受大运河申遗之不易； ②采集水样，分析大运河水质； ③开展"保护大运河"志愿活动。	4课时	调研报告、演讲稿、展板、公众号推文等

四、学习过程

学习任务一：
大运河的前世今生

具体要求：

（1）观看纪录片《大运河》，从不同角度和层面，全面细致地梳理大运河的历史与演变，感受大运河在中国历史上独一无二的地位。

（2）实地参观或网上参观与大运河相关的展览，了解大运河与沿线城镇的紧密关系、沿线人民的生活故事，体会大运河独特的人文情怀。

（3）阅读《大运河古诗词三百首》以及单霁翔的《大运河漂来紫禁城》、安野光雅的《中国的运河》等描绘大运河的作品，感受大运河之美，感悟时代变迁中大运河所发挥的巨大作用。

过程指导：

（1）与家人或伙伴一起观看纪录片《大运河》，按照时间线索全面了解、梳理大运河的发展历史与演变过程，对于大运河的历史地位、人文情怀、巨大作用有一个初步的感受。

（2）实地参观中国大运河博物馆（扬州）、杭州京杭大运河博物馆（杭州）等，或网上浏览与大运河相关的展览（大运河文化旅游博览会官网），了解大运河与沿线城镇的紧密关系、沿线人民的生活故事。

（3）结合观看、参观所得信息以及自己梳理的内容，制作大运河资料卡。

（4）阅读描绘大运河的作品选篇、选段，与伙伴分享读后感悟。

（5）选取自己喜欢的作品片段，练习朗读，在班级中分享。

学习任务二：
大运河里的"无锡段"

具体要求：

（1）分小组采访，了解大家眼中的大运河"无锡段"和大运河"无锡段"的故事。

（2）乘船游览无锡古运河景区，切身体会大运河的魅力。

（3）搜集资料或者请教相关专业人士，绘制大运河"无锡段"的地图。

过程指导：

（1）分小组采访居住在大运河边的老年人、在大运河边工作的年轻人、从外地来无锡打拼的人等，了解大家眼中、心中的大运河"无锡段"，特别关注老无锡人与大运河"无锡段"之间的故事。

（2）乘坐游船游览无锡古运河景区（白天、夜晚任选一个时间），欣赏沿途景色，用相机记录游览线路，用文字记录游览体会，在班级黑板报或班级群中分享。

（3）搜集资料，结合相关专业人士的建议，绘制大运河"无锡段"的地图，感受"千里运河独一环"的奇妙之处。

学习任务三：
大运河上的无锡桥

具体要求：

（1）搜集资料，咨询相关专业人员，调查统计大运河"无锡段"上的桥梁，并做好相关资料的整理汇总。

（2）与长辈交流，了解桥梁背后的故事、名字的由来等，想一想其中蕴含的美好寓意等。

（3）制作桥梁手抄报，介绍、分享桥梁故事。

过程指导：

（1）搜集资料，查阅地图，咨询相关专业人员，对大运河"无锡段"上的桥梁进行调查统计，体会桥与大运河、与人们生活、与社会发展的密切关系。

（2）与长辈交流，了解大运河"无锡段"上某座桥梁的设计、由来、演变、背后的故事等，感受人们赋予桥的独特意涵。

（3）独立完成，或与家人一起制作桥梁手抄报，尽可能详细地、全方面地介绍某一座桥，并准备在班级内展示。

（4）班内开展分享展示活动，还可以邀请其他班级的同学参加。

学习任务四：
大运河之我们在行动

具体要求：

（1）搜集资料，了解大运河申遗过程，体会申遗之艰难，并体会到大运河申遗只是一种推动保护的方式。

（2）采集大运河水样，对其水质进行分析、检测。

（3）分小组开展志愿活动，美化大运河周边环境，宣传保护大运河的重要性。

（4）现场推介大运河文化，让更多的人了解大运河，真正实现"保护、传承、利用好大运河"。

过程指导：

（1）通过查阅新闻、观看视频等形式搜集资料，了解大运河申遗过程，深切感受大运河申遗的不易，并明确大运河申遗与保护的关系：申遗只是一种推动保护的方式，保护好大运河遗产、揭示和展示大运河遗产的重要价值，以及深层次的中国文化特色并将之代代传承才是最终目的。

（2）实地采集大运河水样，请教科学老师或相关专业人员，分析与检测大运河水质，形成相应的研究报告。

（3）分小组开展"保护大运河"志愿活动，到大运河周边捡拾垃圾、美化环境，宣传保护大运河的重要性。

（4）精读课文《威尼斯的小艇》《牧场之国》，体会静态描写和动态描写的表达效果，掌握描写景物的独特表达方式；略读课文《金字塔》，明白不同的文体有不同的表达方式和呈现方式，重点掌握图文结合的形式。根据前期搜集整理好的资料，撰写介绍文稿，可以引用资料，鼓励使用图片、表格等形式辅助介绍。

（5）结合口语交际《我是小小讲解员》学习讲解的方法和注意点，并根据撰写的介绍文稿、绘制的推介小报或制作的演示文稿等，尝试着讲解给家人听、伙伴听，评选"最自然大方奖""最佳口才奖"等。

（6）整合前期的资料与成果，分小组布置推介展板。

（7）前往周边社区、国际学校等，向大家推介中国文化遗产——大运河。制作公众号文章，向更多的人推介。

五、学习评价

"2022年版语文课标"在"跨学科学习"（第三学段5—6年级）中明确指出，要"参与学校和社区举办的……相关文化活动，体验、感知、传承中华优秀传统文化，运用多种形式分享自己的经验与感受"，要"综合运用语文、道德与法治、科学、劳动等多方面的知识和技能，通过小组研讨、集体策划、设计参观考察活动方案，运用跨媒介形式分享研学成果"。

因此，可以采用过程性评价量表、成果性评价量表等对学生在各类实践活动中的参与度、表现力，以及各种学习成果进行考评，同时还可以邀请相关学科教师、专业人员、家长、社会人士等参与评价。评价以鼓励为主，旨在引导学生培养综合运用多学科知识与方法的能力，增进对中国文化遗产的认知，增强对中华文化蓬勃生命力的坚定信心。

针对以上四个学习任务，我们设计了以下几个评价量表。

"大运河的前世今生"学习过程评价表

评价指标	评价标准			我的等级
	一星	二星	三星	
信息收集	大致了解大运河的历史与演变，与沿线城镇的紧密关系，沿线人民的生活故事。	准确了解大运河的历史与演变，与沿线城镇的紧密关系，沿线人民的生活故事。	完全了解大运河的历史与演变，与沿线城镇的紧密关系，沿线人民的生活故事。	
信息梳理	大运河资料卡内容清晰。	大运河资料卡内容清晰、详细。	大运河资料卡内容清晰、详细、精美。	
信息分享	正确流利地分享。	正确流利、有感情地分享。	配上音乐，正确流利、有感情地分享。	

"大运河里的'无锡段'"学习过程与成果评价表

评价项目	评价标准	我的等级
学习过程	积极主动与人沟通★	
学习过程	言谈举止文明有礼★	
	小组协作分工明确★	
学习成果	了解大家对于大运河的想法及与大运河之间的故事★	
	能与他人分享自己的游览感受与体会★	
	准确、清晰地绘制大运河"无锡段"地图★	

"大运河上的无锡桥"学习成果评价表

评价项目	评价标准	自评	他评	师评
桥梁手抄报	手抄报内容丰富、设计合理★			
	手抄报书写工整、美观★			
	手抄报画面精美★			

"大运河之我们在行动"学习过程与成果评价表

评价内容	评价标准	自评	他评	师评
推介中国文化遗产——大运河	能传达大运河申遗的不易、申遗只是一种推动保护的方式的理念★			
	能够整合前期资料，选用合适方式，撰写推介文稿★			
	能够整合资料，合理安排，设计并制作推介展板或公众号★			
	能够自信大方地向他人推介大运河★			
	至少参与两次"保护、传承、利用好大运河"的实践活动★			

根据不同的学习任务设计不同形式的评价量表，既可以考量任务目标的达成度、适切性，也能评价学生跨学科素养的发展水平，有助于师生教与学的及时修正与调整。

对于"一河通古今，一脉传千年"这一"跨学科学习"项目的整体学习评价，则侧重交流沟通、团队协作和实践创新能力的考察，着重引导学生掌握思考与探究的基本步骤、方法，学会提炼、表达、呈现不同的学习成果，提升综合运用多学科知识与语言文字运用的能力。据此，设计了如下评价量表。

"一河通古今，一脉传千年"项目学习整体评价表

评价项目	评价内容	自评	他评	师评
交流沟通	能多渠道搜集、汇总、整理与任务相关的信息★			

续 表

评价项目	评价内容	自 评	他 评	师 评
交流沟通	能有礼貌、有技巧地与他人沟通★			
	能主动发表自己的想法与感受★			
团队协作	能够制订活动方案或策划活动内容★			
	愿意与他人沟通、协商★			
	能积极承担或参与实践活动★			
实践创新	能结合生活经验和自身理解提出自己的观点,并展开多角度讨论★			
	能综合运用多学科知识,尝试解决问题★			
	增进对中国文化遗产的认知,增强对中华文化蓬勃生命力的坚定信心★			

(作者单位:江苏省无锡市滨湖中心小学)

"三重"统整:"跨学科学习"任务群设计的基本策略

◼ 任明满

近年来,"跨学科学习"受到国内外研究者的广泛关注。目前比较成熟的研究如 STEM、跨学科项目式学习等,其出发点和落脚点都是多学科视角下的问题解决。

顺应这一全球教育改革的热潮,《义务教育课程方案(2022年版)》要求"设立跨学科主题学习活动,加强学科间的相互关联,带动课程综合化实施,强化实践性要求"。"2022年版语文课标"将"跨学科学习"列为拓展型学习任务群之一,该学习任务群的出发点在于培养学生综合运用多学科知识分析问题、解决问题的能力,但其落脚点则应回归到提高语言文字运用能力这一任务上来。如何在实现跨学科融合的同时,又不失学科本色?这是一个巨大的挑战。

杨菁老师的二年级"跨学科学习"课例《变形记》,吴怡焜老师的中年级"跨学科学习"课例《一朵花的故事》,何雪丹老师的高年级"跨学科学习"课例《一河通古今,一脉传千年》,都注重整合教材与生活,学科与跨学科,以及课程目标、内容与评价,为学生发现问题、分析问题、解决问题搭建了平台。下面将结合这三个课例,谈谈对如何通过"三重"统整实现"跨学科学习"的认识和思考。

一、教材与生活的统整

"跨学科学习"任务群的"教学提示"强调，要引导学生在广阔的学习和生活情境中学语文、用语文，培养学生综合运用多学科知识解决实际问题的能力。第一学段侧重日常生活情境，第二学段侧重教育情境，第三学段则侧重公共情境。在广泛使用统编版教材作为语文课程主要载体的背景下，脱离教材设计"跨学科学习"活动，或许也可以十分新颖，但往往难以持续、广泛地开展。要深度统整教材与生活，需要在知识的拓展性、内容的关联性上有所突破。

1. 知识的拓展性

语文学习的外延与生活的外延相等。围绕教材文本中的典型知识，拓展生活应用场景，有助于拓展学生的知识视野，提高迁移应用的能力。《变形记》《一朵花的故事》《一河通古今，一脉传千年》这三个课例，均从各自学段的教材内容出发，进一步整合、拓展课程内容，充分体现了"用教材教"而又不局限于教材的理念。《变形记》一是整合教材内二年级上册的《小蝌蚪找妈妈》和二年级下册的《小毛虫》；二是设计养蚕活动，引导撰写观察日记等，促进学生运用教材内知识解决生活中的实际问题。《一朵花的故事》从"读文中花""找田间花"到"知药中花""说心头花"，有机联结课堂内外、学校内外的知识应用情境，拓展语文学习和运用领域。《一河通古今，一脉传千年》作为高年级案例，则更加鲜明地体现了从教材向"保护、传承、利用好大运河"这一社会生活问题的迁移和拓展。

2. 内容的关联性

教材文本向生活应用拓展，需要充分考虑二者之间的内在关联性，拓展内容宜典型、精要，避免简单堆砌。课例《变形记》中的教材文本《小蝌蚪找妈妈》《小毛虫》都是关于动物的内容，养蚕可以为学生提供近距离接触动物的机会，撰写观察日记，有利于将课内学习的描写方法和技巧进行迁移应用；而编演绘本剧、学唱儿童歌曲《小毛虫》、制作动物明信片和连环画等活动，则与教材文本关联度较小，而且活动过于烦琐，会冲淡核心任务的重要性及其落实。《一朵花的故事》关联生活中可入药的花,"听—找—种—说"在整体上构成一个紧密的行动过程,具体活动内容则需要精简,如"参观本土中医大家曹颖甫故居,感受特殊年代中医救人的事迹"与整个任务关联度较小,相对来说,"听老中医讲述以花入药、治病救人的故事"则更贴切。说"花"环节,既要画图册,又要做视频,写书信,必然耗时耗力,可做成选择性任务,学生自选其一即可。《一河通古今,一脉传千年》中的四个学习任务从宏观到微观,从历史到现实,内在关联比较紧密,较少旁逸斜出的活动。

二、学科与跨学科的整合

"跨学科学习"本质上是一个运用多学科知识,在复杂情境中解决复杂问题的过程,高质量的驱动性问题是情境和任务的内核。围绕一个指向本质的、开放的、具有黏性的、能够引发高阶思维的驱动性问题,深度整合跨学科学习内容、情境、方法、资源等,更利于实现多学科课程的深度统整,达成以高阶素养带动低阶素养的课程远景。

1. 跨学科主题与驱动性问题

主题可以统摄一系列的事实、现象,但不足以揭示原理和规律,还必须依赖特定的概念或问题。"跨学科学习"的终极目的,不是为了跨学科而跨学科,而是为了提高语言文字运用的能力,这就需要一个指向概念性理解的、真实的驱动性问题来揭示文本世界、生活情境中语言运用的内在规律。从这个角度来看,无论是"变形""一朵花"还是"保护、传承、利用好大运河",都可以大致界定学习活动的范围,但不足以引领学生走出语言的丛林,进而领悟语言运用的规律,并最终达成提高语言文字运用能力这一核心目标。因此,将教材关联生活,实现学科与跨学科的有机结合,需要挖掘出一个好的驱动性问题作为灵魂。

一个好的驱动性问题,实际上就是跨学科大概念的外显。以驱动性问题统摄"跨学科学习"任务,可以使众多的学习任务围绕一个中心展开,避免碎片化、浅表化活动的简单堆砌。

2. 学习任务的进阶性与学习支架搭建

语文学科与其他学科的融合不是一蹴而就的，而是随着学习任务的推进逐步深化的，学习任务之间呈现出进阶性的特征。三个课例的学习任务，分别对应第一、第二、第三学段学生的特点，整体上具有进阶性。第一学段的课例充分考虑了低段学生的特点，以喜闻乐见的活动形式，激发学生的学习兴趣，活动范围主要集中在家庭和学校；第二、第三学段的课例设计的学习任务更具认知挑战性，活动范围不断向广阔的社会拓展。每个课例不同学习任务之间，基本遵循"理解—运用—分析—评价—创造"的逻辑，具有较强的认知进阶性；同时，随着活动的开展，学生经历"感受—体验—认同—内化"的情感进阶过程，在学习过程中不断增强对祖国语言文字的感情。

"跨学科学习"需要在复杂情境中解决复杂问题，学生在完成任务的过程中，可能会遇到诸多困难，仅靠学生自身的力量难以跨越。在设计进阶性学习任务时，教师需要充分考虑学生可能在什么环节、遇到哪种类型的困难，需要提供怎样的辅助性学习支架。《一朵花的故事》和《一河通古今，一脉传千年》两个课例，以"过程指导"提供了若干学习支架，但还需要进一步细化，例如要采访，学生需要确定采访对象，拟写采访提纲，但拟写采访提纲对小学生来说很有挑战性，如果没有典型案例和专业指导，学生很难凭经验完成。《变形记》的活动多，任务难度不一，但都没有提供学习支架，例如自主改编绘本剧，涉及台词、场景布置、角色演绎等诸多非常专业的环节，则需要进一步明确给学生提供怎样的学习支架，学生才能自主、深入地开展活动。

三、课程目标、内容与评价的整合

课程目标是课程实施的出发点和归宿，决定着"跨学科学习"任务群设计的方向。课程内容是落实课程目标的载体，课程评价则是检验课程内容适切性、课程实施有效性的过程。按照逆向教学设计理念，根据课程目标确定预期结果以及合适的评估证据，进而设计学习体验和教学，可以更充分发挥评价促进学习的作用。

1. 课程目标与内容的整合

"跨学科学习"的课程目标应发挥语文学科综合育人和素养导向的功能。《变形记》的学习目标涵盖观察能力、提取与整合信息能力、合作交流能力、动手能力等，并重视渗透生命观教育。《一朵花的故事》的学习目标则涵盖观察能力、收集整理资料能力、调查研究能力、跨媒介阅读与交流能力等，较《变形记》而言，要求更高。作为小学高年段课例，《一河通古今，一脉传千年》的学习目标除了涵盖上述综合素养之外，特别强调问题解决等高阶素养和文化自信、家国情怀等情感态度与价值观的熏陶，涵盖语言、思维、审美、文化核心素养四个方面，为设计学习任务提供了方向指引。

需要强调的是，"跨学科学习"任务群的核心目标是提升语言运用能力，因此学习任务应侧重语言实践活动，促进学生在积极的语言实践中，积累语言经验，体会语言文字的特点和运用规律，发展思维能力。从目前的设计来看，三个课例都设计了丰富的活动，以《变形记》的活动为例，排练绘本剧，学唱儿童歌曲，体验养蚕过程、撰写观察日记，讲故事，采访，制作标本和明信片，制作连环画，收集并展示成长档案，学写小儿歌等十多个活动，关联语文、美术、科学等多个学科，但活动之间的关联需要进一步加强，同时要统筹考虑好时间分配问题。

如果能够精选一个活动为核心（如养蚕），以语言实践为基本要求，设计驱动性问题，系统整合多学科知识和系列学习任务，使学生有充足的时间和空间，围绕核心任务反复实践，更有可能深度体验问题解决的全过程，形成可迁移的深度理解。

2. 课程评价的整合

开发针对性的评价量规，可以改善评价的质量，提高教、学、评的一致性水平。三个课例既设计了针对具体学习任务的分量表，又提供了指向整个任务群的主题学习评价量表，使学生在不同的学习阶段都可以较为便利地参与到自评、互评的过程中，在评价实践中学会评价，不断提升评价素养。

评价量规的设计，需要思考如何设计评价活动，才能发挥"以评价促进学习"的作用。具体来说，一是逆向设计，评价先行，对于"跨学科学习"而言，最理想的状态是，围绕跨学科大概念，设计核心任务，针对核心任务所指向的学习成果，设计评价量规，并在学习开始前展示给学生，使学生明确核心任务的评价标准，并努力朝这个方向努力。基于此，三个课例中面向跨学科主题学习的评价表宜前置。如果能够围绕跨学科大概念，设计一个贯穿始终的大任务，据此进一步整合评价量规，则可以更好地发挥"以评价促进学习"的功能。二是科学合理，逻辑严谨，符合学生年龄段认知特点，在使用中不会带来较大的认知困难。三个课例中的评价量表均是从评价指标（评价项目/内容）、评价标准和评价等级、评价主体等维度展开。其中，评价指标、项目、内容是核心，评价标准是对评价指标、项目或内容的具体描述，如果能够进行分水平描述，明确不同星级的具体要求，则可进一步提高评价的精准度，一般来说，每一项评价指标、项目或内容，进行3~5个水平的描述为宜。

（任明满，北京师范大学教育学博士，西南大学教师教育学院副教授，义务教育语文课程标准修订评价组成员，中国高等教育学会语文教育专业委员会理事。近年来主要关注语文课程与教学论、语文教育测量与评价、跨学科学习、大单元教学等方面的研究。在《课程·教材·教法》《教育科学研究》《中国考试》《语文建设》《中学语文教学》等核心期刊发表论文40余篇，其中多篇被人大复印报刊资料全文转载。主持完成多项省部级课题。）